Bibliografische Information Der Deutschen Nationalbibliothek
Die Deutsche Nationalbibliothek verzeichnet diese Publikation
in der Deutschen Nationalbibliografie; detaillierte
bibliografische Daten sind im Internet über
http://dnb.ddb.de abrufbar.

Isabelle Bourgeois
Frankreich entschlüsseln.
Missverständnisse und Widersprüche im medialen Diskurs
Schriften zur Rettung des öffentlichen Diskurses, 9
Köln: Halem, 2023

http://www.halem-verlag.de

© Copyright Herbert von Halem Verlag 2023

Print: ISBN 978-3-86962-643-7
E-Book (PDF):   ISBN 978-3-86962-644-4
E-Book (EPUB): ISBN 978-3-86962-648-2

ISSN 2699-5832

UMSCHLAGGESTALTUNG: Claudia Ott, Düsseldorf
UMSCHLAGFOTO: picture alliance /Reuters | Stephane Mahe
SATZ: Herbert von Halem Verlag
DRUCK: docupoint GmbH, Magdeburg
Copyright Lexicon © 1992 by The Enschedé Font Foundery
Lexicon ® is a Registered Trademark of The Enschedé Font Foundery.

Schriften zur Rettung des öffentlichen Diskurses

Isabelle Bourgeois

Frankreich entschlüsseln

Missverständnisse und Widersprüche
im medialen Diskurs

HERBERT VON HALEM VERLAG

Die Reihe *Schriften zur Rettung des öffentlichen Diskurses*

Warum ist der lagerübergreifende öffentlich-demokratische Diskurs gefährdet, ja geradezu ›kaputt‹? Weshalb ist der öffentliche Wettbewerb auf dem Marktplatz der Ideen ins Stocken geraten? Und welche Rolle spielen dabei Digitalisierung und Algorithmen, aber auch Bildung und Erziehung sowie eskalierende Shitstorms und – auf der Gegenseite – Schweigespiralen bis hin zu Sprech- und Denkverboten?

Die Reihe *Schriften zur Rettung des öffentlichen Diskurses* stellt diese Fragen, denn wir brauchen Beiträge und Theorien des gelingenden oder misslingenden Diskurses, die auch in Form von ›Pro & Contra‹ als konkurrierende Theoriealternativen präsentiert werden können. Zugleich gilt es, an der Kommunikationspraxis zu feilen – und an konkreten empirischen Beispielen zu belegen, dass und weshalb durch gezielte Desinformation ein ›Realitätsvakuum‹ und statt eines zielführenden Diskurses eine von Fake News und Emotionen getragene ›Diskurssimulation‹ entstehen kann. Ferner gilt es, Erklärungen dafür zu finden, warum es heute auch unter Bedingungen von Presse- und Meinungsfreiheit möglich ist, dass täglich regierungsoffiziell desinformiert wird und sich letztlich in der politischen Arena kaum noch ein faktenbasierter und ›rationaler‹ Interessenausgleich herbeiführen lässt. Auf solche Fragen Antworten zu suchen, ist Ziel unserer Buchreihe.

Diese Reihe wird herausgegeben von Stephan Russ-Mohl, emeritierter Professor für Journalistik und Medienmanagement an der Università della Svizzera italiana in Lugano/Schweiz und Gründer des *European Journalism Observatory*.

Inhaltsverzeichnis

Für René

Zum Gedenken an das Centre d'information et de recherche
sur l'Allemagne contemporaine (CIRAC)
und unsere vergleichenden Systemanalysen

»Heutzutage ist das wichtigste zu lernen, wie man andere
Völker versteht. Und zwar nicht nur deren Musik, sondern
auch ihre Philosophie, ihre Haltung, ihr Verhalten. Nur
dann können sich die Nationen untereinander verstehen.«
(HELMUT SCHMIDT: *Weggefährten – Erinnerungen und*
Reflexionen. 1996)

Einleitung

Unsere primäre Informationsquelle über ein anderes Land ist
Auslandsberichterstattung. Auch Satire kann diese Aufgabe
erfüllen. Da sie eine Kunst der Mehrdeutigkeit ist, ist auch sie
aussagekräftig. Man denke nur an den deutschen Meister Kurt
Tucholsky und seine Art, uns aus dem Leben gegriffene Details
zu schildern, die gehaltvoller sind als jede nüchterne Textmel-
dung über Frankreich. So etwa in der winzigen Erzählung *Der
Floh* (1932), die uns in der Gestalt einer lustigen, fast spöttischen
Anekdote auf etwas viel Ernsteres hinweist: die in der sehr un-
ruhigen III. Republik gängige Praxis, das Postgeheimnis nicht
allzu ernst zu nehmen – im Kontext einer sich verschärfenden
Überwachung der Bevölkerung. Gleichzeitig legt diese Anekdote – ohne, dass dies je ausdrücklich formuliert wäre – den
Finger auf die ersten Anzeichen eines entstehenden Überwa-
chungsstaates in der Weimarer Republik. Ein Stichwort legt uns
wörtlich den Floh ins Ohr: der wie beiläufige Hinweis auf die
Concierge – damals Inbegriff von Bespitzelung und Denunzian-
tentum, das Pendant des deutschen Blockwarts.

Der Floh ist, wenn auch als Satire getarnt, Auslandsberichterstattung pur: Sie bezieht sich auf Frankreich und meint stets gleichzeitig das eigene Land. Nur muss der Leser zwischen den Zeilen lesen können. Doch wer in der Bundesrepublik hat noch gelernt, die eigene Sprache mehrschichtig zu nutzen bzw. mehreres gleichzeitig auszudrücken? Zumindest im Westen, denn im Osten war dies lange gängige Praxis, wie etwa die Dialoge des Films *Good Bye, Lenin!* anschaulich vorführen. Genau diese Fertigkeit ist der Hauptschlüssel, um sich Frankreich anzunähern. Kaum ein öffentlich formulierter Satz meint tatsächlich das, was er auszusagen scheint.

Der Auslandskorrespondent hat die Aufgabe, uns über das Geschehen in einem anderen Land zu informieren. Er kann oder muss es, je nach Umständen, zwischen den Zeilen tun. Er kann gleichzeitig auch eine diplomatische Funktion erfüllen, indem er im geeigneten Moment gezielt Positives in den Vordergrund rückt. Oder er formuliert Kritik an Verhältnissen, Positionen oder Politiken in dem Land, über das berichtet wird – insofern diese Kritik die Sichtweisen sowie die Agenda im eigenen Land bestätigt. Ein typisches Beispiel für Letzteres ist der heute in Frankreich extrem negativ besetzte Begriff *Austérité* (eingedeutscht: Austerität), der stets dann bemüht wird, wenn über die deutsche Schuldenbremse oder einzelne Maßnahmen der *Agenda 2010* berichtet wird.

Haushaltsdisziplin, wie sie die Maastricht-Kriterien vorgeben, widersprechen dem französischen Ansatz der Fiskalpolitik. Die französische Sozialpolitik kennt kaum das Prinzip ›Fordern und Fördern‹, Ausdifferenzieren gilt als ungerecht; entsprechend werden auch allein die deutschen Quellen zitiert, die sich diesen Reformen gegenüber extrem kritisch zeigen. Ökonomen wie der ehemalige Wirtschaftsweise Peter Bofinger oder Marcel Fratzscher an der Spitze des Deutschen Instituts für Wirtschaftsforschung (DIW) finden in Frankreich ein Gehör, wovon sie in ihrer Heimat nur träumen können.

Oder aber einzelne Stimmen aus dem Ausland ermöglichen Stellungnahmen, die gegen den Mainstream verstoßen. Ein französisches Vorbild ist der Denker Montesquieu (1689-1755), der 1721 seinen Briefroman *Les Lettres persanes* (*Persische Briefe*) veröffentlichte, in dem er zwei fiktive Reisende das höfische Leben in Frankreich entdecken ließ. Aus Vorsicht hatte er seinen Roman zunächst unter Pseudonym in Amsterdam veröffentlicht. Dieses Vorgehen hat in Frankreich Tradition. 2014 zum Beispiel veröffentlichte der Historiker und Wirtschaftswissenschaftler Nicolas Baverez einen lesenswerten Roman, der im Jahr 2040 spielt (BAVEREZ 2014). Frankreich droht Insolvenz, und der neue IWF-Leiter, der aus Benin stammt, reist nach Paris, um Hilfe zu organisieren. In seinen Briefen in die Heimat beschreibt er ein politisches und soziales System, das nach mehreren Dekaden politischen Stillstands kurz vor dem Abgrund steht.

Ein Beispiel aus der Presse: Im Juli 1995, kurz nachdem Jacques Chirac die Nachfolge von François Mitterrand angetreten hatte, berichtete allein die konservative und damals weniger europafreundliche Tageszeitung *Le Figaro* ausführlich über Margareth Thatchers Memoiren und den darin enthaltenen Warnungen gegen ein Vereinigtes Europa. Die linkere, proeuropäischer eingestellte und Mainstream-konformere *Le Monde* erwähnte sie mit keinem Wort. Auch das Nichtberichten hat Informationswert.

Die Nutzung der Medienberichterstattung bestätigt das, was wir in der Schule oder während des Studiums gelernt oder was wir im Berufsleben oder als Tourist erfahren haben. Nur bleibt dieses Wissen oberflächlich und zementiert oft unsere voreingenommene Meinung. Zumal über ein Ereignis oder ein Thema aus dem Ausland ja nur berichtet wird, wenn es im Inland eine Projektionsfläche bietet. Paris und sein Eiffelturm als Kulisse finden unmittelbar Abnehmer, ebenso Streiks, Gewaltausschreitungen oder divergierende Meinungen der Regierungen zu europapolitischen Fragen sowie – selbstverständlich – anstehende Präsidentschaftswahlen.

Natürlich dürfen Klischees nicht fehlen, sie stellen ja erst den Bezug zum fremden Land her und bewirken, dass sich der Leser oder Zuschauer mit dem ihm fremden Geschehen identifizieren kann. Eine Figur mit Baskenmütze, und jeder versteht sogleich, dass das ein Franzose ist; ein Pickelhelm, und sofort ist klar, dass es sich um einen Deutschen handelt. Auch der Song *Frankreich, Frankreich* der Kölner Rockband Bläck Fööss vermittelt uns ein wohliges Gefühl des Wiedererkennens. Wir verbinden damit Urlaub, *Savoir-vivre*, ein gewisses (auch intellektuelles) Flair und projizieren unsere Wünsche oder Träume auf etwas, was uns eigentlich fremd ist. Das *Baguette* in dem Song hilft uns, dieses Fremde als etwas zu betrachten, was uns geläufig vorkommt. Ein Trugschluss, denn ein deutsches Baguette ist, anders als das französische, ein Brot der Premiumklasse – eben mit einem gewissen Etwas. So täuschen wir uns selbst, meist ungewollt.

Klischees haben vor allem eine wichtige Katharsisfunktion. Sie befreien uns von dem beängstigenden Fremden. Man weiss, dass ein Ereignis, eine Feststellung, eine Situation, mit der eigenen Vorstellung nicht übereinstimmt oder ihr sogar widerspricht, und sucht händeringend nach einer Erklärung bzw. Interpretation. In solchen Fällen greift man reflexartig auf ›Bekanntes‹ zurück – auf das, was man mal in der Schule gelernt, in der Zeitung gelesen oder in der Arbeitswelt erfahren hat. Und man nutzt dieses ›Bekannte‹ als Interpretationshilfe. Dadurch wird das eigene Selbstwertgefühl wiederhergestellt und die Welt ist wieder in Ordnung. Die Deutschen wollen die Maastricht-Kriterien nicht aufweichen und sind gegen Eurobonds? Ach ja, der deutsche Alleingang in Europa macht sie unsolidarisch, das liegt ja in ihren Genen. Und das teilen sie mit den anderen ›geizigen‹ Ländern.

Außerdem bietet dieser Rückgriff auf Klischees eine Gelegenheit, Selbstzufriedenheit zu beweisen, auch Nationalstolz zu zeigen und auf jeden Fall drohende Konflikte zu vermeiden. Die Franzosen sind von Natur aus undiszipliniert, denken nur an

Streik, halten sich an keine Regeln – das genaue Gegenteil der Deutschen. Haben sie es nicht im Frühjahr 2023 wieder einmal mit ihren Protesten gegen die Rentenreform bewiesen? Und der Pomp, mit dem staatliche Zeremonien in Frankreich einhergehen, beweist er nicht im Gegensatz, wie transparent die deutsche Demokratie ist? Die Vorstellung Frankreichs als ›Wiege der Menschenrechte‹ erlöst auch vom Trauma der doppelten Diktatur im Nazireich und in der DDR. Mit Klischees lassen sich zudem die eigenen Widersprüche vertuschen.

Oder aber die Diplomatie macht es erforderlich, sich in geregelten Bahnen vorgefertigter Meinungen zu bewegen, was in der EU natürlich besonders für das Tandem ›Frankreich-Deutschland‹ gilt. Klischees dienen dann der Konfliktvermeidung.

Will man jedoch das Partnerland wirklich verstehen, muss mit dieser bequemen Gewohnheit gebrochen werden. Ein anderer Blick ist notwendig, ein neugieriger Blick, der sich nicht scheut, Altbekanntes zu hinterfragen – sei es um den Preis, Befremden oder gar Unmut auszulösen.

Auslandsberichterstattung ist nie neutral bzw. objektiv, und sie kann es auch nicht sein, weil der Beobachter einer anderen Wirklichkeit diese zwangsläufig mit ›seiner eigenen Brille‹ liest: seinem eigenen Wissen, seinem Sach- und Sprachverständnis, der Ausrichtung des Mediums, für das er arbeitet, der Interessenlage im Inland u.v.a.m. Dieser grundlegende Bezug zum eigenen Land verstellt uns aber oft den Blick für die fremde Wirklichkeit. Nicht nur dem Journalisten und seiner Zentralredaktion, sondern auch der Leserschaft oder den Zuschauern, sprich: der Öffentlichkeit.

Dies gilt umso mehr, je näher sich Inland und Ausland gekommen sind bzw. zu sein scheinen. Der Élysée-Vertrag von 1963 hat enge Freundschaftsbande zwischen Frankreich und Deutschland geknüpft, und die dadurch möglich gewordenen Fortschritte des europäischen Einigungsprozesses haben die Beziehungen enger werden lassen, sodass wir heute meinen, wir hätten ein inniges

Verhältnis zueinander. Das ist ein Trugschluss, denn je intensiver die Zusammenarbeit wird, desto größer ist oft der Mangel an eben den Detailkenntnissen, die ein wahres Verständnis erst ermöglichen. Der Teufel steckt im Detail.

Ein schulbuchreifes Beispiel für die Komplexität der Auslandsberichterstattung ist ein Beitrag über die Coronaregeln in Frankreich, der am 12. November 2020 in *Die Zeit* erschien und dessen Überschrift auch in Frankreich für Schlagzeilen sorgte: ›Autoritäres Absurdistan‹. Eine Zeitlang übernahmen selbst französische Kritiker den Begriff ›Absurdistan‹, um die oft kafkaesk anmutenden Coronamaßnahmen im zweiten Lockdown zu beschreiben.

Annika Joeres Bericht für *Die Zeit* stellt die Widersprüchlichkeit und Absurdität der Maßnahmen meisterhaft lebendig und nachvollziehbar dar. Ihr Schwerpunkt aber liegt auf dem Ausnahmezustand und dort auf dem Führungsstil des Präsidenten bzw. auf der Intransparenz der im kleinen Kreis und außerhalb der Öffentlichkeit (›Verteidigungsrat‹) getroffenen Entscheidungen: »Macrons Corona-Politik ist beinahe monarchisch.« Der Verweis auf die gängige Bezeichnung ›republikanische Monarchie‹ für die Funktionsweise der politischen Institutionen in Frankreich liegt auf der Hand. Die Verbindung mit Autoritarismus bzw. Willkür entsteht automatisch – das ist der Stein des Anstoßes für einen deutschen Leser und sein eigenes, anderes Demokratieverständnis. Nicht die teils absurden Coronamaßnahmen waren Gegenstand des Beitrags für *Die Zeit*, sondern die zentralistische und intransparente Entscheidungsfindung in Frankreich.

Klischees sind notwendig – sie dienen als Appetitmacher für den Leser. Auch Pointierung ist unumgänglich, schließlich müssen schlüssige Begriffe gefunden werden, um die fremde Wirklichkeit den eigenen Landsleuten verständlich zu machen – je nach Bildungsstand, Interessenlage oder Verbreitung mehr oder minder explizit. So lässt Annika Joeres zum Beispiel passend zum monarchischen Stil Macrons die französische Politikwissenschaftlerin Chloé Morin, eine ehemalige Beraterin der Regierung unter François Hollande, zu Wort kommen. Morin hatte kurz zuvor in Paris eine treffende Analyse über Eliten und Technokratie veröffentlicht (MORIN 2020).

Nun ist Kritik an den Eliten in Frankreich weit verbreitet, der objektive Reformbedarf ist auf diesem Gebiet enorm. Allerdings spielt der Kontext, in dem diese Kritik formuliert wird, ebenfalls eine maßgebliche Rolle. Seit der Wahl Macrons 2017 hat Frankreich »außer dem rechtsextremen Rassemblement National kaum eine hörbare Opposition«, wie Joeres treffend schreibt. Und hier bietet gerade das Coronamanagement unter Macron der linken, extrem zerstrittenen Opposition den willkommenen Anlass, sich als die Verfechterin schlechthin der demokratischen Transparenz und der Werte der Republik zu profilieren – wobei sie gern außer Acht lässt, dass auch sie Teil des elitären, ›aristokratischen‹ Institutionengefüges ist. Das trifft sich gut mit deutschen Forderungen nach mehr direkter Bürgerbeteiligung, die auch in der Leserschaft der *Zeit* stark verbreitet sind.

Einem Auslandskorrespondenten stehen meist nur wenige Zeichen oder Sekunden zur Verfügung. Da ist es kaum möglich, ins Detail zu gehen. Denn um das Fremde detailliert darzustellen, braucht man sehr viel mehr Platz – eben ein Buchformat.

»Fremde Freunde«

Frankreich und Deutschland sind auch heute noch »fremde Freunde« (PICHT et al. 1997). Denn auch die wissenschaftliche Literatur, etwa in der Romanistik, kann nur einen kleinen Beitrag leisten. Theoriegetreu wie sie ist und sein muss, bleibt sie oft selbst in vorgefertigten Vorstellungen bzw. Theorien gefangen – wenn nicht gar dem diplomatischen Diskurs –, und dies trotz redlicher Versuche, diesen Rahmen zu sprengen. Pluralistisch ist sie außerdem selten, und sie kann es auch nicht sein, denn Stereotype bzw. Ideologien prägen auch die Wissenschaft, insbesondere die Sozialwissenschaften. Deren Frankreichbild wird in Deutschland in Ost und West mit anderen Vorzeichen zumeist idealisiert. Es reicht indes selten aus, um Frankreich wirklich zu verstehen.

Frankreich ist ein ›erklärungsbedürftiges Produkt‹, wie Marketingfachleute formulieren würden. Überall lauern Stolpersteine und Klischees sowie Idealisierung – vom Leben wie Gott in Frankreich bis hin zur Nostalgie der Revolution von 1789. Und, deutschfranzösische Freundschaft in Ehren, es gibt etliche sogenannte ›falsche Freunde‹, d. h. Wörter und Begriffe, die sich auf den ersten Blick entsprechen, in der anderen Sprache aber etwas ganz anderes meinen als es scheint, weil sie in einen anderen historischen, gesellschaftlichen oder institutionellen Kontext eingebettet sind. *Etat* bedeutet etwas anderes als ›Staat‹, eine politische ›Partei‹ hat in Frankreich eine andere Funktion als in Deutschland, ›Zivilgesellschaft‹ bezeichnet etwas ganz anderes usw.

Es ist im Interesse Europas, wenn die Menschen beider Länder die Gesellschaft des jeweils anderen Landes, also seine Kultur, Wirtschaft und sein politisches System, besser verstehen. Denn gerade auch in der Europapolitik – bzw. in dem, was davon an die Öffentlichkeit dringt – werden Klischees gezielt bemüht und je nach Interessenlage selbst Freunde oft als Feinde dargestellt. So wird zum Beispiel der deutsche Begriff ›Ordnungspolitik‹ in Frankreich so gelesen, als solle am deutschen Wesen die Welt genesen. Oder in Deutschland wird seit der Entscheidung, in der EU eine gemeinsame Währung einzuführen, in regelmäßigen Abständen über die als ausgabenfreudig und undiszipliniert empfundenen ›Club Med-Staaten‹ geschimpft, zu denen auch Frankreich gehört.

Versuchen wir, uns Frankreich ohne Umschweife anzunähern. Die Darstellung auch der Missstände und des Reformbedarfs gehört dazu, wie sonst soll man die fremde Wirklichkeit in aller Tiefe verstehen können? Oft werden die entscheidenden Aspekte erst dann klar, wenn sie einem anderen Kulturkreis dargestellt werden.

Sollen bestimmte Begriffe in eine andere Sprache übertragen werden, gibt es nur zwei Möglichkeiten. Man kann einmal die gängigen Entsprechungen bemühen, so wie dies meistens geschieht. Doch dann bleibt die Darstellung an der Oberfläche und es besteht die Gefahr, dass Klischees bzw. Missverständnisse verfestigt werden. So etwa bei dem Paar *compétence*/Kompetenz bezogen auf eine Gebietskörperschaft: Die *compétences* einer französischen *Commune* oder *Région* reduzieren sich auf das Ausführen bestimmter Aufgaben, die ihnen vom Zentralstaat übertragen wurden; sie bedeuten weder Selbstverwaltung noch eigenverantwortliches Handeln, wie sie eine deutsche Kommune oder ein Bundesland kennzeichnen.

Oder aber man hinterfragt diese Begriffe, was meistens dazu führt, dass man sie erklären, in ihren Kontext stellen und ggfs. einen Ausdruck wählen muss, der das Betrachtungsobjekt anders benennt als üblich und so einen Verfremdungseffekt herstellt. Will ich in Frankreich zum Beispiel verständlich machen, was ein deutsches Bundesland ist, muss ich den Begriff *Etat* (also Staat im Sinne von Hoheitsgebiet) wählen, um die Verwechslung mit einer ausgelagerten Verwaltungseinheit wie der *Région* auszuschließen. Will ich die Funktionsweise der Bundesrepublik einprägsam darstellen, muss ich sie als ›Vereinigte Staaten Deutschlands‹ bezeichnen, bevor ich den kooperativen Föderalismus erklären kann. Und Olaf Scholz wird dann zum ›Obermoderator‹ eines Landes, das 17 Regierungen und Parlamente zählt – nicht zu verwechseln mit einem Emmanuel Macron, der sich im Vergleich und qua Amt als Alleinherrscher inszeniert.

Will ich in Deutschland den französischen öffentlichen Rundfunk darstellen, darf ich nicht auf den deutschen Begriff ›öffentlich-rechtlich‹ zurückgreifen, denn dieser bedeutet, dass der Träger der entsprechenden Anstalten die Allgemeinheit ist und sie mit dem Recht auf Selbstverwaltung ausgestattet ist; in Frankreich aber gehören sie dem Staat und unterliegen seiner Obhut. Also muss ich RADIO FRANCE oder FRANCE TÉLÉVISIONS als öffentliche Gesellschaften bezeichnen, um gleichzeitig zu vermeiden, dass sie als ›Staatsfunk‹ verstanden werden, was sie entgegen dem Anschein nämlich nicht sind. Ihr Kapital gehört zwar dem Staat, aber sie haben einen Auftrag im Allgemeininteresse auszuführen; eine andere Struktur ist in Frankreich undenkbar. Die beiden Staatsgesellschaften sind Bestandteil dessen, was man *Service public* nennt.

Dieser Begriff ist besonders vielschichtig: Auf den Rundfunk bezogen meint er also ›public service‹ (Modell BBC). Sind öffentliche Dienstleistungen gemeint, muss man ihn meistens mit ›Daseinsvorsorge‹ übersetzen, oder mit ›Dienstleistungen im öffentlichen (ggfs. wirtschaftlichen) Interesse‹, ansonsten einfach mit ›öffentlicher Dienst‹. Dahinter verbirgt sich eine radikal verschiedene Auffassung von Staat und Gesellschaft.

Nur wenn man sich die Mühe gibt, Begriffe zu hinterfragen und sie ggfs. anders als gewohnt in die Zielsprache zu übertragen, wird es möglich, in die Tiefe der anderen Wirklichkeit einzudringen und auf ein intimeres Verständnis hinzuarbeiten. Dieses Vorgehen wird jedoch zuweilen nicht verstanden, weil der naive Glaube an eine Äquivalenz der Begriffe und das Vertrauen in automatische Übersetzungsprogramme weit verbreitet sind. Es wird noch häufiger missverstanden, weil es auf vorgefertigte Meinungen trifft, etablierte Vorstellungen sprengt und daher sehr schnell als verfälschte Darstellung, wenn nicht gar als Bashing interpretiert wird. Klischees sind eben hartnäckig.

In dieser Hinsicht ist die französische Öffentlichkeit weit empfindlicher als die deutsche. Zum einen, weil eine Darstellung, die den Kontext in seiner Komplexität mit einbezieht (also im Sinne einer Systemanalyse multidisziplinär vorgeht, wie es Wissenschaftler formulieren), die eigene Weltsicht und seine universalistische Prägung infrage stellt. Zum anderen, weil ›es sich nicht gehört‹, interne Debatten über Missstände nach außen zu tragen oder, entscheidender noch, solche Begriffe zu hinterfragen, die in der politischen Kommunikation Hochkonjunktur haben, eine einheitliche Bedeutung zu haben scheinen, aber Konstrukte sind, die je nach ideologischem Lager gezielt genutzt werden, um bestimmte Forderungen durchzusetzen.

Ein typisches Beispiel ist der Begriff *Égalité*. Diese Instrumentalisierung hat er mit dem deutschen Begriff ›Gleichheit‹ (wie seinem Gegenstück ›Ungleichheit‹) gemeinsam – mit einem wesentlichen Unterschied: In Deutschland darf man ihn öffentlich hinterfragen, auch wenn dies nicht immer beliebt ist; wer dies aber in Frankreich tut, verletzt ein Tabu.

L'esprit versus *la lettre*

Ein Hinweis noch an den Leser, der sich ja mit seiner ›hauseigenen‹ Sozialisation und Weltvorstellung an die fremde Wirklichkeit heranpirscht. Für einen deutschen Leser ist vieles in Frankreich besonders schwer nachzuvollziehen, weil es (fast) immer der deutschen Erwartung von Eindeutigkeit widerspricht. Theorie und Praxis, Anspruch und Wirklichkeit, das Prinzip (*l'esprit*) und seine Umsetzung in der Wirklichkeit (*la lettre*) klaffen fast immer auseinander. Ein Gesetz dem Wortlaut oder Buchstaben entsprechend (*à la lettre*) anzuwenden bedeutet oft, dass dieses Vorgehen dem Geist oder Sinn (*l'esprit*) dieses Gesetzes widerspricht oder sie infrage stellt.

Die Philosophie dahinter: Da die Praxis bzw. das konkrete Leben durch eine Unmenge an vielfältigen Einzelsituationen gekennzeichnet ist, muss ein Gesetz so abstrakt und allgemein formuliert sein, dass der allgemeine Gedanke des Gesetzes und somit die Absicht des Gesetzgebers deutlich werden. Diese Absicht oder tiefere – universelle – Bedeutung muss ein Richter, ein Minister oder die Verwaltung vor Augen haben, um den Wortlaut des Gesetzes oder der Bestimmung dann der jeweiligen konkreten Einzelsituation entsprechend auszulegen bzw. auszugestalten. Zwar verhält es sich in der deutschen Rechtsmethodologie ähnlich, doch geht das französische Verständnis dieser Dialektik sehr viel weiter. Aus französischer Sicht ist alles eine Frage der Auslegung. Die Universalität hat Vorrang vor dem partikulären Fall, was zur Nichtanwendung oder einer abweichenden Umsetzung des Gesetzes, Abkommens, Vertrags oder einer Absprache führen kann.

Dieses Auseinanderklaffen von Theorie und Praxis geht weit über das rein Juristische hinaus. Im Geschäftsleben zum Beispiel sorgt es fast systematisch für Ärger, und nicht selten führt es ein deutsch-französisches Projekt zum Scheitern. Stein des Anstoßes ist dann oft das Sitzungsprotokoll. Für die deutschen Teilnehmer muss es die Sitzung und ihre Ergebnisse objektiv und vor allem sachlich zusammenfassen. Dieses Wort ›sachlich‹ lässt sich nur sehr schwer ins Französische übersetzen. In dem genannten Verhandlungskontext sollte man die deutsche Vorgehensweise als *à la lettre* bezeichnen. Das französische Sitzungsprotokoll, das deutsche Verhandlungspartner meist als etwas zu abstrakt und nicht tatsachengetreu genug empfinden, entspricht dem *Esprit*.

Auch in der Politik kann man diesen Gegensatz zwischen *Esprit* und *Lettre* beobachten, der dann für Enttäuschung und diplomatischen Unmut sorgt. Ein schulbuchreifes Beispiel ist Macrons große Europarede, gehalten am 26. September 2017 in der Pariser Sorbonne, in der er seine *Vision* (frz.) des Europa der Zukunft darstellte. Auf deutsche Gegenvorschläge wartet Frankreich seitdem vergeblich – zumindest wird es so empfunden und öffentlich kritisiert. Das Motto: Deutschland fröne mal wieder dem Alleingang und interessiere sich nicht für Europa. In Deutschland wurde über den Begriff ›Vision‹ (dt.) gestichelt, als habe Macron Halluzinationen. Abgesehen davon, dass der Zeitpunkt für den Anstoß einer Debatte über die Zukunft Europas denkbar ungünstig war – nur wenige Tage nach der Bundestagswahl gab es ja noch keine Regierungskoalition –, ist die deutsche Antwort auf Macrons Vorstellung *(Esprit)* in Frankreich nie verstanden worden, weil sie nicht gesehen werden konnte. Sie kam nämlich *à la lettre,* in Gestalt einer Auflistung von konkreten Zielen und der Wege, sie zu erreichen. Kapitel 1 des am 7. Februar 2018 unterzeichneten Koalitionsvertrags trug die Überschrift: »Ein neuer Aufbruch für Europa«. Enttäuschende kleine pragmatische Schritte als Antwort auf einen großen Entwurf.

Diese Mehrdeutigkeit ist der Schlüssel für das tiefere Frankreichverständnis. Besonders wenn sie Verfassungsprinzipien betrifft, die in ihrer Anwendung meist ein eigenständiges Leben führen, stellt sie für deutsche Frankreichliebhaber eine extreme Herausforderung dar. Sie widerspricht nicht nur ihrem eigenen Empfinden und Verfassungspatriotismus, sie stellt auch ihr Frankreichideal infrage – Projektionsfläche für ihre eigenen Sehnsüchte.

Es beginnt mit dem Prinzip *Liberté*. Um es zugegebenermaßen krass zu formulieren: Diesem Prinzip, Erbe der Französischen Revolution, ergeht es nicht anders als dem Prinzip ›Freiheit‹ damals in der DDR. Es ist eine universelle Idealvorstellung, kein ›unmittelbar geltendes Recht‹ wie es die Grundfreiheiten des Grundgesetzes sind. Damit kein Missverständnis entsteht: Frankreich ist kein ›Unrechtsstaat‹, wie die DDR es war. Aber die Freiheitsrechte bewegen sich in einem engeren Rahmen als in einer Bundesrepublik, die die Lehren aus zwei Diktaturen gezogen hat.

Ein anschauliches Beispiel für das engere Verständnis der Umsetzung des Prinzips *Liberté* ist die Meinungsfreiheit, die in Deutschland nach Art. 5 GG auch ein Recht auf Information beinhaltet. In Frankreich beschränkt sie sich auf das Individualrecht auf freie Meinungsäußerung. Diese gilt ebenfalls für die Medien, was jedoch nicht bedeutet, dass ihre Freiheit als ›Institut‹ (Bundesverfassungsgericht) gewährleistet wäre. Ein Klassiker für französische Doktoranten, die sich mit dem deutschen Mediensystem befassen, ist die (aussichtslose) Suche nach verfassungsrechtlichen Schranken der deutschen Pressefreiheit. Diesen Irrweg müssen sie gehen, denn in Frankreich ist Presse- und Medienrecht einfaches Recht und zum großen Teil sogar Strafrecht. Die Grundlage bildet das Gesetz vom 29. Juli 1881, das trotz zahlreicher Änderungen immer noch eine gewisse Ähnlichkeit mit den Bismarck'schen Pressegesetzen aufweist.

Nehmen wir zum Schluss noch den Begriff *Citoyen*, der in Deutschland Hochachtung genießt (aus historischen Gründen im Osten anders konnotiert als im Westen): Während sich der Bürger als ein Mensch mit einem Recht auf Selbstbestimmung definieren lässt, ist der *Citoyen* kein eigenständiges Individuum, sondern ein abstraktes Atom in einer undifferenzierten und ebenso abstrakten Menge Namens ›Volk‹. Der französische *Citoyen* hat nur wenig mit dem deutschen ›mündigen Bürger‹ gemeinsam.

Wie gesagt: Frankreich ist ein sehr komplexes und erklärungsbedürftiges Gebilde. Eines, das man lernen muss, ›zwischen den Zeilen‹ zu lesen.

TEIL I
EIN ANDERES MEDIENVERSTÄNDNIS, EINE ANDERE INFORMATIONSKULTUR

Die primäre Quelle, aus der wir unser Wissen über ein fremdes Land beziehen, ist die Medienberichterstattung. Sofern wir über etwas mehr als Schulfranzösisch verfügen, werfen wir gern einen Blick in eine Zeitung, nutzen Podcasts oder genießen französische Filme auf ARTE. Es bleibt jedoch zwangsläufig ein Annäherungsversuch. Denn wir gehen die fremde Berichterstattung an, als wäre sie Hausmannskost. Vieles jedoch unterscheidet nicht nur die Medienlandschaften in Deutschland und Frankreich, auch der rechtliche Rahmen ist grundlegend verschieden, ganz zu schweigen vom Handwerk des Journalisten bis hin zum Selbstverständnis des Journalismus.

Frankreich ist eine Demokratie, und die Medien erfüllen auch dort ihre klassischen drei Funktionen in einer Demokratie: Information und Artikulation, Kritik, Kontrolle. Doch zeigen sich erhebliche Unterschiede. Zum einen sind die französischen Medien ausgesprochene Meinungsmedien, die das politische Spektrum widerspiegeln, vor allem das der Hauptstadt. Zentralismus bestimmt das demokratische Geschehen – auch bei den Medien und den veröffentlichten Meinungen. Das ist ein zweiter wesentlicher Unterschied zu Deutschland und seinen mehreren Medienmetropolen: In Frankreich berichten die Medien vom Zentrum an die Peripherie.

Schockierend für deutsche Journalisten: Es gibt in Frankreich kein ›Hugenberg-Tabu‹, das wie in Deutschland einem Industriekonzern (erst recht einem staatsnahen) verbieten würde, sich mehrheitlich an einem Medienanbieter zu beteiligen. Die privaten Rundfunk- und Fernsehgesellschaften sind in Frankreich fest in der Hand der Industrie − von Luxus bis Rüstung und neuerdings Technologie. Frankreich setzt auch im Medienbereich auf nationale Champions.

Der Kernunterschied schließlich liegt in einem fast entgegengesetzten Verständnis von Pressefreiheit. Gilt sie in Deutschland laut Art. 5 GG generell für die Medien, ist sie in Frankreich ein reines Individualrecht: Einzig der Journalist als Person ist Träger der Meinungs- und Pressefreiheit. Das schwächt ihn, da er sich leichter als seine deutschen Kollegen Druck ausgesetzt sehen kann. Missfällt er gar jemandem aus der Politik oder einem Werbekunden, weil er als zu kritisch betrachtet wird, kommt bald ein Anruf an den Chefredakteur mit der Bitte, ihm doch die Leviten zu lesen − dessen Reaktion darauf richtet sich ebenfalls nach seiner Persönlichkeit bzw. der wirtschaftlichen Gesundheit des Mediums. Oder dem Journalisten wird der ›Informationshahn‹ zugeschraubt, was jedoch heute in der Zeit der sozialen Netzwerke und der Recherchenetzwerke nicht mehr leicht geschieht und geschehen kann. Das alles stärkt nicht sonderlich die Kritik- und Kontrollfunktion der Medien.

Noch einmal: Frankreich ist eine Demokratie mit einem nicht minder funktionsfähigen Mediensystem als Deutschland. Nur funktioniert es ganz anders als das deutsche, das auch heute noch stark durch die Lehren aus zwei Diktaturen geprägt ist. Wer das Mediensystem des Nachbarlandes betrachtet, darf eines nie aus den Augen lassen: Es ist eher Deutschland, das in Europa die Ausnahme bildet.

1.　Meinungskonzentration im Pariser ›Biotop‹

Es gibt in Frankreich nur eine Medienhauptstadt: Paris und das angrenzende Umfeld. Dort sind sämtliche führende Medien angesiedelt, Online-Redaktionen inklusive. Und nicht nur sie. In Paris ballen sich alle Gewalten: Exekutive, Legislative, Judikative und Verwaltung (d. h. Zentralverwaltung). Alle Banken und fast alle Großunternehmen haben ihren Sitz in Paris. Die Kreativwirtschaft konzentriert sich fast komplett in diesem Großraum. Auch die führenden Bildungseinrichtungen, darunter Sciences Po oder die staatliche Journalistenschule Centre de Formation des Journalistes (CFJ) befinden sich in der Hauptstadt, in der sowieso über das Schul- und Hochschulwesen ganz Frankreichs entschieden wird, über Polizei, Gendarmerie usw. Da alles, was nationalen Ereignischarakter und Informationswert hat, sich in Paris konzentriert, liegen dort auch Sitz und Zentralredaktion der Nachrichtenagentur Agence France Presse (AFP); in der Provinz gibt es nur in wenigen Regionalmetropolen Büros. Entscheidender für die AFP, die frontal in Konkurrenz zu Reuter und AP steht, ist die Positionierung auf dem Weltmarkt.

Die Auswirkungen dieser pariszentrierten Architektur auf die französischen Medien, ihre Arbeitsweise sowie ihr Selbstverständnis sind erheblich. Sie prägt naturgemäß auch die Frankreichberichterstattung der ausländischen Korrespondenten. Sie haben selbstredend alle ihre Büros in Paris und verlassen die Stadt nur selten. Paris ist eine eigene Welt, eine Festung genauso wie das berühmte Dorf der Gallier; das ist eine der tieferen Bedeutungen der Comics von Uderzo und Goscinny: eine unterschwellige Zeichnung des Zentralismus. In diesem Meinungsbiotop wird der Meinungsmainstream für ganz Frankreich – und darüber hinaus – produziert.

Die Medien verbreiten ihre Inhalte vom Zentrum an die Peripherie. Rückkanäle gibt es (fast) keine, das Geschehen außerhalb des Zentrums dringt kaum in die Hauptstadt und wird in der Berichterstattung nur in seltenen Ausnahmefällen berücksichtigt. So etwa im Sommer bei Waldbränden in Südfrankreich, bei Flutkatastrophen an den Küsten oder bei Gewaltausschreitungen in diversen Städten. Die ›Gelbwesten‹-Bewegung, deren Vorboten viele Jahre vor den ersten Verkehrskreiselbesetzungen unterwegs waren, wurde erst wahrgenommen, als sie auf den Champs Élysées aufmarschierte.

Eine streng pyramidale Medienstruktur

Während die führenden deutschen Tageszeitungen sogenannte ›überregionale‹ Blätter sind, gehören ihre Entsprechungen in Frankreich in die Kategorie der sogenannten ›nationalen Tagespresse‹ *(presse quotidienne nationale)*. Sie haben ihren Sitz und ihre Redaktion in Paris und bedienen vor allem die Pariser Leserschaft, ob *Le Monde, Libération, L'Humanité, La Croix, Le Figaro, Le Parisien/Aujourd'hui en France, Les Echos, La Tribune* oder die Sportzeitung *L'Équipe*.

Das Gleiche gilt für die drei Gratiszeitungen *20 Minutes, Direct Matin, Metro*, die nur im öffentlichen Nahverkehr in Paris und einigen Großstädten erhältlich sind. Und selbstverständlich für die wöchentlich erscheinenden Nachrichtenmagazine, von denen es weit mehr als in Deutschland gibt: *Le Nouvel Observateur, L'Express, Le Point, Marianne, Challenges, Valeurs actuelles, The Economist, Courrier international* oder *Paris Match*. Auch das mittwochs erscheinende Satireblatt *Le Canard Enchaîné* gehört dazu. Ganz zu schweigen von sämtlichen Frauenzeitschriften und sonstigen Illustrierten und natürlich von reinen Internetzeitungen wie etwa mediapart.fr. Über das Geschehen außerhalb von Paris berichten allenfalls Sonderkorrespondenten.

Regionale Tageszeitungen sind in Paris kaum erhältlich – mit einer Ausnahme: *Ouest-France*, die ihren Sitz in Rennes (Bretagne) hat und mit über 600.000 Exemplaren die auflagenstärkste französische Zeitung ist, vergleichbar etwa mit der *Westdeutschen Allgemeinen Zeitung*. Aber das liegt wohl daran, dass die bretonische Community in Paris stark repräsentiert und wirtschaftlich sehr aktiv ist.

Diese Strukturierung kennzeichnet nicht nur die Printfassungen, die es in Frankreich wirtschaftlich noch schwerer haben als in Deutschland, weil sie überwiegend am Kiosk verkauft werden, sondern auch das Online-Angebot der Verlage. Denn jede Zeitung oder Zeitschrift ist ebenfalls im Internet erhältlich, wo sie meist nur gegen Entgelt zu lesen ist. Um es anders zu formulieren: Während in Deutschland die tradierten Abonnementzeitungen ihr Wirtschaftsmodell heute mehr oder minder digitalisieren, werden die französischen Zeitungen, deren Wirtschaftsmodell überwiegend auf Einzelverkauf beruhte, heute durch ihre Internetpräsenz zunehmend zu (digitalen) Abonnementzeitungen. Dies hat erhebliche Auswirkungen auf den Informationsstand der Bevölkerung, die so kaum noch Zugang zu der Hintergrundinformation hat, die weiterhin allein die Printmedien bieten. Das Fernsehen ist mehr denn je ein reines Unterhaltungsmedium; der Hörfunk ein Zwitter. Wer außerhalb von Paris lebt, dort nämlich, wo Zeitungen schwer erhältlich sind, und sich wirklich informieren will, müsste im Idealfall gleich mehrere Zeitungen online abonnieren, was sich nur wenige leisten können. Auch der Zugang zum Informationsangebot ist somit pariszentriert.

An deutlichsten ist der Zentralismus beim Medium ›Fernsehen‹. Alle Studios und Redaktionen befinden sich in Paris. Außenstellen gibt es (fast) nicht, sodass auch hier bei Bedarf auf Sonderreporter gesetzt wird. Dies hat zur Folge, dass allein Journalisten, Experten oder Politiker aus dem Großraum Paris an den überaus zahlreichen Diskussionsrunden teilnehmen bzw. teilnehmen können, weil Außenstudios und Funkverbindungen in den ›Rest‹ des Landes fehlen und weil die Studiogäste ohnehin in oder bei Paris leben. Zwar wurde während der Lockdowns in der Coronapandemie zunehmend auf Zuschaltung per Skype o. Ä. zurückgegriffen, doch hat sich dies wegen der schlechten Bildqualität sowie der fehlenden ›Chemie‹ im Studio nicht dauerhaft durchgesetzt. Ausnahmen bestätigen die Regel: So debattiert zum Beispiel Daniel Cohn-Bendit regelmäßig mit Jacques Chiracs ehemaligem Bildungsminister und Philosophen Luc Ferry im Abendmagazin des Nachrichtensenders LCI – er ist fast immer live zugeschaltet. Was in Deutschland eine Selbstverständlichkeit ist, hat in Frankreich (noch) Seltenheitswert.

Entsprechend gestaltet sich auch das öffentliche Fernsehprogramm FRANCE 3 – ein ›nationales und regionales Vollprogramm‹ (*chaîne généraliste nationale et régionale*). Es ist de facto ein einheitliches Pariser Programm. Anders als bei den Dritten Programmen der ARD beschränkt sich das regionale Programm werktags zum Beispiel auf zwei Regionalfenster (12:30 Uhr bis 13:00 Uhr und 19:30 Uhr bis 20:00 Uhr) mit viel kulturellen, touristischen oder gastronomischen News im Sendegebiet der insgesamt 23 ausgelagerten Studios (die Überseegebiete haben ihre eigenen neun Büros). Nachrichten aus Wirtschaft oder Politik sind dort kaum zu finden, denn sie sind Gegenstand der ›nationalen‹ Hauptnachrichten, die auf die beiden Regionalfenster folgen. So bleibt einem Zuschauer in Marseille oder in Lille das Leben in der Bretagne, den Alpen, auf Martinique oder in Bordeaux weitgehend unbekannt.

Seit der Schließung von FRANCE ô Anfang September 2020, dem öffentlichen Vollprogramm für die französischen Überseegebiete, das im Inland kaum jemand einschaltete, beschränkt sich die Berichterstattung über diese fernen Landesteile auf die Berücksichtigung der Wetterlage in Guadeloupe, La Réunion, Martinique oder Mayotte am Ende der Wettervorhersage im zweiten öffentlichen Hauptprogramm FRANCE 2.

Paris und das Sonst-Wo

Ein erhellendes Beispiel für den schwierigen Umgang des Pariser Mikrokosmos' mit dem ›Rest‹ des Landes bot im Vorfeld der Präsidentschaftswahlen 2022 die Hauptnachrichtensendung (nach deutschen Kriterien
eher ein Magazin) von FRANCE 2 um 13 Uhr: *Le 13 heures.* Alle vier Wochen
bis zum ersten Wahlgang am 10. April 2022 wurde das Studio aus Paris
an einen anderen Ort in die Provinz ›ausgelagert‹, und die Nachrichten
wurden dort live produziert. Den Auftakt machte am 4. November 2021
die Hafenstadt Dieppe in der Normandie – aus aktuellem Anlassn ging
es um den Fischereistreit mit Großbritannien.

Das Aufschlussreichste aber ist der Name, der diesem monatlichen Son-
derformat gegeben wurde: *Le 13 heures en campagne.* Er ist extrem vieldeu-
tig. Beginnen wir mit der ersten Ebene: Auf Deutsch würde es heißen *Die
13-Uhr-Nachrichten im Wahlkampf,* denn *en campagne* bedeutet ›im Wahlkampf‹, bezieht sich also auf den Zeitraum bis April 2022. Die zweite
Ebene – *la campagne* – meint auch ›das Land‹ im Sinne von ländlichem
Raum. Gemeint ist also alles, was nicht Stadt ist. Doch Dieppe ist immerhin eine, wenn auch kleine, Stadt. Die dritte Ebene spielt auf den Traum
des Städters vom Leben auf dem Land an, der auch in Frankreich während
des Corona-Lockdowns wiedererwacht ist. Da fällt einem unmittelbar der
schon in die Volksweisheit eingegangene Spruch ein »Man sollte die Städte auf dem Land bauen, weil dort die Luft reiner ist.«, die dem Journalisten und Humoristen Alphonse Allais (1854-1905) zugeschrieben wird.

Doch erst das Zusammenspiel dieser drei Bedeutungen ergibt den tieferen Sinn, nämlich Nachrichten ›von sonst woher‹. *Campagne* klingt idylli-
scher, um jenes Frankreich zu bezeichnen, das nicht Paris ist. *Province* ist
schon lange nicht mehr politisch korrekt. Seitdem sagt man *en régions* (in
den Regionen), als gehöre Paris nicht auch zu einer Region (nämlich Île de
France). Aber der Begriff ist zu stark institutionell konnotiert. Bliebe noch
die neugeborene Bezeichnung *La France des territoires*: das Frankreich der
›Territorien‹ oder der ›Gebiete‹. Doch ist auch dieser Begriff verwaltungs-
technisch auf interkommunaler Ebene schon vergeben.

Dieppe war Vorwand und Kulisse. Das ist der Schlüssel: Die Belange, Wünsche und Sorgen der Menschen im Sonst-Wo sollen stärker berücksichtigt werden – das ist die offizielle Parole der Regierung, die sich seit der Amtszeit Hollandes eingebürgert hat. Gemeint ist: etwas weniger Zentralismus. Und Macron, dem man vorwirft, er sei zu wenig geerdet, hat im Sommer 2021 eine Tournee durch *La France des territoires* unternommen. Bürgernähe ist gefragt, besonders im (Vor-)Wahlkampf. Das alles haben die Zuschauer im Hinterkopf.

FRANCE 2 blieb nur die Wahl des poetischen Ausdrucks *campagne*, um seine Staatsunabhängigkeit zu bekunden. Wie darüber wohl ein deutscher Korrespondent – falls überhaupt – berichten würde? Vielleicht so? »Macron instrumentalisiert FRANCE 2 zu Propagandazwecken im Wahlkampf.« Die französische Wirklichkeit ist viel subtiler.

Radio, ein nationales Leitmedium

Im Gegensatz zu Deutschland, wo der Hörfunk ein lokal-regionales Medium ist und allein der DEUTSCHLANDFUNK als Quasivollprogramm im gesamten Bundesgebiet empfangbar ist (und das auch erst seit der Wiedervereinigung), ist Radio in Frankreich das ›nationale‹ Medium an sich. Auch der Hörfunk folgt dem zentralen Muster, zumindest was die Vollprogramme angeht, von denen es über ein halbes Dutzend gibt sowie einen führenden Nachrichtensender (FRANCE INFO). Denn die überwiegende Mehrheit der etwa 900 Radios sind Musiksender oder Formatradios, die Nutzersegmente oder lokale Zielgruppen bedienen und wenigen Senderfamilien angehören.

Diese Zentralität ist ein Erbe der Rundfunkgeschichte und stammt aus der Zeit, in der die Langwellenfrequenzen weltweit verteilt wurden. Bis zur offiziellen Erschließung des UKW-Bandes im Jahr 1981 und der damit verbundenen Zulassung privater Anbieter gab es im Inland nur Langwelle, was den Standort Paris begünstigte und dem Eiffelturm das Leben rettete. Er sollte, wie alles, was für die Expo 1889 gebaut worden war, nach der Ausstellung abgerissen werden. Doch bei der Geburt des Mediums ›Radio‹ erwies er sich als ein idealer Sendemast, und er ist es noch heute. Soweit zur Entstehungsgeschichte des heutigen FRANCE INTER, dem Vollprogramm der staatlichen Gesellschaft Radio France. Trotz Digitalisierung ist Radio ein ›nationales‹ Medium geblieben, Inbegriff des Broadcasting, d. h. der Verbreitung von einem Punkt aus an das Massenpublikum.

Als nach dem Krieg die Langwellenfrequenzen in Europa neu verteilt wurden, gelang es Frankreich, drei weitere zu erhalten, und zwar jene, die ursprünglich Andorra, Monaco und Luxemburg zugedacht waren. So entstanden drei weitere Radiosender, SUD RADIO, RADIO MONTE CARLO (RMC) und RTL. Sie haben ihren Sitz und ihre Redaktion in Paris, der Sendemast jedoch steht jeweils außerhalb der Staatsgrenzen. Ein vierter Sender kam bald hinzu, nämlich EUROPE 1: Auch dessen Sitz und Studios befinden sich in Paris, der Sendemast aber steht in Saarbrücken. Das heutige Saarland war bis 1957 Teilgebiet der französischen Besatzungszone. Alle diese Radiosender, die man lange *périphériques* nannte, sind kommerzielle Sender, und zwar seit jeher – außer EUROPE 1, das der Staat 1955 dem als zu unabhängig empfundenen RTL als Konkurrenten gegenüberstellte und das erst 1987 voll privatisiert wurde. Auch hier ein Unterschied zu Deutschland: In Frankreich sorgen seit jeher privatkommerzielle Radios für Qualitätsjournalismus.

Zusammen mit FRANCE INTER und dem Infosender FRANCE INFO sind RTL und EUROPE 1 die französischen Leitmedien. Radio ist auch seit Kriegsende in Frankreich das glaubwürdigste aller Medien geblieben. Dieses Grundvertrauen verdankt es u. a. dem kommerziellen Sender RTL, dessen Redaktion die Regierung nie kontrollieren konnte, da der Sender in Luxemburg stand und das Kapital seit Beginn in privater und zum großen Teil auslän-

discher Hand war. Als Symbol der Unabhängigkeit von RTL trug
Jacques Rigaud, Geschäftsführer von 1979 bis 2000, stets ostenta-
tiv statt einen Schlips eine Fliege – Präsident Giscard d'Estaing
konnte Fliegen nicht ausstehen.

Den Mainstream bestimmt die ›Mediaklatura‹

Der Mainstream wird in Paris selbstreferenziell von einer Handvoll etablierter Persönlichkeiten produziert, von Journalisten
und Experten sowie Politikern und Stars des Showbiz. Das, was
man in Deutschland einigen Fernsehtalkshows vorwirft, nämlich immer wieder dieselben Köpfe vor die Kamera zu holen, ist
in Frankreich die Regel. Heute erst recht, wo sich neben den vier
Vollprogrammen mit höherem Nachrichtenanteil (die beiden öffentlichen FRANCE 2 und FRANCE 3 sowie die privaten TF1 und
M6) fünf Infokanäle angesiedelt haben. Außer dem öffentlichen
FRANCE INFO (das Programm ist gefilmtes Radio) und dem Par-
lamentsfernsehen LA CHAÎNE PARLEMENTAIRE/PUBLIC SÉNAT gehören dazu LCI (Gruppe TF1), CNEWS (Gruppe Canal+) und BFMTV
(Altice Médias). Sie senden live und rund um die Uhr.
    Man stelle sich einen ›Presseclub à la française‹ vor, in dem
politische Journalisten und Intellektuelle, die in drei Medien
das Sagen haben und eventuell noch ein Blog führen, mit immer wieder denselben Pariser Journalisten und Experten, deren
Stimmen meist ebenfalls in den drei Medien und im Netz ton-
angebend sind, ständig untereinander bleiben und aufeinander
reagieren. Und »was macht ein Politiker, wenn er sich von den
Medien schlecht behandelt fühlt? Er schafft sich seinen eigenen
Informationsträger«. So berichtete 2017 Stefan Brändle in der
Luzerner Zeitung (BRÄNDLE 2017b) über den damaligen wie heutigen linksextremen Präsidentschaftskandidaten Jean-Luc Mélenchon, der sein eigenes Online-Fernsehen startete. Die Grenze
zwischen Medien und Politik ist in Frankreich fließend. Diese

Pariser ›Stars‹ aus Politik, führenden Konzernen, Werbeagenturen, Meinungsforschungsinstituten oder aus dem Showbusiness sind alle eng miteinander verbandelt. Sie bilden das, was die Wochenzeitschrift *Le Nouvel Observateur* (1988) vor gut dreißig Jahren, kurz nach der Marktöffnung des Rundfunks, treffend als »*Mediaklatura*« bezeichnete.

Diese ›Elite der Eliten‹, die fast ausnahmslos mindestens eine der Bildungseinrichtungen für Eliten besucht haben, aus (gut) bürgerlichen Milieus stammen und es sich leisten können, in einem extrem gentrifizierten Paris zu leben, ist heute im digitalen Zeitalter noch fester etabliert, sie besetzt regelrecht den öffentlichen Raum, was dem Zentralismus geschuldet ist und ihn potenziert. Nicht vergleichbar mit dem Hauptstadtjournalismus, der sich mittlerweile auch in der Berliner Republik etabliert hat.

ARD und ZDF berichteten wie die Regenbogenpresse

Dieser Zentralismus ist für deutsche Beobachter schwer nachvollziehbar und wird schnell als Hofberichterstattung missverstanden, sobald ein *Président* im Mittelpunkt steht.

Das war unter Sarkozy besonders deutlich, der von den deutschen Medien als ein ›neuer Berlusconi‹ dargestellt wurde, der die Presse über seine befreundeten Medien- und Industriebosse (insbesondere Vincent Bolloré) kontrolliere. Die Zeitung *Le Figaro* sei zur ›Sarkozy-Prawda‹ mutiert, kritischer Journalismus ins Internet abgewandert.

Und als Sarkozy am 8. Januar 2008 ein großes Reformprogramm auf der Neujahrspressekonferenz ankündigte und nebenbei auch Privates preisgab, wussten *Tagesthemen* und *heute journal* über nichts anderes zu berichten als über seine öffentliche Liebeserklärung an seine spätere Ehefrau (BOURGEOIS 2008). Liebesroman im Élysée-Palast – eine Sensation! Und endlich ›mal was anderes‹ in einer deutschen Agenda, die im damaligen Wahlkampf vom Thema ›Umverteilung‹ beherrscht war. Die deutsche Berichterstattung hatte auch eine innerdeutsche Ventilfunktion, womit der Schock, den die vier Ehen des deutschen ›Medienkanzlers‹ Schröder für politische Journalisten bedeutet hatte, bewältigt werden konnte.

Vor lauter Boulevardisierung war selbst ARD- und ZDF-Korrespondenten der Blick für das Land entgangen, aus dem sie berichteten: 1) die Dringlichkeit der endlich angekündigten (aber dann doch nicht durchgeführten) Strukturreformen in Frankreich und 2) der Kontext, der es Sarkozy und seinen Nachfolgern möglich machte, täglich die Agenda zu besetzen, nämlich Zentralismus und Selbstreferenzialität von Politik, Wirtschaft und Medien. Vieles, was einen deutschen Journalisten befremdet oder schockiert, ist eigentlich Normalität im anderen Land. Vielen ist das bewusst. Doch wie soll man das einer ungläubigen Zentralredaktion weitab klarmachen?

Wozu die Pariser Selbstreferenzialität, gepaart mit der vom Zentralismus forcierten Blasenbildung, führen kann, ist im Vorfeld der Präsidentschaftswahlen 2022 sehr gut zu beobachten. Der rasante Aufstieg des rechtspopulistischen Ich-weiß-noch-nicht-Kandidaten Eric Zemmour im Herbst 2021 ist ihr unmittelbares Ergebnis. Denn auch Zemmour ist Journalist, Kolumnist, Publizist und sogar Polemiker. Auch er studierte am Institut d'Etudes politiques *(Sciences Po)* in Paris, und auch er ist medial omnipräsent, zumal er die hohe Kunst des Polarisierens und Themensetzens meisterhaft beherrscht. In den sozialen Netzwerken führt kein Weg an seinen Auslassungen vorbei, auf den Infokanälen ist er gerngesehener Studiogast, was die Quoten in die Höhe treibt und ihn noch mehr in den Fokus der veröffentlichten Meinung stellt, weil ja alle anderen Medien über Zemmour nicht nicht berichten können. Marine Le Pen oder der sehr medienwirksame Linkspopulist Jean-Luc Mélenchon rücken im Vergleich in die Rolle einer Pastorentochter und ihres Bruders.

Den Mainstream bestimmt die Mediaklatura – und sie bestimmt auch, weit über reine Political Correctness hinaus, was zu verschweigen bzw. der Öffentlichkeit vorzuenthalten ist. Zwei Investigativjournalisten, Sophie Coignard und Alexandre Wickham, hatten vor 20 Jahren eingehend diese Praxis der *Omertà* beschrieben, die ein Grundmechanismus der politischen, wirtschaftlichen und medialen Kultur in Frankreich ist und den Zusammenhalt der Mediaklatura schmiedet (COIGNARD/WICKHAM 2002).

In einem Interview, das am 28. Mai 2011 in *Le Figaro* (GONIN 2011) erschien, erklärt Coignard, wie diese französische Omertà funktioniert. Es handelt sich um »ein Gesetz des Schweigens, das nicht vom Parlament verabschiedet wurde, das in keinem Regelwerk steht, das aber weit wirksamer ist als mancher Gesetzestext. Alle, die auch nur einen Bruchteil an Macht und Einfluss haben, inklusive Journalisten, halten sich daran. Nicht weil sie bösartig wären oder von oben manipuliert würden. Nein, es handelt sich um eine soziale Verhaltensweise, eine Mischung aus Angst um die eigene Karriere und aus stillem, interessengeleitetem Einverständnis«.[1] Man kann es auch Selbstzensur nennen.

So gerät vieles an Problemfällen oder Missständen nie wirklich an die Öffentlichkeit, obwohl einige Insider-Journalisten berichten – jedoch stets nur mit großer Vorsicht und ausschließlich zwischen den Zeilen. Wie tief diese Intransparenz im Selbstverständnis der Elite verwurzelt ist, zeigt e contrario folgendes Beispiel. Zu Beginn der 2000er-Jahre hielt der berühmte, den Sozialisten nahestehende Verfassungsrechtler Guy Carcassone an der Universität in Cergy-Pontoise einen Vortrag zu den Grund-

---

1 Alle Übersetzungen im Buch wurden von der Autorin angefertigt, sofern nicht anders gekennzeichnet.

freiheiten. Als es um die Meinungs- und Medienfreiheit ging, fragte ich ihn, ob es nicht an der Zeit wäre, ein Wahlversprechen Mitterrands einzulösen, nämlich parallel zum Recht auf freie Meinungsäußerung auch ein Recht auf Information in der Verfassung zu verankern. Seine Antwort lautete sinngemäß: »Wo kämen wir bloß hin, wenn die Transparenz so weit ginge!«

Die Omertà betrifft das persönliche Verhalten von Politikern oder Vorsitzenden von Großkonzernen, führenden Leitartiklern, und kreist meist um die Themen ›Liebesaffären‹ bis hin zu ›Pädophilie‹ oder ›Inzest‹ sowie ›persönliche Bereicherung‹. Die katholische Kirche ist ebenso betroffen wie der Sport, das Bildungssystem und einzelne Persönlichkeiten.

Ein bekanntes Beispiel aus der Politik: Edwy Plenel (damals Reporter bei *Le Monde*), der mit anderen die ›Abhöraffäre des Élysée-Palastes‹ aufgedeckt hatte und auch selbst abgehört wurde, hatte in diesem Zusammenhang nie auf den wahren Grund dieser Abhörpraxis hingewiesen, obwohl er eingeweiht war: nämlich dass Mitterrand eine ›Zweitfamilie‹ hatte, die er vor der Öffentlichkeit verbergen wollte, und dazu aus Staatsgeldern eine eigens gegründete Garde finanzierte. Auch die Krankheit zweier Präsidenten – Pompidou und Mitterrand – wurde den Wählern verschwiegen. Diese Intransparenz führt regelmäßig auch zu Skandalen, etwa um das Diabetesmedikament Mediator (2013) oder zuvor um das HIV-infizierte Blut (1983), was die Skepsis der Bevölkerung auch heute noch der staatlichen Gesundheitspolitik gegenüber erklärt. Und selbstverständlich ist bei offiziellen Zahlenangaben Vorsicht geboten, denn sie sind nur selten vollständig bzw. aussagekräftig, wie selbst Amélie de Montchalin, damals noch Abgeordnete (LaREM) und Vorsitzende des Finanzausschusses 2018 gegenüber der Tageszeitung *L'Opinion* in einem Interview (LEGENDRE 2018) bedauerte: »Es gibt eine Art von Omertà bei Haushaltsstatistiken, die eigentlich den Franzosen zustehen.«

Heute ist diese Omertà nicht mehr ganz so stark ausgeprägt wie noch vor zwanzig Jahren, was sich vornehmlich durch die Allgegenwart der Online-Medien und sozialen Netzwerke erklärt. Da der Informationsaustausch auch zunehmend grenzüberschreitend stattfindet, vergrößert sich die Transparenz auch unter dem Einfluss einer sich zunehmend internationalisierenden Informationskultur. Die Antwort, die in Frankreich darauf gefunden wurde, lautet: mehr politisches Marketing bzw. Storytelling. Auf der anderen Seite ist es gleichzeitig für Journalisten schwieriger geworden, über unlauteres Verhalten von Persönlichkeiten des öffentlichen Lebens zu berichten, weil ihnen immer häufiger Gerichtsverfahren wegen Verletzung der Privatsphäre drohen. Anders als vor 20 Jahren werden aber keine Bücher mehr zensiert. Das ereignete sich zum letzten Mal 1996, als die Familie Mitterrands das Buch seines Leibarztes Claude Gubler verbieten ließ, das sein Krebsleiden beschrieb (GUBLER 1996). Der EGMR hob die Zensur 2004 auf.

Bei ›unliebsamen‹ Manuskripten sind nur heute die Verleger vorsichtiger geworden. Das erfuhr vor wenigen Jahren auch Eric Stemmelen mit seiner Recherche über die von 2012 bis 2017 im Einklang mit den Medien inszenierte Aufstiegsstrategie Macrons bis in den Élysée-Palast.[2] Sein Buch konnte erst 2019 erscheinen – und auch nur in einem belgischen Verlag (STEMMELEN 2019). Rezensiert wurde es von keinem der führenden französischen Medien. Nun ging es in dem Fall wie so oft nicht nur allein um den Inhalt, sondern auch um die Person des Autors: Als ehemaliger Programmdirektor von FRANCE 2 und zuvor Studienleiter beim Meinungsforschungsinstitut Sofres gehört er zu den ›Eingeweihten‹, als solcher hätte er sich nie zu den ›Geheimnissen‹ äußern ›dürfen‹. Die Omertà wirkt weiterhin.

---

2   Jürg Altwegg erwähnt dies kurz in einem Bericht über das enge Geflecht zwischen Medien und Politik in Frankreich: Ein Messias in Teufels Küche. In: *Frankfurter Allgemeine Zeitung*, 7. Dezember 2021.

2.   Medienpolitik ist Wirtschaftspolitik

In Frankreich gelten die Medien als ein Markt und dieser ist hochkonzentriert. Das gilt insbesondere für die kapitalintensivsten, den Hörfunk und vor allem das Fernsehen. Deren Kapitaleigner sind führende Industriekonzerne aus den für Frankreichs Wirtschaft strategisch entscheidenden Branchen. Diese Konzerne sind staatsnah. Und es handelt sich um Familienunternehmen, sie sind inhabergeführt.

Jürg Altwegg, ein erfahrener Frankreichkenner, stellte es 2021 in der *Frankfurter Allgemeinen Zeitung* (ALTWEGG 2021) ironisch-locker dar: »Frankreichs Medien sind im Besitz von zehn Milliardären. Keiner hat sein Geld als Verleger verdient, kaum einer einen Sender oder eine Zeitung lanciert – mit Ausnahme von Vincent Bolloré. Bei den Zeitungen kontrollieren die großen Zehn 90 Prozent der Auflagen. Im Bereich von Radio und Fernsehen übersteigt ihr Anteil fünfzig Prozent. Die meisten sind von Staatsaufträgen abhängig. Bouygues – mit Europas größtem Privatsender TF1 – baut Autobahnen. Dassault – *Le Figaro* – Flugzeuge und Waffensysteme. François Pinault und Bernard Arnault sind die reichsten Männer des Landes. Pinault kaufte das Magazin *Le Point*, um seinem Freund Jacques Chirac Schützenhilfe zu leisten. Arnault erwarb *Le Parisien*, um Nicolas Sarkozys Wahlkampf zu unterstützen. Neben dem Boulevardblatt gehört Arnault auch die führende Wirtschaftszeitung *Les Echos*.«

Eine Horrorvorstellung für deutsche Korrespondenten. Das deutsche ›Hugenberg-Tabu‹, das einer Interessenkollision von Industrie und Politik vorbeugen könnte, gilt in Frankreich nicht – Politik und Industrie ziehen an einem Strang. Und wegen der Selbstreferenzialität der politischen wie wirtschaftlichen Elite in der Hauptstadt kennen sich auch die Personen, die in Wirtschaft und Politik agieren, alle persönlich – sie bilden eine eigene Welt: die der Machtelite. Sie konzentriert sich auf wenige

Viertel in Paris. Zur Beruhigung seiner Leser fügt Jürg Altwegg gleich hinzu: »Die Pressefreiheit ist nicht in Gefahr.« Scheint paradox, ist aber so.

›Medien-Monopoly‹

Wie schwierig es für deutsche Journalisten ist, sich dieses Beziehungsgeflecht vorzustellen und darüber nüchtern zu berichten, möchte ich exemplarisch an einem Bericht analysieren – stellvertretend für alle Medienberichterstatter. Der ›Auserwählte‹ möge es mir verzeihen.

Unter der Überschrift ›Monopoly der Milliardäre‹ berichtete Leo Klimm am 12. April 2021 in der *Süddeutschen Zeitung* (KLIMM 2021) über das laufende Konzentrationsgeschehen in der französischen Medienbranche. Unterzeile: »In Frankreich liefern sich ein paar Superreiche ein Spiel um namhafte Medien. Ein Jahr vor der Präsidentschaftswahl geht es auch um die Frage, ob eine stramm rechtskonservative Sendergruppe nach US-Vorbild entsteht.«

Vorweg: Alle Fakten zu den wirtschaftlichen Aspekten sind in dem Bericht wahrheitsgetreu und sorgfältig dargestellt. Was hingegen auffällt, ist der leicht von Kritik oder gar Widerwillen geprägte ›Ton‹ – die französischen Gepflogenheiten stellen eben alle deutschen Wertvorstellungen auf den Kopf. Das Aussagekräftigste steckt somit zwischen den Zeilen.

Hier berichtet ein Wirtschaftskorrespondent über das, was er üblicherweise und in anderen Branchen als Marktkonsolidierung bezeichnen würde. Da er aber für die Medienseiten schreibt, nutzt er den in der Branche gängigen Begriff ›Monopoly‹ – das ist soweit nachvollziehbar. Auch ›Milliardäre‹ stimmt, wenn man das persönliche bzw. unternehmerische Vermögen der Angesprochenen betrachtet. Doch warum dann noch ›Superreiche‹ oder weiter im Text »mächtige, schwerreiche Männer«? Lassen da etwa Adorno oder Marcuse grüßen? Nun gut, die *Süddeutsche Zeitung* ist politisch etwas links von der Mitte angesiedelt, das Feuilleton ohnehin und sogar noch etwas weiter links, was bei der *Frankfurter Allgemeinen Zeitung* auch der Fall ist. Soweit so gut. Damit ist aber die französische Wirklichkeit nicht korrekt abgebildet.

Jetzt der Clou: »Schon länger gelten Medien im Allgemeinen und Journalismus im Besonderen in Frankreich nicht mehr als Metier, das wirtschaftlich eigenständig sein müsste.« Lauert da etwa die Idealvorstellung von einer öffentlich-rechtlichen Presse, die in beiden Ländern unterschwellig lebt? Oder ist nicht eher gemeint: Medien fest in der Hand von branchenfremden Interessen? Hugenberg hatte ja schon in der Weimarer Republik bewiesen, wie unheilbringend die Allianz von Politik, Industriekapital und Medien sein konnte. Journalismus wurde später zu Propagandazwecken instrumentalisiert.

Das ist der Stein des Anstoßes: In diesem Medien-Monopoly im heutigen Frankreich im Vorfeld der Präsidentschaftswahl geht es »nicht zuletzt um gesellschaftlichen Einfluss und um die politische Ausrichtung der Medien«, schreibt Klimm. Das erinnert zunächst an die APO-Kritik am Imperium eines übermächtigen Springer-Verlags in den 1960er- und 1970er-Jahren. Aber die Situation in Frankreich ist eine andere: Alle Medien gehören seit Kriegsende in die Kategorie der Meinungsmedien; ihr Hauptmerkmal ist politisch geleiteter Haltungsjournalismus. Der Außenpluralismus bildet das ideologische Meinungsspektrum ab. Er ist heute zugegeben etwas ›rechtslastig‹, da die damals finanzstarke KP kein Gegengewicht mehr ist und auch die Sozialisten keinen schwergewichtigen Verlagskonzern mehr haben. Außerdem gilt in der noch stark vom Marxismus geprägten Weltvorstellung in Frankreich Wirtschaftspower als rechts. Das Selbstbild des Journalismus ist eher links einzustufen – quasi als Opposition zu den ›Kapitalisten‹, die die Medien halten.

Klimm zitiert anschließend einen französischen Berater ausländischer Investoren, der Folgendes ›prophezeit‹: »Und am
Ende werden wir den Milliardären danken, weil sie die Presse-
vielfalt retten.« Klingt bitter ironisch, entspricht aber den Tat-
sachen: Ohne kapitalkräftige Anteilseigner kann kein kommer-
zielles Medium überleben, in der heutigen Umbruchphase noch
weniger, auch in Deutschland nicht. Dass diese Analyse als Zitat
eingeflochten ist, zeigt, wie unvorstellbar diese Tatsache für einen deutschen Leser ist.

Und nun folgt ganz unverblümt: »Macron ist als Medienjunkie
bekannt.« Wirklich süchtiger bzw. omnipräsenter als ein Sarkozy
damals – oder ein de Gaulle, der als Erster erkannte, welches Potenzial im Fernsehen steckt, um die Wähler zu adressieren? Wird
Macron etwa unterstellt, er wolle die Medien zu Propagandazwecken instrumentalisieren? Natürlich braucht ein Präsident Medi-
en zur Imagepflege, besonders in Frankreich, wo er quasi Alleinherrscher ist, und im Wahlkampf braucht er sie erst recht. Oder
ist nicht vielmehr die Nähe von Politik, Medien und Industrie gemeint? Sie ist tatsächlich das Strukturmerkmal eines zentralistischen, jakobinischen und colbertistischen Staates wie Frankreich.
Die systematische Fokussierung auf die Staatsferne der Medien ist
eine – geschichtlich gewachsene – deutsche Lesart.

In Frankreich sind die meisten Medien zwar in der Hand
des Staates oder staatsnaher Industriekonzerne, doch die Journalisten sind nicht ihre Marionetten. Sie üben zwar oft Selbstzensur und scheuen zuweilen auch – aus Angst, ihren Job zu
verlieren – nicht vor vorauseilendem Gehorsam zurück. Das ist
jedoch nicht das Entscheidende. Denn strukturell sind Journalisten zwar Bestandteil des Establishments bzw. der ›Mediaklatura‹. Doch als Einzelpersonen sind sie unabhängig: Jeder einzelne
Journalist verkörpert und trägt die/seine Pressefreiheit – und
ist verbissen bemüht, sie zu verteidigen. Das ist es, was Altwegg
meinte, als er schrieb: »Die Pressefreiheit ist nicht in Gefahr.«

Daran hat sich nichts geändert, nur beginnt heute eine neue Phase in einem ›Medien-Monopoly‹, das nicht nur »in vollem Gang ist«, wie Klimm treffend schließt, sondern in der digitalen Welt eine neue Dimension erreicht. Wenn man die medienspezifischen deutschen Denkschablonen in der Art der Darstellung beiseite lässt und sich auf die Kerninformation konzentriert, liefert er uns als Wirtschaftskorrespondent eine ausgezeichnete Übersicht dessen, was sich derzeit auf dem französischen Medienmarkt abspielt.

Nur, welcher Feuilleton-Leser will das wissen, wenn er den Bericht anhand seiner eigenen Abneigung gegen die Machtspiele der Superreichen liest und sich obendrein entrüsten darf, wenn er auf solch eine Zwischenzeile trifft, »Quote mit antimuslimischer Hetze«? Gemeint ist u. a. der Nachrichtensender CNEWS, den der Mischkonzern Bolloré vor einiger Zeit übernommen hat und zu einem französischen FOX NEWS umwandelt. Einer seiner Starkolumnisten war zur Zeit des Berichts kein geringerer als der Rechtspopulist Eric Zemmour, oft dargestellt als der ›französische Trump‹. Medien gehören in Frankreich in die Rubrik ›Politik‹.

Ein ganz kurzer, wie beiläufig gesäter Satz in dem Absatz, in dem Klimm das Verhältnis beschreibt, das – ich bin so frei – ›die Macrons‹ und ›die Arnaults‹ (LVMH-Konzern) unterhalten, lässt aufhorchen: »Man kennt sich, man hilft sich.« Es ist wie mit der Concierge in Tucholskys *Floh*: Filigran im Hintergrund zeichnet sich das Prädikat ab, das das linke Meinungsspektrum Macron anheftete, seitdem er die ›Reichensteuer‹ reformierte, und das ihm spätestens seit der Gelbwestenbewegung ›unkaputtbar‹ anhaftet: *le Président des Riches* (Präsident der Reichen). Die Macrons und die Superreichen stecken also alle unter einer Decke? Nicht in ihrer Eigenschaft als ›Superreiche‹, sehr wohl aber als Angehörige der Pariser Elite. Zentralismus heißt der Schlüssel.

Französische Medienpolitik ist für deutsche Journalisten – allen voran aus dem Ressort ›Medien‹ – besonders schwer zu verstehen, weil sie den eigenen Vorstellungen radikal widerspricht.

Dagegen ist kein Kraut gewachsen. Aber vielleicht könnte man immer im Hinterkopf behalten, dass andere Länder anders ›ticken‹, dass Deutschland stark von einer doppelten Diktaturerfahrung geprägt ist und sein Medienverständnis heute in Europa die Ausnahme bildet – auch dank der Karlsruher Urteile. Deren Gebote lauten: Staatsferne aller Medien sowie ausschließlich oder zumindest mehrheitlich brancheninternes Kapital. Doch selbst in Deutschland bilden Presse und Rundfunk einen Markt, auf dem hin und wieder ein ›Allianzreigen‹ zu beobachten ist. Bleibt die grundlegende Schwierigkeit, die Nähe zwischen Politik, Wirtschaft und Medien nicht automatisch allein persönlichen Kontakten oder strategischen Absichten zuzuschreiben, sondern aus ihrem strukturellen Kontext heraus zu erklären, nämlich dem für deutsche Beobachter nur schwer nachvollziehbaren Zentralismus. Einen Außenpluralismus, wie er sich in föderalen Strukturen mit ihren vielfältigen Medienmetropolen entwickelt, kann es in Frankreich nicht geben. Es gibt nur Paris.

Medien sind Daseinsvorsorge

Medienpolitik ist in Frankreich ebenso wie Kultur- und Wirtschaftspolitik Sache der Zentralregierung (BOURGEOIS 1999; CLUZEL 1991; DERIEUX 2019; LANCELOT 2005). Jakobinismus und Colbertismus sind hier besonders ausgeprägt. Die Medien in ihrer Gesamtheit werden als ein Markt betrachtet und dort sind sie im Segment der Daseinsvorsorge angesiedelt. Ihre Funktion steht im Dienst der Allgemeinheit – was das Allgemeinwohl ist, hat der Staat, sprich die jeweilige Regierung, zu definieren (Jakobinismus). Die Unternehmen, welche die Inhalte anbieten, sind Marktakteure und als solche unterliegen sie den Gesetzmäßigkeiten der Wirtschaft und dem normalen Wettbewerbsrecht. Da sie aber eine besondere Rolle für die Gesellschaft einnehmen, hat der Staat (die Regierung) noch mehr als üblich über die jeweiligen

Wettbewerbsregeln zu befinden und den Markt entsprechend zu steuern (Colbertismus). Soweit das französische Verständnis.

Eine ausgeprägte verfassungsrechtliche Verankerung der Medienordnung ist allein in Deutschland gegeben. Sie liegt in der jüngeren Geschichte begründet und verhindert jegliche staatliche Instrumentalisierung der Medien zur politischen Einflussnahme, was das Bundesverfassungsgericht in regelmäßigen Abständen wiederholen muss (BOURGEOIS 2018a). Ein ungeschriebenes Gesetz verbietet es außerdem einem Industriekonzern, sich an Medien zu beteiligen: das ›Hugenberg-Tabu‹, auf das mehrere Karlsruher Rundfunkurteile eingehen, ohne es so zu nennen.

Doch auch in Deutschland agieren die Medien de facto auf dem Markt – auf einem Segment, das einer sektorspezifischen Regulierung und Konzentrationskontrolle unterliegt. Mal ist das Bundeskartellamt zuständig, mal die Kommission zur Ermittlung der Konzentration im Medienbereich (KEK), mal ist eine Ministererlaubnis gefragt – je nachdem, um welches Medium es sich handelt und um welchen für den Wettbewerb als relevant geltenden Markt. Es läuft auf einen Spagat zwischen ›Marktmacht‹ und ›Meinungsmacht‹ hinaus, wie die Debatte um das Scheitern der geplanten Fusion der Medienkonzerne Axel Springer und Pro 7 Sat. 1 im Jahr 2006 verdeutlicht hat.

Die Medien sind vor allem eins: Geschäft. Das gilt natürlich ganz besonders für das älteste Medium: die Presse, die in Deutschland wie in Frankreich seit jeher in privater Hand ist. Presseverleger sind Unternehmer, seien es Mittelständler oder Konzerne. Dasselbe gilt spätestens seit Mitte der 1980er-Jahre auch für die audiovisuellen Medien – die Liberalisierung des Rundfunks entwickelte sich stufenweise und europaweit[3]. Nur haben in diesem kapitalintensiven Segment heute Großunternehmen das Sagen, insbesondere im TV-Segment. Das ist in beiden Ländern der Fall.

---

3   Siehe zur Entwicklung in Deutschland: BOURGEOIS 1999a.

In Deutschland hat die Liberalisierung zur sogenannten ›dualen Rundfunkordnung‹ geführt, in der öffentlich-rechtliche und neu hinzugekommene privatkommerzielle Anbieter konkurrieren – mit der Auflage für ARD und ZDF, die Grundversorgung zu gewährleisten, wozu sie mit einer Bestands- und Entwicklungsgarantie ausgestattet sind. Ihr öffentlich-rechtlicher Status erhielt somit ein noch solideres Fundament, denn schließlich sind sie es, die, weil sie der Allgemeinheit ›gehören‹ und vom Staat unabhängig sind, die Gemeinwohlorientierung ihrer Programme selbst bestimmen. Somit rechtfertigt allein schon ihr Bestehen die Zulassung kommerzieller Anbieter, die als eine Art Komplementärangebot nur ›Grundstandards‹ zu erfüllen haben. Nichtsdestotrotz sind ARD und ZDF ebenfalls de facto Marktakteure (und sei es nur als Werbeträger), obwohl diese Rolle auf keiner ›normalen‹ Rechtsbasis beruht. Für sie bestimmend ist Art. 5 GG und das daraus abgeleitete Konzept des ›Instituts freie Presse‹ (freie Medien an sich). Deutschland hat daher eine Medienordnung (oder -landschaft); der Begriff ›Markt‹ wird in diesem Zusammenhang tunlichst vermieden.

Frankreich hingegen hat einen dualen Medienmarkt, auf dem Industriekonzerne den öffentlichen Medien gegenüberstehen. Die Liberalisierung des Rundfunks per Gesetz unter Mitterrand, die 1982 zunächst allein den Hörfunk betraf, dann 1986[4] auch das Fernsehen, bedeutete zweierlei: eine Marktöffnung durch Zulassung neuer, privater Anbieter – genauer die Schaffung eines Marktes audiovisueller Medien – und vor allem die damit einhergehende Aufhebung des staatlichen Programm- und Informationsmonopols.

Das Informationsministerium bzw. seine Nachfolgeeinrichtungen wurden abgeschafft und die direkte Telefonleitung zu

---

4 Gesetz vom 30. September 1986 *Über die Kommunikationsfreiheit (Loi relative à la liberté de la communication)*.

den Chefredakteuren der damaligen Staatsprogramme stillgelegt. Die staatlichen Hörfunk- und Fernsehverwaltungen erhielten einen neuen Status. Sie wurden in nationale Programmgesellschaften *(sociétés nationales de programmes)* umgewandelt, ihr Kapital blieb aber in Staatsbesitz. Das änderte sich erst 2000, u. a. unter dem Druck des europäischen Wettbewerbsrechts: RADIO FRANCE oder FRANCE TÉLÉVISIONS wurden in GmbHs umgewandelt, ihr Kapital gehört der Agence des participations de l'Etat (APE), die bei Kapitalbeteiligungen des Staates eine ähnliche Rolle spielt wie in Deutschland die KfW. Doch ist sie, anders als die KfW (eine Körperschaft des öffentlichen Rechts), direkt dem Wirtschafts- und Finanzministerium unterstellt. Ähnlichkeiten mit der Struktur, die Ende der 1950er-Jahre dem Bundeskanzler Adenauer vorschwebte, bevor sie das Bundesverfassungsgericht mit seinem 1. Fernsehurteil 1961 kippte, sind nicht von der Hand zu weisen. Doch Vorsicht: anderes Land, andere Rechtsgrundlagen.

Um die Unabhängigkeit der Information institutionell zu gewährleisten, wurde 1986 eine unabhängige, d. h. dem Staat nicht direkt unterstellte Behörde geschaffen, die sich Conseil Supérieur de l'Audiovisuel (CSA) nannte. Sie war ursprünglich u. a. damit beauftragt, den Vorsitzenden *(Président)* einer jeden öffentlichen Gesellschaft zu ernennen, und ist es seit 2013 wieder. Zwischen 2009 und 2013 ernannte ihn der Élysée-Palast, was auch in den deutschen Medien für heftige Kritik sorgte. Nur darf man diese Direkternennung nicht überinterpretieren.

Formaljuristisch unterscheidet ja (abgesehen vom Auftrag) kaum etwas FRANCE TÉLÉVISIONS von zum Beispiel dem staatlichen Stromkonzern Electricité de France (EdF). Entscheidender für das tatsächliche Ausmaß der Informationsfreiheit ist, dass der *Président* des CSA ebenfalls vom Staatspräsidenten ernannt wird. Ob nun die Vorsitzenden der öffentlichen Rundfunkgesellschaften auf direktem oder indirektem Weg ins Amt gehievt werden, ändert nichts an der Tatsache, dass sie ebenfalls zur ›Nomenklatura‹ gehören. Wie unabhängig sie tatsächlich sind bzw. sein können, ist allein eine Frage der Persönlichkeit – und der Durchsetzungsfähigkeit der einzelnen Journalisten. Daran hat auch die am 1. Januar 2022 erfolgte Fusion des CSA mit der bisherigen Internetaufsicht Hadopi nichts geändert. Die Mitglieder der neuen Behörde, die sich seitdem ARCOM nennt (*Autorité de régulation de la communication audiovisuelle et numérique*), werden nach demselben Muster ernannt. Neu ist nur, dass zwei weitere hinzukommen: ein Vertreter des Staatsrates und einer des Kassationsgerichtshofes.

Der französische Staat ist also seit 1986 nicht mehr Chefredakteur der öffentlichen Kanäle. Aber er ist weiterhin (indirekt) ihr Programmdirektor, was ihm schließlich als Kapitaleigner zusteht. Dies geschieht in regelmäßigen Abständen vertraglich über Leistungsvereinbarungen (*Contrats d'objectifs et de moyens*) zwischen dem Kulturministerium und den einzelnen öffentlichen Gesellschaften, darunter auch ARTE FRANCE. Ihr Auftrag wird konkret also über ein Plansoll – zum Beispiel Quoten (Musik, Bildung, Fiction usw.) – definiert. Entsprechend werden die zugewiesenen öffentlichen Mittel (der Rundfunkbeitrag ist eine Steuer) nach Programmkategorien gestaffelt – Nachrichten inklusive. Die Programmkontrolle erfolgt somit ggfs. auch indirekt, nämlich als Feinjustierung durch die Zuweisung von Steuergeldern und Subventionen, bzw. durch ihre Erhöhung oder Reduzierung.

›Colbertismus‹ der Medienpolitik

Besonders das Fernsehen ist extrem kapitalintensiv. Banken kamen zur Zeit der Liberalisierung höchstens als Minderheitsgesellschafter in Betracht, denn anders als deutsche Geldinstitute spielten sie als Aktionäre kaum eine Rolle. Und sie befanden sich außerdem alle noch in Staatshand. Woher sollte das Kapital also kommen?

Auch die Tageszeitungsverlage waren finanziell zu schwach aufgestellt, um extern zu wachsen. Es gab zwar einen Versuch, eine Art ›Verlegerfernsehen‹ mit Beteiligung der damals sehr mächtigen Verlagsgruppe Hersant, vergleichbar in etwa mit dem Axel Springer Verlag. Doch als Hersant aus den roten Zahlen nicht herauskam, folgte ihm etwas später der Rüstungs- und Medienkonzern Hachette, der später ebenfalls das Handtuch warf. Dem Programm LA CINQ drehten 1992 die Banken den Geldhahn zu.[5] Nicht zuletzt auch wegen der inzwischen als politisch nicht mehr tragbar empfundenen Beteiligung Berlusconis (BOURGEOIS 1992).

Zeitgleich war Bedarf für eine neue frankreichweite terrestrische Frequenzkette entstanden, da der zwei Jahre zuvor per zwischenstaatlichem Vertrag gegründete deutsch-französische Kulturkanal ARTE auch terrestrisch senden sollte (er wurde bis dahin nur über Astra verbreitet, in Deutschland ebenfalls im Kabelnetz). Die Pleite von LA CINQ traf sich gut, die so ›zufällig‹ freigewordene Frequenzkette konnte an ARTE vergeben werden.

Keine Banken, keine Verleger konnten also in das Geschäft einsteigen. Einzig die RTL Group bzw. der Bertelsmann-Konzern bildete die Ausnahme als genuiner, jedoch ausländischer Medienkonzern. Es blieben also nur kapitalkräftige Industriekonzerne. Doch nicht irgendwelche, sondern allein solche, die staatsnah sind, weil sie von Staatsaufträgen leben oder für die internationale Imagepflege Frankreichs von Bedeutung sind. Zum Cashflow gesellt sich nämlich ein weiteres Kriterium: der Begriff der Daseinsvorsorge bzw. sein französisches Verständnis davon.

Fernsehen (nebst Hörfunk) bietet eine öffentliche Dienstleistung, in diesem Fall im Bereich der Kulturpolitik, gepaart mit Industriepolitik. Die Lizenzvergabe an einen privaten Anbieter

---

5   Dieser Sender erneuerte radikal die französische Fernsehkultur. Siehe hierzu: ›Culte: C'était La 5 (1986-1992)‹, Archive INA.

kann daher nur in Form einer öffentlichen Dienstleistungskonzession erfolgen – so wie das etwa bei der Wasserversorgung der Fall ist. Im Gegenzug zur Zulassung haben die Anbieter bestimmte Auflagen zu erfüllen, vergleichbar mit dem Universaldienst im Postwesen oder Telekommunikationsbereich. Im AV-Bereich sind diese in den Programmauflagen enthalten, die jedoch nicht die Regierung, sondern die Aufsichtsbehörde CSA für jeden privatkommerziellen Kanal bestimmt.

Den Auftakt gab im Laufe der Liberalisierung die Privatisierung des ersten (staatlichen) Fernsehprogramms TF1, dessen federführender Gesellschafter ein ›Baulöwe‹ war: der Hoch- und Tiefbaukonzern Bouygues SA, bei dem der Staat Großkunde war und ist. Noch heute ein tiefes Trauma für die Kulturschaffenden, die dieses Investment als eine ›Ursünde‹ ansehen. Die Regierung versprach ihnen daraufhin zur Wiedergutmachung ein Kulturprogramm – das ist einer der französischen Hintergründe, der zur späteren Gründung von ARTE führte. Der Konzern wuchs crossmedial und ist heute auch Telefondienstleister.

Zuvor, im Jahr 1984, als der Fernsehmarkt noch nicht geöffnet war und es nur drei staatliche Programme gab, hatte François Mitterrand in Eigenregie die durch die Umstellung auf Farbfernsehen freigewordene ursprüngliche Frequenzkette des noch staatlichen TF1 seinem Freund und ehemaligen Büroleiter André Rousselet zugeteilt. Dieser stand an der Spitze des großen Werbekonzerns HAVAS. So startete das erste Pay-TV-Programm CANAL+. Es bot als verschlüsseltes Zusatzangebot zu den drei Vollprogrammen Sportsendungen und vor allem Filme nur kurz nach ihrer Kinopremiere – ein Privileg. Kinofilme dürfen auch heute noch erst frühestens 22 Monate nach dem Kinostart im Free-TV gesendet werden. Um die Entwicklung der Abonnentenzahlen von CANAL+ zu fördern, waren außerdem von der Regierung ab 1982 eine Reihe von gezielten Maßnahmen getroffen worden (asymmetrischer Wettbewerb), darunter eine Importblockade von Videorekordern oder die Anhebung der Mehrwertsteuer auf Videokassetten auf 33 Prozent (Kategorie ›Luxusgüter‹).

Sport und besonders das Angebot von Pornofilmen wurden zum Erfolgsrezept. So entstand die Canal-Plus-Gruppe, die lange im Mittelpunkt des europäischen ›Medien-Monopolys‹ der Jahrtausendwende stand. Neben Havas gehörte zu den historischen Anteilseignern auch ein Konzern, der in der Daseinsvorsorge tätig war – von Wasser- oder Energieversorgung bis Transportdienstleistungen – und sich kurze Zeit später umtaufte: Vivendi. Dessen Sparte ›Medien‹, die 2000 ausgegliedert worden war, fusionierte in demselben Jahr u. a. mit der Canal-Plus-Gruppe, woraus Vivendi Universal entstand, der Konzern wurde zum Global Player (siehe hierzu etwa HACHMEISTER 2000). Zu Weiterentwicklungen und Nebenwirkungen lesen Sie die deutsche oder internationale Wirtschaftspresse.

CANAL+ bzw. der Konzern ist ein Herzstück der französischen ›Medienindustriepolitik‹ geblieben. Er ist über seine Filiale StudioCanal Hauptakteur der Filmfinanzierung in Frankreich. Bei digitalen Diensten ist er ein ausgewiesener nationaler Champion. Nicht nur, was das eigene, vielfältige Programmangebot angeht, sondern vielmehr noch, weil er beim digitalen Standardangebot über den Satelliten Astra das Quasiübertragungsmonopol hat, und zwar über seine Filiale Canal Satellite.[6] Es sind die 27 Fernsehprogramme, die der gesamten Bevölkerung terrestrisch als DVBT gratis zur Verfügung stehen: die sogenannten Programme der TNT (›Télévision numérique terrestre‹). Doch für etwa einehalb Millionen Haushalte, die in Abschattungsgebieten leben oder keinen Internetanschluss haben, sind sie nur über Satellit zu empfangen; da sie aber verschlüsselt sind, ist ein Decoder nötig nebst Karte, die alle vier Jahre erneuert werden muss und

---

6 Der Vollständigkeit halber muss hinzugefügt werden, dass die ›TNT‹-Programme auch über den Satelliten Fransat (Eutelsat) verbreitet werden, doch nur sie.

15 Euro kostet. Man stelle sich vor, das wäre in Deutschland für das Must-Carry-Angebot auch der Fall, also für sämtliche ARD-Programme, ZDF sowie RTL, SAT 1 usw.

Die offizielle Begründung für dieses vom Staat vergebene Privileg: Schutz des Urheberrechts, schließlich könne man die Programme auch außerhalb der französischen Grenzen empfangen. Der tatsächliche Grund: Beim Start des TNT über Astra befürchtete die Canal-Plus-Gruppe, dass die plötzliche Programmvermehrung (es gab vor der DVBT-Zeit in Frankreich nur sieben Programme) dem Pay-TV-Satellitenbouquet von Canal Satellite mit seinen zahlreichen Spartenkanälen Schaden zufügen, d. h. zu Abostornierungen führen könnte. Um dies zu verhindern, wurde das Signal der TNT-Programme auf dem Astra-Decoder stillschweigend gedrosselt. Fragt man bei Canal Satellite nach, ob die mittelmäßige Empfangsqualität vielleicht am Decoder liege, wird einem gleich ein Abonnement nach Wahl mit viel mehr Programmen in höherer Bild- und Tonqualität angeboten.

Kulturindustriepolitik als Standortfaktor im globalen Wettbewerb

Für Frankreich ist es leichter als für Deutschland, die Medien in den Standortwettbewerb mit einzubeziehen. Es gibt ja kein spezifisches, aus der Verfassung abgeleitetes Medienrecht. Allein der terrestrische Fernsehmarkt ist mehr oder minder streng reguliert, und Medien gehören spätestens seit der Marktöffnung Anfang der 1980er-Jahre zum Segment der Daseinsvorsorge – genauso wie Telekommunikation, Energie, Wasser und Post. Ihnen kommt ebenso eine strategische Funktion zu wie der Stromerzeugung, der Rüstungsindustrie oder der Luxusbranche. Der ehemalige Kulturminister Jack Lang hatte es schon damals, unter Mitterrand Anfang der 1980er-Jahre, auf den Punkt gebracht, als er den Begriff der *industries culturelles* prägte.

Heute unterliegen diese einer eigenen Abteilung des Kulturministeriums: der Direction générale des Médias et des Industries culturelles (DGMIC). Diese »definiert, bewerkstelligt und evaluiert die Politik des Staates zur Förderung der Medien, des Medienpluralismus, der Musikindustrie, des Buches und des Lesens sowie der Kulturwirtschaft«, so die Selbstdarstellung der DGMIC auf ihrer Website.

Kulturindustrien sind für Frankreich ein entscheidender Standortfaktor. Genauer: Sie tragen wesentlich zu dem bei, was sich *le Rayonnement de la France* nennt. Dieser Begriff lässt sich unmöglich übersetzen. Thomas Hanke, *Handelsblatt*-Korrespondent in Paris, hat es kürzlich anschaulich dargestellt, indem er mögliche Wörter Revue passieren ließ: u. a. Ausstrahlung, Einfluss, Beeinflussung, Vorbildcharakter, bis hin zur »Aufgabe, universelle Werte hochzuhalten und zu vertreten« (HANKE 2021: 15f.). Man müsste noch hinzufügen: Image und, damit verbunden, Selbst- und Außendarstellung.

Für die Imagepflege sind Medienbeteiligungen von Industriekonzernen, die die Kreativwirtschaft mitfinanzieren, natürlich ein Joker. Denn sie verbinden Finanzkraft und Glamour, was auch dem Börsenplatz Paris zugute kommt. So gesehen ist es selbstverständlich, dass Topbranchen wie Rüstung oder Luxus (inklusive Spirituosen) und zunehmend Telekommunikation oder Finanzdienstleistungen Medienkapital halten. Es fehlt eigentlich nur noch die Automobilindustrie, dann wären alle führenden Wirtschaftsbranchen präsent. Rechtlich besteht anders als in Deutschland außerdem keine klare Trennung zwischen Leitungen und Inhalten, zwischen Telekommunikation und Programmangeboten.

Dass zum Beispiel der Flugzeugbauer und Rüstungsriese Lagardère über seine Gesellschaft Matra (Technologie) 1980 Frankreichs führenden Buch- und Zeitschriftenverleger Hachette übernahm, der dann seinerseits den Zuschlag für den privatisierten Radiosender EUROPE 1 erhielt, schockierte die französische Öffentlichkeit kaum, denn die Abnabelung vom Staat war ihr wichtiger als eine mögliche, aber damals als wenig wahrscheinlich empfundene Einflussnahme des Konzerns auf die Arbeit der Redaktion.

ABBILDUNG 1
Medien in Frankreich – ein Sternennebel von Besitzverhältnissen

Quelle: https://github.com/mdiplo/Medias_francais
Diese Darstellung der Besitzverhältnisse zeugt von der Selbstverständlichkeit, mit der in Frankreich die Medien als ein Markt betrachtet werden. Darüber hinaus ist sie auch ideologisch aussagekräftig. Denn die Verfasser dieser Grafik – die Monatszeitung *Le Monde diplomatique* und das Netzwerk medienkritischer Stimmen Acrimed – sind weit links angesiedelt, und zwar dort, wo sich die Leserschaft von medien- und kapitalismuskritischen Denkern wie Habermas, Adorno oder Bourdieu konzentriert. Diese Grafik ist also zugleich Bestandsaufnahme und unterschwellige Kritik am kapitalistischen ›Mediensystem‹ mit seinem Beteiligungsgeflecht, das im linken Sprachgebrauch oft als ›Sternennebel‹ bezeichnet wird (*nébuleuse*).

Das Gleiche gilt für den Luxuskonzern LVMH (Moët Hennessy Louis Vuitton SE), der ebenfalls ein prägender Kunstmäzen ist, und dem die Wirtschaftszeitung *Les Echos*, die Tageszeitung *Le Parisien*, das wöchentlich erscheinende Wirtschaftsmagazin *Challenges* und RADIO CLASSIQUE gehören. Oder für den Mischkonzern Bolloré (Transport/Logistik, Stromspeichersysteme), der an Vivendi beteiligt ist und Anfang der 2020er-Jahre erst CANAL+, dann EUROPE 1 übernahm. Außerdem gehören ihm unter den Kanälen des TNT-Angebots ein Vollprogramm (C8) sowie der Infosender CNEWS.

Ein hoher Konzentrationsgrad ist von strategischer Bedeutung. Wirtschaftlich unumgänglich, stellte er bisher auch keine Gefahr für den Meinungspluralismus dar. Im Gegenteil: »Ohne Finanzkraft kein Medienpluralismus«, wie es zum Beispiel der Kulturminister Renaud Donnedieu de Vabres 2004 formulierte. Kapitalkonzentration führt nicht unbedingt auch zur Meinungskonzentration, so der Schluss des renommierten Gutachtens der ›Commission Lancelot‹ aus dem Jahr 2005.[7] Beim Meinungspluralismus verhält es sich nämlich wie bei dem Angebot einer Supermarktkette: Es ist im Interesse des Besitzers, für jeden Geschmack etwas in die Regale zu stellen, sonst würde ihm die Kundschaft davonlaufen. Das ist es, worauf der von Klimm in der *Süddeutschen Zeitung* zitierte Investorenberater anspielte. Doch bleibt Vorsicht geboten, worauf das Gutachten auch ausdrücklich hinwies. Nicht die Kapitalkonzentration an sich ist das Problem, sondern die wegen der breiten Aufstellung der Konzerne gestiegene Gefahr von Interessenkollisionen.

7   Siehe hierzu das sehr detaillierte und aufschlussreiche Gutachten der ›Commission Lancelot‹ (Dezember 2005), das jedoch kurz nach seiner Veröffentlichung ad acta gelegt wurde: *Rapport au Premier Ministre sur les problèmes de concentration dans le domaine des médias.*

Wie weiter in der digitalen Welt?

In Frankreich gibt es neben dem normalen Konzentrationsrecht (wie in Deutschland) auch ein medienspezifisches Recht. Vereinfacht dargestellt gilt, was den Außenpluralismus betrifft, zunächst eine generelle ›Zwei von Drei‹-Regel: Einem Konzern ist nur die Kontrolle von zwei von drei ›nationalen‹ Medien in den Segmenten ›Print‹, ›Hörfunk‹ und ›Fernsehen‹ erlaubt. Dann gibt es Obergrenzen für die einzelnen Medien. Für Print etwa: Die Beteiligungen eines Unternehmens dürfen nicht mehr als 30 Prozent der Gesamtauflage von Tageszeitungen oder Nachrichtenmagazinen ausmachen. Für Hörfunk: die Gesamtreichweite der Sender eines Anbieters darf zum Beispiel einen Anteil von 20 Prozent nicht überschreiten. Allein für das Fernsehen gilt eine Regel, die den Binnenpluralismus garantieren soll: Ein Gesellschafter darf nicht mehr als 49 Prozent der Anteile und Stimmrechte an einem Programm im TNT-Angebot halten – genauso wie in Deutschland vor der Aufhebung der ähnlichen Bestimmung.

Die Gefahren lauern woanders. Einmal strukturell in der streng pyramidalen Gesellschaftsorganisation, die in Frankreich vorherrscht. Auch im Unternehmen ist der *Président directeur général* an der Spitze Alleinherrscher. Eine Trennung der Gewalten bzw. Entscheidungsbefugnisse in einen Vorstand und einen Aufsichtsrat ist auch heute noch eine Seltenheit. Ein Vincent Bolloré zum Beispiel, Mehrheitsaktionär und Vorsitzender seines gleichnamigen Mischkonzerns, ist also qua Amt befugt, auf die verschiedenen Redaktionen ›seiner‹ Medien Einfluss zu nehmen. Das bewog sogar die *Tagesschau*, ihm am 29. Januar 2022 ein Portrait zu widmen: ›Vincent Bolloré. Frankreichs mächtiger Medienmogul‹. Der Zentralismus kennzeichnet auch die interne Organisation der Unternehmen.

Dann besteht das aus der Modebranche oder in der Sportberichterstattung auch in Deutschland gut bekannte Risiko einer indirekten Zensur unliebsamer Recherchen durch einen Mehrheitsaktionär, der ebenfalls der Hauptwerbekunde seines Mediums ist und jederzeit seine Werbekampagnen aus diesem Medium zurückziehen kann. Diese Gefahr ist umso größer, wenn die Werbeeinnahmen des betroffenen Mediums insgesamt schwächeln. Wenn die Medien im Besitz von Telekommunikationsriesen, Hoch- und Tiefbaugesellschaften oder Modekonzernen sind, ist die Gefahr besonders akut. Das Aufdecken von Baupfusch, Berichte über einen autoritären Führungsstil oder missachtete Sozialstandards und selbst konstruktive Kritik gelten als imageschädigend für den Anteilseigner. Nicht ohne Konsequenzen für den/die betroffenen Journalisten.

Diese beiden Gefahren sind bekannt. Der im März 2016 der Nationalversammlung vorgelegte Bericht der sozialistischen Abgeordneten Bruno Le Roux und Patrick Bloche (BLOCHE 2016) stellt sie ausführlich dar. Trotz zahlreicher Gesetzesvorlagen seit Anfang der 2000er-Jahre wurde erst im November 2016 ein Gesetz verabschiedet[8], das u. a. die Rechte der Journalisten gegen Einflussnahmen stärkt. So muss jeder Anbieter (juristische Person) von Hörfunk- und Fernsehprogrammen mit hohem Informationsanteil einen mit unabhängigen Persönlichkeiten besetzten Rat einrichten, um die Redaktion vor Beeinflussungsversuchen abzuschirmen: das ›Komitee für die Ehrlichkeit, die Unabhängigkeit und den Pluralismus der Information und der Programme‹ (*Comité relatif à l'honnêteté, à l'indépendance et au pluralisme de l'information et des programmes*). Seine Mitglieder werden vom *Conseil d'administration* (Verwaltungsrat + Vorstand) oder, falls gegeben, vom Aufsichtsrat ernannt. Ähnliche Ethikräte gibt es schon länger in den Printmedien (und ebenfalls in den öffentlichen Programmgesellschaften). Sie bringen einen gewissen Schutz.

---

8   Loi n° 2016-1524 du 14 novembre 2016 visant à renforcer la liberté, l'indépendance et
     le pluralisme des médias

Des Weiteren unterstreicht das Gesetz die Transparenz der Besitzverhältnisse aller Medien; sie müssen einmal jährlich veröffentlicht werden. Und schließlich darf kein Anbieter eines französischsprachigen Hörfunk- oder Fernsehprogramms eine terrestrische Sendelizenz erhalten, wenn ausländische Personen direkt bzw. indirekt mehr als 20 Prozent des Kapitals oder der Stimmrechte halten. Dies gilt »vorbehaltlich der internationalen Verpflichtungen Frankreichs«. Diese Bestimmung war schon im Liberalisierungsgesetz aus dem Jahr 1986 enthalten und hat zum Beispiel RTL Group (bzw. Bertelsmann) nicht daran gehindert, nach dem Rückzug des Hauptaktionärs Suez im Jahr 2003, nach einigen formaljuristischen Änderungen die Sendelizenz für M6 zu behalten.

Die größte Gefahr für den Pluralismus liegt heute in der Obsoleszenz der Wettbewerbsregeln. Diese entstammen noch dem analogen Zeitalter, in dem die Medien allein terrestrisch verbreitet wurden. An ihnen hat sich seit 1986 nichts geändert. Sie berücksichtigen daher weder das Satelliten- noch das Online-Angebot. Eine Anpassung an das Digitalzeitalter ist notwendiger denn je.

Eine wichtige Testfunktion kam in dieser Hinsicht den Fusionsplänen von TF1 und M6 zu. Im Mai 2021 hatte der Bertelsmann-Konzern, der indirekt (über die RTL Group) an M6 beteiligt ist, angekündigt, 30 Prozent des Kapitals der M6-Gruppe an die TF1-Gruppe veräußern zu wollen. Die geplante gemeinsame Gesellschaft sollte Streamingdiensten wie Netflix Paroli bieten. Wettbewerbsrechtlich ein Problem, denn ihr Anteil am französischen Fernsehwerbemarkt – der in diesem Fall wettbewerbsrechtlich relevante Markt – hätte dann knapp 75 Prozent erreicht. Daran scheiterte das Vorhaben. Am 16. September 2022 untersagte die Wettbewerbsbehörde Autorité de la concurrence (ADLC) die Fusion.

Doch industriepolitisch waren die Pläne offenbar nicht unwillkommen. Hätte das nicht die Geburt eines europäischen Konkurrenten für die soeben fusionierten WarnerMedia und Discovery bedeuten können? Ein ›europäischer Champion‹ mit Geburtsort Frankreich? Weder der Élysée-Palast noch das Kulturministerium hatten sich nach Ankündigung zu dem Vorhaben geäußert, was den Medienredakteur von *Le Figaro* vermuten ließ, dass sie »nicht abgeneigt« seien. So oder so, das Finanzministerium und das Kulturministerium hatten im September 2021 diskret ein Gutachten bestellt, um die Vereinbarkeit von Industriepolitik (Kapitalkonzentration) und Meinungspluralismus auch im digitalen Zeitalter zu gewährleisten.[9] Der *Sénat*, die zweite Kammer des Parlaments, hatte daraufhin auf Ersuchen dreier Fraktionen (Sozialisten, Ecologistes und Républicains) eine Untersuchungskommission eingerichtet, die am 25. November ihre Arbeit aufgenommen hat. Die am 31. März 2022 vorgestellten Ergebnisse mahnen eine dringende Reform des medienspezifischen Konzentrationsrechts an (SENAT 2022).

3. Eine andere Informationskultur

Fernsehen als Unterhaltungsmedium

Im Vergleich zu Deutschland ist Fernsehen in Frankreich grundsätzlich ein Unterhaltungsmedium. Der deutsche Begriff ›Vollprogramm‹ ist nicht identisch mit dem französischen *généraliste*. Im ersten Fall ist der Nachrichtenanteil das entscheidende Kriterium, im zweiten eine breite Mischung von Programmkategorien, die alle Zielgruppen bedienen soll. Hier spiegelt sich ein weiterer systemischer Unterschied im Medienverständnis beider Länder wider: Das Fernsehen ist seit seinem Beginn als Massenmedium in Deutschland vor allem ein Informationsmedium (man denke hier

9 Das Auftragsschreiben hat das Magazin *Capital* veröffentlicht: ›Après l'annonce du rachat de M6 par TF1, le gouvernement veut revoir les règles de concentration dans les médias‹, *Capital*, 3. November 2021

nur an den historischen Stellenwert der *Tagesschau*), woran die heutige Vielzahl der Unterhaltungsprogramme trotz fortschreitender Verflachung der Inhalte nur wenig geändert hat. Zumindest im Vergleich zu Frankreich, wo Fernsehen sich mehr denn je als ein Unterhaltungsmedium mit etwas Informationsgehalt versteht. Information bietet nur selten mehr als Infotainment.

Das findet seinen Ursprung in der Technikgeschichte, in der Zeit der deutschen Besatzung und seit Kriegsende in einem ausgeprägten Malthusianismus der französischen Regierung, was die Information in dem bis 1981 staatlichen Fernsehmonopol betrifft. Worüber berichtet wurde und wie, darüber bestimmte die Regierung. Pompidou, *Président* von 1969 bis 1974, fasste das während einer Pressekonferenz am 2. Juli 1970 in dieser in die Geschichte eingegangenen Formel zusammen: Fernsehen sei »*la voix de la France*« (»die Stimme Frankreichs«). Kurze Zeit später, in der Umbruch- und Modernisierungszeit der 1970er-Jahre, nachdem sein Nachfolger Giscard d'Estaing die staatliche Fernsehverwaltung ORTF 1974 zerschlagen hatte, hielt dieser auf der Pressekonferenz vom 6. Januar 1975 entgegen: »Hörfunk und Fernsehen sind nicht die Stimme Frankreichs. Ihre Journalisten sind Journalisten wie alle anderen auch« (VEYRAT-MASSON 2020). Nachrichten und noch mehr Debatten gewannen im Wahlkampf an Bedeutung, Fernsehen gilt seitdem als politisches Medium.

Das ändert nichts an seinem essenziellen Unterhaltungswert. Selbst die Nachrichtensendungen *(Journal)* sollen unterhalten, sie bieten als Magazine viel Buntes und wenig Fakten, in den privat-kommerziellen wie den öffentlichen Programmen. Im Vergleich zu den sehr nüchtern gehaltenen *Tagesschau* bzw. *Tagesthemen* oder *heute* bzw. *heute journal* bieten sie das, was in Deutschland als Infotainment gilt.

Das Magazinformat der *chaînes généralistes* bedingt auch, dass in die Tiefe gehende, mehr oder minder investigative Reportagen und Dokufilme ihren festen Sendeplatz im Abendprogramm haben. Den Auftakt gab 1988 das Magazin *Capital* auf M6, das sich Wirtschaftsthemen inklusive Verbraucherschutz widmet. Genau wie die Zeitschrift *Capital* (ursprünglich G+J, Bertelsmann, seit März 2021 Vivendi), von der es auch eine französische Ausgabe gibt. Das Magazin teilt sich alle zwei Wochen sonntags ab 20:50 Uhr den Sendeplatz mit *Zone interdite* (Sperrgebiet), das über Gesellschaftsthemen recherchiert. 1990 folgte dann nach diesem Vorbild donnerstagsabends in der Prime Time auf FRANCE 2 das Magazin *Envoyé spécial* (Sonderkorrespondent) vorwiegend mit Gesellschaftsthemen. Seit 2001 folgt ihm *Complément d'enquête* mit breit gefächerten Hintergrundreportagen und einem Gast im Studio. Am 4. November 2021 lief zum Beispiel eine Analyse zu Zemmours Medienpräsenz, betitelt mit *Zemmour: Veni, Vidi, Vichy* – eine klare Andeutung an seine polemischen Ausführungen zu Pétain, den er als »Retter der französischen Juden« darstellte. Er wurde wegen Aufstachelung zum Rassenhass verurteilt, legte Berufung ein und wurde schließlich am 12. Mai 2022 vom Berufungsgericht freigesprochen.

Genauso wie weiterhin für viele Deutsche auch bestimmen die Hauptnachrichten den Tagesrhythmus der Franzosen. Sie erreichen in der Mittagszeit (13:00 Uhr) die überwiegende Mehrheit der Franzosen außerhalb des Stadtrings von Paris, die ihre Mittagspause nämlich zu Hause verbringen; Paris bildet auch in dieser Hinsicht eine Ausnahme. Die meistgesehene Sendung überhaupt ist *Le 13 heures* von TF1 – was die Einschaltquoten angeht (25 bis 30 %!) vergleichbar mit dem Stellenwert, den die deutsche *Bild* einmal beim breiten Publikum hatte. Ihre Beliebtheit liegt maßgeblich an der Persönlichkeit und am Charisma ihres langjährigen Moderators Jean-Pierre Pernaut, dem am 1. September 2021 die ebenso charismatische Marie-Sophie Lacarrau folgte. Wie ihr Vorgänger, stellt auch sie gern das Positive im Alltag der ›Provinz‹ zur Schau. Das löst in der Hauptstadt zwar ein verächtliches Lächeln aus, doch wer als Politiker mit seinen Statements die breite Masse – die 80 Prozent der Bevölkerung, die nicht im Ballungsraum Paris leben – erreichen will, kommt an dieser Sendung nicht vorbei.

Die neu hinzu gekommenen vier Infokanäle, die für ein willkommenes Zusatzangebot an Information sorgen, geben formatbedingt dramatisierenden Bilderstrecken, Show, Buzz und Emotionen den Vorrang vor Fakten. Besonders die Gelbwestenbewegung ab November 2018 gab ihnen Auftrieb. Auch wenn ihre Einschaltquoten zusammengerechnet im Herbst 2021 nur rund 7 Prozent erreichen, kommt LCI, BFMTV, RMC und FRANCE INFO (das ›gefilmte Radio‹ von RADIO FRANCE) ein wesentlicher Verstärkereffekt zu. Sie geben – besonders in Wahlkampfzeiten – als regelrechte Parolenschleudern im Pariser Mainstream den Ton an; alle Zeitungen und sozialen Netzwerke zitieren und kommentieren sie eifrig.

Ein Kanal hebt sich durch Nachrichten und Diskussionsrunden ab, die nach deutschem Verständnis etwas faktenorientierter und seriöser sind: LCI (im Besitz der TF1-Gruppe). Als Macron zum Beispiel für seine Ansprache am 9. November 2021 einen Kanal suchte, fiel seine Wahl selbstverständlich auf TF1 und LCI. Für ihre Diskussionsrunde am 14. November im Vorfeld der Kandidatenwahl zum Élysée-Palast wählte die konservative Partei Les Républicains ihrerseits den Sender BFMTV (und das Radio RMC). Und was den rechtspopulistischen Kandidaten Zemmour angeht, so hatte er bis Mitte September 2021 seinen festen Sendeplatz auf CNEWS.

Und bei Cohn-Bendit, der regelmäßig bei LCI auftritt, darf man sich manchmal fragen, ob nicht auch er in Frankreich kandidiert. Doch Spaß beiseite, sein Part ist ein anderer: Er verkörpert den immer im Hintergrund mitlaufenden Vergleich zu Deutschland, was in der Zeit der Koalitionsbildung und der entsprechend großen politischen Unsicherheit in Frankreich besonders wichtig ist. Und im französischen Wahlkampf weist er vor allem auf eines hin, nämlich dass unter den Mitgliedern von Bündnis

90/Die Grünen Realos immerhin eine Mehrheit bilden – ganz im Gegensatz zu Frankreichs Grünen (*Les Verts*).

Die Häufung innerfranzösischer (Talk-)Shows und der Berichte darüber in anderen Medien fördert noch mehr die ohnehin extreme Pariszentriertheit. Über das internationale Geschehen wird kaum berichtet, wenig über das europäische – außer natürlich bei Gipfeltreffen, die wie überall in der Welt stets willkommene Fotos der Staatsoberhäupter liefern.

ARTE hat für Franzosen einen anderen Stellenwert als für Deutsche

Der ›deutsch-französische Kulturkanal mit europäischem Auftrag‹, der 1992 in beiden Ländern auch terrestrisch auf Sendung ging, um ein größtmögliches Publikum zu erreichen, ist ein Produkt der Diplomatie. Er sollte als Vorzeigeprojekt im Kulturbereich einen ähnlichen Stellenwert wie Airbus in der Industrie haben, war jedoch mit industriepolitischen Erwartungen überfrachtet. Ursprünglich sollte der Kulturkanal über das deutsch-französische Satellitenpaar TV SAT/TDF und in der deutsch-französischen Fernsehnorm D2 MAC verbreitet werden. D2 MAC war als technologischer Friedensschluss zwischen beiden Ländern gedacht, die sich seit Mitte der 1970er-Jahre mit den Farbfernsehnormen PAL (Deutschland) und SECAM (Frankreich) bekriegten. Dieser ›Normenkrieg‹ hatte u. a. dazu geführt, dass die DDR sich für SECAM entschied, wobei vergessen wurde, dass beide Normen in Schwarz-Weiß kompatibel waren und die DDR-Bürger so Zugriff auf Westfernsehen hatten (außer in einigen östlichen Gebieten, insbesondere dem Raum Dresden, den die DDR-Bürgern daher ironisch ›Tal der Ahnungslosen‹ getauft hatten). Beide Projekte scheiterten bald u. a. an der Konkurrenz von Astra (der erste Satellit war Ende August 1989 gestartet) und an der Einstellung des Satellitenprogramms TV SAT/TDF, was auch das Ende des D2 MAC bedeutete. Der Kanal sollte in Frankreich außerdem den Ausbau des Kabelnetzes forcieren; auch daraus wurde nichts.

Die Entstehungsgeschichte von ARTE ist ebenfalls stark von den jeweiligen innenpolitischen sowie machtpolitischen Interessen geprägt. Pointiert zusammengefasst: Frankreich – und vor allem die Kultur- und Filmschaffenden in Paris, die Fernsehen seit seiner Geburt verachten – wollte schon lange als Gegengewicht zum Kommerzfernsehen einen reinen Kulturkanal starten. Doch die finanzielle Basis fehlte. Da lag es nahe, im Vorfeld eines großen Kulturgipfels (1986), die Gründung eines deutschfranzösischen Kulturkanals als europäisches Projekt anzukündigen. Nur handelte es sich hierbei auf deutscher Seite um eine Gipfelerklärung auf Bundesebene. Es mussten noch erst die Länder überzeugt werden. Und diese hatten ihrerseits die unabhängigen öffentlich-rechtlichen Rundfunkanstalten zu überzeugen. Viele weigerten sich anfangs, sie hatten ihre eigenen Projekte und, wichtiger, der Vorschlag kam ja von den Landesregierungen. Erst als sich die Einsicht verbreitete, dass in den Verhandlungen mit der Kommission zur Ermittlung des Finanzbedarfs (KEF) ein neues Kulturprogramm strategisch die Funktion haben könnte, Forderungen nach einer Gebührenerhöhung zu untermauern, willigten die ARD-Anstalten der Reihe nach ein. Heute hängt der Dokumentarfilmbetrieb am ARTE-Tropf. Der zwischenstaatliche Vertrag zwischen der Republik Frankreich und den westdeutschen Bundesländern, der den Kulturkanal nach langjährigen oft stürmischen Verhandlungen aus der Taufe hob, wurde am 2. Oktober 1990 unterzeichnet – ein Tag vor der Einheit, was später auch die neuen Bundesländer zum Unterzeichnen verpflichtete.

»Das Projekt realisiert keines der in der Politikformulierung anvisierten Ziele – Produktions-, Integrations-, Technologieförderung und Förderung der deutsch-französischen Beziehungen.« So das nüchterne Fazit der Europaabgeordneten Inge Gräßle (CDU), die dem Europäischen Kulturkanal eine akribisch recherchierte und exzellent dokumentierte Doktorarbeit gewidmet hatte (GRÄSSLE 1995).

ARTE sollte theoretisch am Aufbau einer europäischen Öffentlichkeit mitwirken. Wie schwierig das im realen Leben ist, zeigt allein schon ein Blick in die jeweiligen Programmschemata. Die Zeitschiene von 19 Uhr bis 21 Uhr wochentags ist besonders heikel zu gestalten, will man die Zuschauer trotz unterschiedlicher Lebensrhythmen und Nutzungsgewohnheiten binden. Denn Beginn und Ende der Abendnachrichten sind zeitverschoben. Den Auftakt für den Fernsehabend gibt in Deutschland um 19 Uhr *Heute* (ZDF) – in Frankreich starten die Abendnachrichten (TF1, FRANCE 2) um 20 Uhr. Zwar sendet auch FRANCE 3 ab 19 Uhr ein Magazin, doch bietet er nur Regionales; erst um 19:30 Uhr folgt die ›nationale‹ Ausgabe *(Le Journal)*. Das eigentliche Abendprogramm beginnt in Deutschland um 20:15 Uhr, in Frankreich erst gegen 21 Uhr.

Danach werden die Filme, Dokumentationen usw. entsprechend zeitversetzt gesendet. Oder aber die Abendprogramme werden je nach nationalem Publikumsgeschmack gänzlich anders gestaltet. Ein Beispiel: Am Montag, 7. Februar 2022 lief auf ARTE Deutschland ab 20:15 Uhr die Serie *Brecht. Die Liebe dauert oder dauert nicht* (Heinrich Breloer). Danach ab 23:20 Uhr der französische Kinofilm *Pépé le Moko* (Julien Duvivier, 1936, mit Jean Gabin in der Hauptrolle), den die Programmzeitschrift *Hoerzu* als ›Gangsterfilm‹ vorstellt. Dieser Filmklassiker, ein zentrales Werk des *réalisme poétique* (poetischer Realismus) der 1930er-Jahre, der in der Kasbah in Algier spielt, lief natürlich auf ARTE Frankreich um 20:55 Uhr. Er hat für die französischen Zuschauer Referenzwert. Danach ging es weiter mit Duviviers *Panique* (1946), ein ›Film Noir-Klassiker‹ mit Michel Simon in der Hauptrolle. Das war ein Themenabend.

ARTE sendet heute zwei Fassungen eines Konzepts, nicht mehr, wie anfangs geplant, dasselbe Programm in zwei Ländern und

Sprachfassungen. Einerseits wegen der unterschiedlichen Kulturen und handwerklichen Vorgehensweisen. Andererseits, weil es bedeuten würde, dass beide Parteien beide Sprachen beherrschen, was selten gegeben ist. Und nicht zuletzt erweist es sich als schwierig, eine gemeinsame Programmstrategie zu entwickeln, allein schon wegen der Regelung, die für die Lieferung der Programmanteile gefunden wurde und die einem »medienbürokratischen Dschungel« ähnelt (ENGELS-WEBER 1993). Vereinfacht dargestellt: 50 Prozent kommen von ARTE France, die andere Hälfte teilen sich die ARD-Anstalten und das ZDF je zu 25 Prozent. Was das für den Anteil der ARD bedeutet, kann man sich leicht vorstellen, wenn man an den ARD-internen Schlüssel denkt (BOURGEOIS 1993).

Das Ideal, mit einem Programm zwei Öffentlichkeiten gleichzeitig zu bedienen, die unterschiedliche Sprachen sprechen und verschiedene Kulturen, Erwartungen und Lebensrhythmen haben, und auf diese Weise eine europäische Öffentlichkeit aufzubauen, hat sich als nicht tragfähig erwiesen (BOURGEOIS 1995). Es ist auch fernsehtechnisch nicht leicht umsetzbar. Man denke nur an zweisprachige Debatten. Wie soll das funktionieren? Es kann ja nur in einer Sprache gesendet werden. Das erfordert mindestens Untertitel; das mag 90 Sekunden lang gut gehen, aber eine Stunde? Und wenn Themen angesprochen werden, die oben auf der deutschen Agenda stehen, müssten sie den französischen Zuschauern erklärt werden, da sich deren Agenda anders gestaltet und sie auch nicht unbedingt verstehen können, worum es eigentlich geht, da ihnen der Sachverhalt fremd ist. Dasselbe gilt umgekehrt. Es war eine politische Illusion. Und wie heikel die Vorstellung deutscher Beiträge im französischen Fernsehen einmal war, zeigt die Tatsache, dass der terrestrische Start des Kulturkanals in Frankreich um ein halbes Jahr hinausgezögert wurde, um nicht die ohnehin schon schwache Mehrheit der Wähler bei dem Maastricht-Referendum am 20. September 1992 zu gefährden.

ARTE hat in Frankreich einen anderen Stellenwert, worauf allein schon die Einschaltquoten hinweisen: Der Marktanteil in Deutschland beträgt im Schnitt ca. 1 Prozent, in Frankreich ist er fast drei Mal so groß. Das liegt, undiplomatisch formuliert, in Deutschland u. a. daran, dass das ZDF und die Dritten Programme der ARD ihre Produktion auf ARTE entweder wiederholen oder ARTE für die Erstausstrahlung wählen (und dann in ihren Kanälen wiederholen).

Anders sieht es in Frankreich aus: Die deutschen Beiträge sorgen für Neuigkeit. Doch besonders die oft gesellschaftskritischen Dokus der Dritten der ARD zementieren, weil sie unkommentiert und außerhalb ihres Kontextes gesendet werden, in Frankreich ein ohnehin negativ besetztes Deutschlandbild. Stichworte sind z. B. sozialer Kahlschlag, Ungleichheit, Liberalismus (im Sinne von Manchester-Kapitalismus) usw. Allein *Derrick* nährte ein positives Deutschlandbild, aber die Serie lief nicht auf ARTE. Und auf der anderen Seite sorgen in Deutschland die gesendeten Klassiker der französischen Filmkunst dafür, dass die Idealisierung Frankreichs als Land der Kunst an sich unterfüttert wird.

Apropos ›Filmkunst‹

Sagt man auf Deutsch nicht eher ›Filmwirtschaft‹ und überlässt den Begriff ›Kunst‹ allein herausragenden Regisseuren bzw. ihren Nachfolgern, die das Genre erneuert haben? *Le 7ème Art* (die siebte Kunst) ist in Frankreich die noble Bezeichnung für Kinofilm. Alle für das Kino produzierten Filme gehören zur Gattung ›Kunst‹, nicht so die Fernsehfilme, die aus anderen Töpfen subventioniert werden und auch unmittelbar ausgestrahlt werden dürfen. Der Unterschied bzw. die Hierarchie zwischen Kino- und Fernsehproduktionen sind in Deutschland keineswegs so ausgeprägt. Das wiederum nährt in Frankreich die Fehleinschätzung, in Deutschland gäbe es keine nennenswerte Kinofilmproduktion.

In Frankreich firmiert ARTE unter der Marke ›Kultur‹. Und Kultur ist heilig. So entsteht bei den französischen Zuschauern, die nicht in Paris leben und in ihrem Lebensumfeld nur über ein sehr dürftiges Kulturangebot verfügen, das Gefühl, am ›großen‹ (Pariser) kulturellen Leben teilzunehmen. Diese Stellvertreterfunktion, gepaart mit dem Überangebot an Fernsehunterhaltung auf allen Kanälen, ist es, die erklärt, warum sich ARTE in Frankreich höherer Einschaltquoten erfreut. Auch die (französische) Sendung *Karambolage* mit ihren humorvoll dargestellten Klischees und Kuriositäten hat dieses Flair und ist daher sehr gepriesen. In Deutschland sind die ARD- und ZDF-Beiträge ja oft Wiederholungen oder man kann sie sich für später aufsparen.

Ob ARTE zu einer tieferen Kenntnis des Nachbarn beiträgt, ist eine andere Frage. Solche Zweifel aber dürfen in Frankreich kaum ausgesprochen werden, denn das wäre so, als wolle man Kunst und Kultur verachten und, entscheidender, Kritik an einem politischen und noch mehr diplomatischen Projekt einer jeden Regierung üben. Die Frage zu stellen, ob ARTE tatsächlich zur Bildung einer ›europäischen Öffentlichkeit‹ beiträgt oder in dieser Gestalt beitragen kann, bedeutet in Paris nichts Geringeres, als die deutsch-französische Freundschaft an sich und Europa als solches – in gewisser Hinsicht also die Staatsräson – infrage zu stellen. Hatte nicht Jérôme Clément, der erste ARTE-Vorsitzende, auf einer Pressekonferenz am 9. September 1993 in Paris in Anlehnung an das Eurokorps behauptet, der Kanal habe so etwas wie den Auftrag, zur ›deutsch-französischen Kulturbrigade‹ zu werden? Bedenkt man das enge Interessengeflecht zwischen Politik und Medien im Pariser Mikrokosmos, grenzt jedes kritische Hinterfragen an Waghalsigkeit. Wer dies tut, dem droht mindestens Omertà. Daher – und weil der Sender in der Kategorie ›Kunst/Kultur‹ angesiedelt ist und eine Menge von Kulturschaffenden subventioniert – sind alle französischen Berichte über ARTE neutral bis schmeichelhaft gehalten. Der Duktus auf beiden Seiten des Rheins: Wenigstens gibt es den Versuch, einen europäischen Kulturkanal zu starten.

Eine ausgeprägte Meinungspresse

Französische Tageszeitungen unterscheiden sich erheblich von den deutschen: Sie gehören in die Kategorie der Meinungspresse.[10] Und dies gleich in dreifacher Hinsicht:

Erstens kann man sie ideologisch oder weltanschaulich klar verorten: *Le Monde* gehört ebenso wie *Libération* in den linken Teil des Meinungsspektrums – von sozialistisch bis ehemals maoistisch –, *Le Figaro* in den konservativen (auf Französisch *à droite*, d. h. rechts), *L'Humanité* ist kommunistisch, *La Croix* ist katholisch, das staatliche Radiovollprogramm *France Inter* hat sich den Spitznamen ›Radio Trotzki‹ zugezogen, der kommerzielle Fernsehnachrichtensender C8 ist rechtspopulistisch orientiert.

Zweitens kennzeichnet sie Meinungs- und auch Haltungsjournalismus. Zum einen wegen der ideologischen Ausrichtung der Zeitungen, zum anderen wegen eines kulturellen Faktors: Es sind weniger faktenorientierte, in diesem engeren Sinne objektive Meldungen gefragt als Meinungsbeiträge, deren Königsklasse unzählige Leitartikel bilden. Das Kernkriterium für den journalistischen Erfolg ist die brillante Feder (BOURGEOIS/GOSSER 2000). Wer als Journalist nämlich etwas auf sich hält, träumt, Schriftsteller zu werden. Großes Vorbild ist der Starreporter Albert Londres (1884-1932), dessen Reportagebücher in Frankreich immer noch zu den Bestsellern zählen. Er prägte einen neuen Stil und etablierte den Journalismus als literarische Kunstform. Seinem Wirken wurde nach seinem Tod ein Preis gewidmet, der *Prix Albert Londres*. Jährlich wird die beste investigative Reporta-

---

10   Siehe hierzu etwa die Analyse von STRÄTER 2016 in dem Online-Wörterbuch *Journalistikon*.

ge in französischer Sprache ausgezeichnet – in den Kategorien ›Print‹, ›Buch‹ und ›Rundfunk‹. Ein französischer Journalist träumt von dieser Ehrung genauso wie ein deutscher Dokumentarfilmer vom Grimme-Preis. Das Feature ist also die prägende Form des französischen Journalismus. Blogs, Tweets und sonstige emotionsgeladene Inhalte in den sozialen Netzwerken sind so betrachtet eine natürliche Weiterentwicklung dieser Grundstruktur.

Drittens ist der Journalist in seiner Eigenschaft als Individuum Träger der Pressefreiheit und verkörpert sie als Person. Damit hat er auch, anders als sein deutscher Kollege, keine ›dienende‹ Funktion, sondern er hat sich persönlich zu äußern oder Stellung zu nehmen. Je brillanter seine eigene Leistung, desto größer ist sein persönliches Ansehen sowie die Glaubwürdigkeit seiner journalistischen Arbeit (und seiner Zeitung).

Anders als die deutschen Medien sind die französischen also keine Tendenzbetriebe – ein Begriff, den man auch nicht ins Französische übertragen kann und daher mühselig erklären muss. Auch in Deutschland wird dieser Begriff leicht missverstanden, weil ›Tendenz‹ und ›Meinung‹ verwechselt werden. In einigen Unternehmen, die das Recht auf freie Meinungsbildung ausüben – darunter Kirchen, politische Parteien, Forschungseinrichtungen oder eben Medien –, sind die Mitbestimmungsrechte der Arbeitnehmer eingeschränkt, insbesondere, was personelle Maßnahmen betrifft. Vereinfacht formuliert: Da der Betriebsleiter das unternehmerische Risiko trägt, obliegt es ihm, zu entscheiden, wen er einstellt, um sein unternehmerisches Konzept zu verwirklichen. In Tendenzbetrieben gilt also nicht das Meinungsrecht des einzelnen Mitarbeiters, sondern die ideologische oder politische Ausrichtung des Betriebs (bzw. der Redaktion). So stellt zum Beispiel die Agentur EPD keine Katholiken ein, die KNA keine Protestanten. Das Betriebsverfassungsgesetz findet nur begrenzt Anwendung.

Es herrscht in Frankreich das, wovon viele aus der Branche in Deutschland träumen, nämlich eine sogenannte ›innere Pressefreiheit‹, ein Begriff der ebenfalls nicht ins Französische übersetzt werden kann – und den es auch nicht braucht, da er einer Selbstverständlichkeit entspricht. Ein französischer Journalist, der den Redaktionsraum (egal welchen Mediums) betritt, hängt seine eigene Meinung, anders als sein deutscher Kollege, nicht in der Garderobe ab. Im Gegenteil: Sie ist Bestandteil seiner beruflichen Identität.

Entsprechend verfügt er arbeitsrechtlich über ein unmittelbares einseitiges Kündigungsrecht, wenn das Medium, bei dem er angestellt ist, von einem anderen Eigner übernommen wird, mit dem er in einen Meinungskonflikt zu geraten droht; in dem Fall greift eine ›Übernahmeklausel‹: *clause de cession*. Oder wenn sich die Ausrichtung seines Blattes ändert oder er die Meinungen des neuen Chefredakteurs nicht teilt: Dann kommt die ›Gewissensklausel‹ *(clause de conscience)* zum Tragen. Sie ist Ausdruck seines Rechts auf freie Meinungsäußerung, wie darüber hinaus der Informationsfreiheit generell. Diese Freiheit kennt, anders als in Deutschland, auch keine individuelle wie kollektive Verantwortung, also entsprechende Pflichten. Auch das Berufsethos wird individuell verstanden und entsprechend ausgeübt.

Auch deshalb hat es in Frankreich lange keinen Presserat gegeben, der nicht nur eine Beschwerdeinstanz ist, sondern auch gemeinsame Regeln für das Berufsethos definiert (Pressekodex). Allein die Vorstellung erweckt unmittelbar das Gespenst einer ›Gedankenpolizei‹ *(police de la pensée)* und ruft Erinnerungen an das totalitäre Vichy-Regime wach. Das Modell der Zeitung und generell aller Medien stammt noch aus der Zeit der (kommunistischen) Résistance. Das erklärt auch, weshalb es keinen für alle verbindlichen Pressekodex geben kann – außer der sehr allgemein formulierten Münchener Ethikcharta aus dem Jahr 1971 und dem allgemein gehaltenen Berufsethos aus dem Jahr 1918 (zuletzt geändert 2011). Jede Redaktion handelt ihren eigenen Kodex aus. Das hat sich erst nach dem Gesetz von November 2016 *(Loi Bloche)* geändert. 2019 wurde schließlich ein ›Rat für Ethik des Journalismus und Schlichtung‹ *(Conseil de déontologie journalistique et de médiation – CDJM)* gegründet, der alle Medien berücksichtigt. Um seine Unabhängigkeit vom Staat zu gewährleisten, wurde die Rechtsform eines Vereins gewählt; er setzt sich aus Vertretern der Journalisten, der Verleger und der Nutzer zusammen.

Seit 2016 verfügt jeder Journalist auch über ein neues Einspruchsrecht (das galt seit 1983 allein für die Rundfunkjournalisten) für den Fall, dass versucht wird, auf ihn Druck auszuüben. Niemand, auch kein Chefredakteur, kann ihn zwingen, entgegen seiner beruflichen Überzeugung zu handeln.

Pressefreiheit bedeutet also allem voran die professionelle Ausübung des Individualrechts auf freie Meinungsäußerung. Dieser Punkt ist äußerst sensibel. Allein schon, weil die Löhne der Journalisten wie der zahlreichen freien Autoren relativ niedrig sind; am niedrigsten sind sie bei den Online-Medien, am höchsten in den Printmedien, sieht man von einigen Fernsehstars ab. Es herrscht eine hohe Arbeitslosigkeit, und die Arbeitsbedingungen verschlechtern sich ebenso wie in Deutschland. Unter diesen Umständen bleibt das Einklagen des Einspruchsrechts eher den etablierten Federn vorbehalten.

Pressefreiheit ist ein empfindliches Thema – eine Anekdote

Am 30. November 2020 gab ich dem DEUTSCHLANDFUNK ein Interview, in dem ich die Hintergründe der heftigen Proteste gegen die damalige Vorlage des Polizeigesetzes analysierte *(Polizei-Gesetz in Frankreich. »Es gefährdet, was übrigbleibt an Freiheit für Presse«).* Im Visier der Demonstranten stand insbesondere eine Bestimmung (Artikel 24), nämlich das Verbot, die Polizei bei ihren Einsätzen zu filmen. Es unterstellte den Filmern die Absicht, diese Bilder vorsätzlich in den sozialen Netzwerken zu verbreiten, um den Beamten zu schaden. Diese Bestimmung wurde später vom Verfassungsrat aus der Vorlage gestrichen, weil allein eine allgemeine Vermutung, ein Fotoreporter hege beim Filmen den Vorsatz zu schaden, als Straftatbestand nicht stichhaltig ist.

Am 10. Februar 2021 erhielt ich von Stefan Fries, einem Redakteur der Sendung *Mediasres*, eine E-Mail, in der er mich auf eine deutschsprachige ›Kritik‹ aus Frankreich bei Twitter hinwies. Die Autorin der Tweets (Valérie Robert) leitet an der Universität Paris 3 zusammen mit der Johannes-Gutenberg-Universität Mainz den Masterstudiengang Transnationaler Journalismus.

Stein des Anstoßes war offenbar meine Äußerung: »Die Pressefreiheit darf man sich in Frankreich nicht so vorstellen, wie es sie in Deutschland gibt. Sie ist stark eingeschränkt, sie ist nicht als Ganzes von der Verfassung geschützt – anders als vom Grundgesetz.« Gepaart mit meiner Analyse, dass die Protestbewegung gegen das Gesetz und darüber hinaus gegen Polizeigewalt überhaupt im Kontext der anstehenden Regionalwahlen insbesondere von der linkspopulistischen Partei Mélenchons (La France Insoumise) angeführt wird.

Wie so oft bei Twitter, wo keine zusammenhängenden Argumentationen möglich sind, bestand die ›Kritik‹ aus schubweise und emotional geposteten Detailreaktionen. Hier eine Zusammenstellung (mit den Tippfehlern im Original). Es beginnt mit: »Frankreich pauschal als ›eine extrem gewalthaltige Gesellschaft [sei], die sich an keine Gesetze hält‹ zu bezeichnen, finde ich sehr problematisch«. Kritik angenommen, aber wo bleibt das Gegenargument? Weiter: »Dass ›Polizisten ermordet wurden (..) weil ihre Adresse ausdrücklich im Netz stand‹ stimmt vermutlich nicht. Nach dem jetzigen Stand der Ermittlung konnte diese grausame Tat deswegen stattfinden, weil die Adresse aus internen polizeilichen Daten geleakt worden sei.« Wo ist da der Unterschied? Als ich die schwierige Arbeit der Polizei erwähnte und auf die sozialen Brennpunkte einging, wo es einige No-go-Areas gibt, kam zurück: »Was vermeintliche ›no go Zonen‹ in Frankeich angeht, kurz eine kleine Erinnerung daran, dass der Begriff von FOX NEWS vor ein paar Jahren benutzt wurde und sich der

Sender entschuldigen musste«. Ich werde also rechts eingeordnet, denn den Begriff für diese Zonen lehnt die französische Linke ab, die Gewalttäter in diesen Brennpunkten gelten nämlich als ›Opfer des Systems‹. Auch hier kein Gegenargument.

Ich hatte von den Organisatoren der Demonstrationen aus Zeitgründen im Interview stellvertretend nur die Partei La France Insoumise genannt. Auf Twitter kam zurück: »Wer protestiert gegen den geplanten Paragrafen: u. a. alle Journalist*innenverbände, die französische Liga für Menschenrechte, unzählige Redaktionen, Presseverlage, der französische Zweig von ROG …«, gefolgt von: »Hinzu kommen auch die Pariser Rechtsanwälte (barreau de Paris, keine Ahnung, wie das auf Deutsch heißt)« sowie: »und die französische défenseure des droits (Defender of Rights, «independent constitutional authority»)« und schließlich: »Kurz: nicht la France Insoumise (ob diese im Interview richtig beschrieben wird, bleibe hier dahingestellt, ist gerade nicht mein Thema) führt die Opposition gegen dieses Gesetz, und diese Partei hat das Gesetzesvorschlag auch nicht erfunden«. Ohne Kommentar. Dann am Schluss in Großbuchstaben das ›Totschlagargument‹: »Noch eine Kritik am Interview: Klar gibt es in Frankreich einen Quellen- und Informanteschutz, stand schon im Gesetz von 1881, und wurde letztens 2020 bekräftigt, in Anlehnung an die Rechtsprechung des EEGMR«. Usw.

Ich gebe zu, ich war sehr erstaunt. Nicht über die Tweets an sich, die ja Spontanreaktionen sind. Auch nicht darüber, dass der DEUTSCHLAND-FUNK sie ernst nimmt – sie haben heute den Stellenwert der damaligen Zuschauerpost und Widerspruch gehört dazu. Nein, mein Erstaunen galt der Reaktion von Stefan Fries, der mir schrieb: »Und nun wissen wir auch nicht weiter. Zwei Wissenschaftlerinnen, zwei Positionen. Mögen Sie dazu Stellung nehmen?«

›Stellung‹ genommen habe ich nicht. Wohl aber habe ich ihn am 13. Februar 2021 auf Folgendes hingewiesen: »So hat Frau Robert sicherlich Anstoß daran genommen, dass ich gesagt habe, in Frankreich sei es um die Freiheit der Presse nicht so gut bestellt. Dies gilt im Vergleich zu Deutschland – nicht im Vergleich zu anderen Ländern wie etwa China.

Und an sich macht solch eine Feststellung ohnehin keinen Sinn. Auch war das Thema der Sendung eine Polizeigesetzvorlage – genauer: eine Stelle darin.« Und ich habe ihm einen Vorschlag unterbreitet: »Jetzt könnten wir natürlich eine Sendung planen und der Sache mit der unterschiedlichen Dimension der Medienfreiheit auf den Grund gehen. Dazu bräuchten wir mindestens einen deutschen Verfassungsrechtler und einen französischen Presserechtler (Presserecht gehört in Frankreich nicht zum Verfassungsrecht), evtl. einen Historiker usw. Auch der Vergleich mit dem DDR-Recht dürfte nicht fehlen ... Das wäre übrigens eine sehr interessante wie brisante Sendung, da so gleichzeitig die grundlegenden Unterschiede zwischen den beiden Demokratie-Systemen deutlich würden. Und nichts ist einem französischen Hörer aus Politik, Wissenschaft oder Journalismus widerlicher als der Vergleich (schon wieder! Was die Wirtschafts- oder Sozialpolitik angeht, gibt es Vergleiche zum Überdruss) mit dem deutschen System. Das hat viele Gründe (darunter ideologische), die ich hier aber nicht ausführen werde, da diese Zeilen ohnehin schon weit über den Umfang eines Tweets hinausgehen.«

Der Schlusssatz meiner Antwort: »Ich drehe also Ihre Ausgangsfrage um und richte sie an Sie: Welche Gesprächspartner und welche Gesprächstiefe wünscht sich *Mediasres*?«

In Deutschland wie in Frankreich schlägt das Herz der Journalisten links. Allein die Tatsache, die Pressefreiheit als – im Vergleich! – ›eingeschränkt‹ zu bezeichnen, löst in Frankreich Herzrasen aus. Und in beiden Ländern zeichnet sich der Trend ab, Tweets mit Informationsmedien gleichzusetzen.

Die Anekdote zeigt, wie stark Anspruch und Wirklichkeit in Frankreich auseinanderklaffen. Die Meinungs- und Informationsfreiheit ist ein universelles Gut, worauf auch der CJDM auf seiner Homepage hinweist, unter Bezug auf ›internationale Organisationen‹ wie die EU, den Europarat oder auch die OSZE, die die Schaffung von Ethikräten empfehlen, um gerade in der heutigen Zeit einen Beitrag zur Unterscheidung zwischen seriöser

Information und Fake News zu leisten. Er betont explizit, dass er weder eine Berufskammer (wie zum Beispiel die der Ärzte oder Rechtsanwälte) noch ein ›Tribunal der Gedanken‹ sei, auch keine staatliche Instanz oder Verwaltungseinheit. Allein die Tatsache, dass der CJDM die Notwendigkeit empfindet, dies so ausdrücklich zu formulieren, zeigt, wie stark in der Defensive sich die französischen Journalisten fühlen…

Quellenschutz anstelle von Informationsrecht

…denn sie sind zahlreichen Abhängigkeiten ausgesetzt. Die wirtschaftlichen wurden weiter oben erwähnt. Hinzu kommen staatliche, insbesondere für die Tagespresse, die nach dem Ende des Vichy-Regimes 1944 einen Neuanfang startete. Das Modell der damaligen kommunistisch geprägten ›Résistance-Zeitungen‹ hat sie wirtschaftlich erheblich geschwächt, denn sie wollten sowohl vom Staat als auch vom Kapital unabhängig sein. Doch ihre Leser waren und sind auch heute noch aborenitent. Das führte bald zu einer ausgeprägten Subventionspraxis. Zum einen indirekt über Hilfen bei den Transportkosten sowie geringere Steuersätze oder Sozialabgaben, in etwa vergleichbar mit der deutschen Praxis. Zum anderen direkt über Beihilfen zur Modernisierung, zum Erhalt der Vielfalt oder zum Vertrieb. Zusammengerechnet erreichten diese nicht selektiven Hilfen 840 Millionen Euro im Jahr 2020, wie *Le Figaro* (mit AFP) im Juni 2021 berichtete (AIDES À LA PRESSE 2021). Das Kulturministerium veröffentlicht solche Daten nur spärlich.

Eine besondere Art der indirekten Subventionspraxis liegt in der hohen Zahl der Abonnements durch die Regierung, staatliche Institutionen und Verwaltungsbehörden, was bei einer ohnehin niedrigen Abonnentenbasis einige Gefahren birgt. Diese Erfahrung machte *Le Monde,* als ihr die Regierung kurz nach der Wahl Mitterrands wegen unliebsamer Berichte die Abonnements stornierte (was sie aber nach einer heftigen Protestwelle bald wieder rückgängig machte). Auch für die öffentliche Nachrichtenagentur AFP, deren Chef von der Regierung ernannt wird, kann dies zum Problem werden. Sie ist ohnehin chronisch unterfinanziert.[11]

Weitaus größere Risiken für die journalistische Praxis lauern im Presserecht selbst. Die Präambel der Verfassung von 1958 in Verbindung mit der Verfassung von 1946 und der Erklärung der Menschenrechte von 1789, wozu heute noch die Grundrechtecharta der EU aus dem Jahr 2000 kommt, garantieren allein das Individualrecht auf freie Meinungsäußerung.

Mitterrand plante zwar 1981, die Pressefreiheit als institutionelle Freiheitsgarantie in der Verfassung zu verankern, doch blieb dies ein hehres Wahlversprechen. Mit anderen Worten: Medienrecht ist, was den Rundfunk betrifft, normales Verwaltungsrecht. Und für die Presse gilt immer noch das Pressegesetz vom 29. Juli 1881. Es wurde zwar oft reformiert, auch modernisiert – Majestätsbeleidigung ist zum Beispiel seit August 2013 kein Delikt mehr –, doch was davon übrigbleibt, liest sich heute wie ein Strafgesetzbuch. Es überwiegen die Schranken für die Meinungsfreiheit, seit der Enthüllungswelle der 1980er-Jahre und einer Reihe von Gerichtsurteilen sogar in Form eines länger gewordenen Katalogs von Delikten.

Den Angelpunkt bilden bis heute das Zeugnisverweigerungsrecht und besonders der Quellenschutz, der weiterhin die Gerichte beschäftigt. Der Grundgedanke: Wer einem Journalisten eine Information ›zusteckt‹, kann sich diese nur durch die Verletzung – bzw. den Diebstahl – eines Geheimnisses besorgt haben. Folglich macht sich der Journalist, der sich auf diese Information öffentlich bezieht, der Hehlerei schuldig. Der Straftatbestand lautet dann: »Hehlerei bei der Verletzung des X-Geheimnisses«. Dieses X kann ein Berufs-, ein Untersuchungs- oder ein Steuer-

---

11 Mehr dazu: BOURGEOIS 2012

geheimnis sein. Weigert er sich, seine Quelle oder seinen Informanten preiszugeben, kann er wegen Verleumdung angeklagt werden. Aber wie in Deutschland auch ist eine sorgsame Güterabwägung zwischen berechtigtem Interesse der Öffentlichkeit und Schutz des Privatrechts oder im Rahmen eines laufenden Gerichtsverfahrens nötig. Der Hinweisgeberschutz wurde erst mit der Umsetzung der EU-Whistleblower-Richtlinie durch das Gesetz vom 21. März 2022 [Loi n° 2022-401 du 21 mars 2022 visant à améliorer la protection des lanceurs d'alerte] garantiert.

Ein berühmter Fall

Das Satiremagazin *Le Canard enchaîné* wurde im April 1995 vom französischen Kassationsgericht wegen ›Hehlerei bei der Verletzung des Steuergeheimnisses‹ verurteilt. Es hatte 1989 Auszüge aus der Steuererklärung des damaligen Peugeot-Chefs Calvet veröffentlicht, aus denen hervorging, dass er sein Einkommen merklich aufgestockt hatte, und zwar ausgerechnet zu dem Zeitpunkt, als die Lohnforderungen der Peugeot-Mitarbeiter abgeblockt wurden.

Das Blatt zog vor den Europäischen Gerichtshof für Menschenrechte, der Frankreich wegen Verletzung des Art. 10 der Europäischen Menschenrechtskonvention verklagte. Denn im konkreten Fall überwog das Interesse der Allgemeinheit. *Le Canard enchaîné* hatte in gewisser Hinsicht die Pressefreiheit ›befreit‹ (BOURGEOIS 1999b). Die Urteile des EGMR sind jedoch nicht zwingend.

Wie weit das journalistische Verständnis des Quellenschutzes in Frankreich gehen kann, zeigt die entsprechende Bestimmung (Art. 4) des Gesetzes von 2016, die eine Quasiimmunität für Journalisten vorsah. Sie wurde vom Verfassungsrat nur wenige Tage nach ihrer Verabschiedung gekippt. Die Begründung: mangelnde Ausgewogenheit im Verhältnis von freier Meinungsäußerung einerseits und einer Reihe von Verfassungsprinzipien andererseits, darunter Schutz der Privatsphäre, Briefgeheimnis, »Wahrung der fundamentalen Interessen der Nation« und Fahndung nach Straftätern.[12]

Ein konkretes Beispiel: Ein Journalist von *Libération* wurde im Oktober 2020 von der polizeilichen Dienstaufsichtsbehörde IGPN (Inspection générale de la police nationale) wegen Verletzung des Untersuchungsgeheimnisses nebst Hehlerei verhört. Er hatte Internes aus einem Bericht des Bezirksnachrichtendienstes *Service de renseignement territorial* des Département Yvelines im Rahmen der laufenden Untersuchungen zur Ermordung des Lehrers Samuel Paty veröffentlicht. Die Solidaritätsbekundungen der Kollegen aus der gesamten Presse häuften sich. Und die komplette Redaktion von *Libération* twitterte daraufhin entrüstet: »Das Recht zu informieren ist kein Delikt.« Auch bei laufenden Untersuchungen im Fall von Terrorismus?

Dieser kollektive Aufschrei zeigt, welcher Stellenwert dem Prinzip des Quellenschutzes in Frankreich zukommt: Es hat eine vergleichbare Bedeutung und Tragweite wie das Auskunftsrecht in Deutschland. Stellvertretend, versteht sich, da es in Frankreich für Journalisten kein explizites Recht auf Information gibt. Dasselbe gilt übrigens auch für Wissenschaftler. Der Zugang zur Information ist das wahre Problem. Obwohl das auch in Deutschland gilt, ist es in Frankreich im Vergleich weit schwieriger für einen Journalisten, an Informationen heranzukommen.

Deutsche Korrespondenten sind, wenn sie in Paris ankommen, mit einer sehr selektiven Akkreditierungspraxis konfrontiert. Und sie entdecken, dass die Presseabteilung eines Unternehmens vor allem eine Funktion hat: nichts nach außen dringen zu lassen, was nicht von oben abgesegnet ist. Wer versucht, direkt mit einem Verantwortlichen in Kontakt zu treten, merkt

12 Conseil Constitutionnel, Décision n° 2016-738 DC du 10 novembre 2016 – Communiqué de presse, 10. November 2016

bald, dass weder eine E-Mail-Adresse noch eine Telefonnummer ausfindig zu machen sind. Es sei denn, er kennt jemanden, der jemanden kennt... Ob Ministerien, öffentliche Verwaltung oder Unternehmen, auch die unterste Ebene der Hierarchie ist dicht abgeschottet. Transparenz der Entscheidungen? Unvorstellbar, denn Wissen bedeutet Macht. Auch die Thematik des Whistleblowings erhält somit in Frankreich einen anderen Stellenwert als in Deutschland. Es grenzt an Demontage und Verrat.

Im jährlichen Ranking der französischen NGO Reporters sans frontières (RSF) kommt Frankreich 2021 auf Platz 34 (Deutschland auf Platz 13). Und das Jahresalbum 2021 veröffentlichte RSF mit einem Cover, das das Selbstverständnis der Organisation und darüber hinaus der französischen Journalisten augenzwinkernd darstellt. Ein humorvoller Hinweis auf den kurz zuvor erschienenen neuen Asterix-Band.

ABBILDUNG 2

Das Verkaufsargument: »Astérix und Reporters sans frontières – die gleiche Idealvorstellung von Résistance«

Quelle: https://boutique.rsf.org/product/68-asterix/

Auch der Begriff ›investigative Recherche‹ erhält dadurch eine andere Bedeutung. Bei Themen wie Umwelt oder Gerechtigkeit fördert der Meinungs- und Haltungsjournalismus natürlich das Aufspüren von mehr oder minder großen Missständen, ein Trend, der sich vermehrt auch in Deutschland abzeichnet. Frankreichspezifischer ist das im Vergleich weit größere Misstrauen gegenüber der Wirtschaft (dem Kapital) – und noch mehr der Politik. Es nährt sich von der geringen Transparenz der staatlichen Institutionen sowie von der lange gepflegten Abhängigkeit der Medien vom Staat – insbesondere des Fernsehens, dessen ›Chefredakteur‹ ja bis 1981 noch der Premierminister bzw. sein Kommunikationsminister war.

Manche Medien haben vor diesem Hintergrund in etwa von der Jahrtausendwende an ihr eigenes Geschäftsmodell als Recherchemedien entwickelt, darunter *Mediapart* – 2008 gegründet, ausgeprägt links angesiedelt und auf Scoops ausgerichtet. Herausgeber und Mitgründer ist Edwy Plenel, zuvor Investigativreporter bei *Le Monde* und ehemaliger Trotzkist. Er hatte Anfang der 1990er-Jahre mit zur Aufdeckung der Abhöraffäre im Élysée-Palast beigetragen. Mitterrand hatte kurz nach seinem ersten Amtsantritt eine Parallelgarde eingerichtet, um seine ›Zweitfamilie‹ vor der Öffentlichkeit zu schützen, und zahlreiche Prominente abhören lassen, darunter Plenel. Plenel berichtete in einem Buch über den Abhörskandal, verschwieg aber wohlweislich, dass auch er vom Parallelleben Mitterrands wusste.

An der Recherche mitbeteiligt war auch *Le Canard enchaîné*: wörtlich ›Die Ente in Ketten‹, wobei *Canard* auf Argot auch ›Zeitung‹ bedeutet.[13] Am 10. März 1993 erschien sie mit der Schlag-

---

13 Diese und andere Abbildungen von berühmten Schlagzeilen des *Canard enchaîné* hat zum Beispiel die Straßburger Journalistenschule CUEJ gesammelt und online gestellt: http://prod-cuej.u-strasbg.fr/web-en-continu/100-ans-de-canard

zeile: *Les grands travaux du Président – L'Élysée branché sur le tout à l'écoute* (in etwa: *Die großen Bauvorhaben des Präsidenten – der Élysée an die Leitung angeschlossen*). Diese ist, so will es die Tradition, auf einem Wortspiel und vielen Andeutungen aufgebaut. »Mitterrands Großprojekte« (*»grands travaux«*) ist eine Anspielung auf einige Großbauten wie etwa die Louvres-Pyramide; wörtlich ist ›Baustelle‹ gemeint. Der zweite Satzteil bedeutet: »Der Élysée ist an den Gulli angeschlossen«, was nichtssagend wäre, wenn da nicht statt *tout-à-l'égout* (Kanalisationssystem) die Assonanz »*tout à l'écoute*« stünde. Und die meint »ganz Ohr« bzw. spielt auf die Abhörpraxis des Palastes an. Eine nicht nur für Kenner der Zeitung eindeutige weitere Anspielung auf eine ältere Affäre: 1973 waren die Redaktionsräume von *Le Canard enchaîné* vom Innennachrichtendienst verwanzt worden. Sie ist in die Geschichte eingegangen als die ›Klempner-Affäre‹ (*Affaire des plombiers*), da ein Redakteur nachts zufällig zwei ›Klempner‹ bei der Arbeit überrascht hatte.

Die Zeitung ist spätestens auch in Deutschland bekannt, seit sie 2011 den Henri-Nannen-Preis für Pressefreiheit erhielt. Sie führt seit ihrer Gründung 1916 das Motto ›Die Pressefreiheit verschleißt nur, wenn man sie nicht nutzt‹. Damals zog sie gegen die Kriegspropaganda zu Felde (Motto: ›Wir veröffentlichen ausschließlich falsche Nachrichten‹), erschien auch öfter mit zur Schau gestellten weißen Kästen anstelle der von der Zensur gestrichenen Stellen. ›Anastasie‹ (griechisch für ›Wiedererwachen‹) hatte sie die Zensur getauft: Die Französische Revolution hatte sie abgeschafft, Napoleon wiedereingeführt. Zensur gibt es heute keine mehr, Selbstzensur aber bleibt verbreitet. Auch bei *Le Canard enchaîné*, die Zeitung ist keineswegs über jeden Zweifel erhaben.[14] Keiner zieht über die Stränge, denn sonst würde einem

---

14 Siehe hierzu die sehr detaillierte Investigativrecherche zum Mittwochsblatt: LASKE/VALDIGUIÉ 2008

im winzigen Pariser Mikrokosmos der ›Informationshahn‹ zuge-
dreht, und das wäre schlecht für das Geschäft, zumal eine Zeitung wie das Satireblatt ganz besonders auf den Straßenverkauf
und entsprechend auf Scoops angewiesen ist. Sie ist auch die einzige Zeitung in Frankreich, die nicht online zu lesen ist.

Dass die achtseitige Zeitung als einzige bis heute wirtschaftlich erfolgreich geblieben ist und immer noch über 300.000
Exemplare verkauft, verdankt sie ihrer Unabhängigkeit (Eigen-
verlag, werbefrei) wie auch den vielen Karikaturen, die ein ehemaliger Verlagsleiter einmal so definierte: »Eine Zeichnung ist
ein Artikel, und nicht selten ein Leitartikel.« Eigen ist ihr bis
heute eine in Frankreich immer noch lebendige antimilitaris-
tisch geprägte, quasi anarchistische Protestkultur, deren ›Weltanschauung‹ sich von Wein, Eros und Kritik nährt.

Den Erfolg verdankt sie vor allem ihrer Sonderstellung. »Die
Rolle des Journalisten ist, seinem Leser das zu verraten, von dem
man nicht möchte, dass er es weiß«, so zitierte der deutsche Journalist Patzwald 2011 den damaligen Chefredakteur Claude An-
géli (evangelisch.de). Das ist eine sehr präzise Definition dessen,
was ›investigativ‹ in Frankreich bedeutet, nämlich das Gegenmittel zur Omertà. *Le Canard enchaîné* hat zuhauf Affären aufgedeckt und etliche Politiker ›gestürzt‹. Aber das ist nur der sichtbare Teil des Eisbergs. Viele Journalisten, die eine investigative
Recherche führen, sie aber im eigenen Medium kaum veröffentlichen können, weil es aus diversen Gründen zu gefährlich wäre,
geben ihre Rechercheergebnisse an diese Zeitung weiter, die sie
dann verifiziert und auf Seite 3 veröffentlicht. Damit ist die Affäre publik und alle anderen Medien können darauf ›einsteigen‹.

Le Canard enchaîné hat eine Schutzfunktion für die Presse. Diese teilt sie sich heute mit den neuen internationalen Recherche-
netzwerken. Doch selbst diese Zeitung wägt sorgsam ab, was sie
veröffentlicht und wie sie es tut. Auch sie ist Teil des Pariser Establishments.

Das Zitat Angélis weist noch auf etwas anderes hin – und das ist das eigentliche Geschäftsmodell der Zeitung: dem gebildeten Leser den Eindruck zu vermitteln, dass er einen Blick hinter die Kulissen der Macht werfen darf. Das ist traditionell die Aufgabe der Seite 2, wo sich die von Eingeweihten – darunter zahlreiche Minister – zugeflüsterten Äußerungen und Zitate aus den inneren Zirkeln der Politik häufen. Jede dieser knappen Äußerungen hat potenziell die Wirkung eines Scoops.

Seine Sonderstellung verdankt Le Canard enchaîné seiner großen Narrenfreiheit – einer Narrenfreiheit, die in Frankreich allen satirischen Beiträgen zusteht. Sie wird durch Artikel 10 der Menschenrechtskonvention gewährleistet. Denn, so ein Argument des EGMR in dem oben zitierten Fall ›Calvet/Le Canard enchaîné‹ (21. Januar 1999), zur Pressefreiheit gehört auch das Recht auf Übertreibung und sogar Provokation. In einem anderen, fast zeitgleichen Fall – Calvet gegen die satirische Marionettensendung Les Guignols de l'info (CANAL+) – befand das Berufungsgericht von Reims nur wenige Tage später, dass diese Sendung »die eminente und gesunde soziale Funktion eines Narren« erfüllt und somit zur Meinungsfreiheit beiträgt (Urteil vom 9. Februar 1999).

Humor und Satire sind in Frankreich der beste Garant für die Pressefreiheit. »Was darf die Satire? Alles« schrieb 1919, also in einer Epoche, in der auch Le Canard enchaîné gegründet wurde, ein gewisser Ignaz Wrobel (Kurt Tucholsky) (TUCHOLSKY 1954). Diese Freiheitsgarantie gilt heute absolut – in Frankreich. Anders in Deutschland. Man denke hier nur zum Beispiel an den heftigen Shitstorm, den der Hashtag #allesdichtmachen im Frühjahr 2021 auslöste, oder an die Kontroversen rund um Dieter Nuhr. Doch selbst in Frankreich ist nicht alles möglich. Satire und Karikatur verlassen kaum die Grenzen eines gewissen gutbürgerlichen Geschmackes, der im Literarischen wurzelt, und verhalten sich entsprechend konsensfähig. Durch die Blume kann (fast) alles gesagt, geschrieben oder gezeichnet werden.

Nur bei einem einzigen Themenkomplex ist wirklich alles erlaubt, auch das krudeste: Religion. Die 1905 erfolgte Trennung von Staat und Kirche ist der Hintergrund. Der große Bekanntheitsgrad und das hohe Ansehen von *Charlie Hebdo*, obwohl die verkaufte Auflage nur bei etwa 55.000 Exemplaren liegt, erklärt sich auch mit den krassen antiklerikalen Karikaturen. Sie gehen mit den ›Bonzen‹ aller Religionen, allen voran natürlich denen der römisch-katholischen Kirche, hart ins Gericht. Das ist bei Weitem nicht jedermanns Geschmack. Aber es hat in der laizistischen Kultur und Identität Frankreichs Tradition – und gerade heute auch eine heilsame Katharsisfunktion.

Das Erbe des Renaissanceschriftstellers François Rabelais (1483-1543) ist immer noch sehr lebendig. Als ein Vorbote der Aufklärung zog er in seinen Werken mit allerlei derben und ergötzlichen Obszönitäten gegen die Eitelkeit weltfremder Mönche und Gelehrter zu Felde. Nicht zuletzt lernt jedes Schulkind diesen Satz, der sich als das französische Sprichwort schlechthin auch in zahlreichen Varianten durchgesetzt hat: ›Das Lachen ist dem Menschen zu eigen‹ (*Rire est le propre de l'homme*).

Humor in allen Gestalten ist denn auch ein bewährtes Mittel der Kritik. Karikaturisten bringen das am besten auf den Punkt, daher auch die tägliche Zeichnung auf der Seite 1 von *Le Monde*. Und wenn ein Kabarettist wie Alfons in Deutschland auf die Bühne tritt, setzt er dieses französische Verständnis von Humor und Kritik auch auf das andere Rheinufer über. Doch Kleinkunst ist eine eigene Kategorie. In Frankreich vermischt sie sich zuweilen mit ernstem Journalismus, wie *Le Canard enchaîné* beweist.

Kritik ist in Frankreich selten explizit als solche ausgewiesen. Kritischen Journalismus gibt es dennoch, nur kommt er verdeckt, was einem deutschen Leser das Erkennen nicht immer leicht macht. Es ist eine Frage des Spiels mit der Sprache: ein plötzlicher Stilbruch mitten im Satz, ein Wort, das nicht in den Kontext passt, ein nicht gekennzeichnetes Wortspiel, eine verdeckte Anspielung, eine überbordende Höflichkeit... Das alles muss man erst zwischen den Zeilen lesen lernen. Die Franzosen verfügen über diese Fähigkeit, doch wie lange noch? Die um sich greifende Cancel-Culture, die aufsteigende Woke-Kultur und die sozialen Medien bedeuten eine Gefahr. Die größte Gefahr aber ist das zunehmend mangelhafte Beherrschen der eigenen Sprache, das nicht nur internationale Studien wie PISA aufdecken.

Ein tiefes Misstrauen den Medien gegenüber

Die Pressefreiheit, das Berufsbild und das Selbstverständnis des Journalisten gestalten sich in Frankreich ganz anders als in Deutschland. Staatseinfluss besteht heute nur noch sehr indirekt. Aber wegen der Konzentration der Gewalten und ›Meinungsmacher‹ im Medienbiotop ›Paris‹ und wegen der Zentralstaatlichkeit aller Politik und Institutionen bleibt er weiterhin prägend. Doch ausschlaggebend ist weit mehr die Mainstreambildung in der Pariser ›Blase‹ als eine oft und gern vermutete Intention der Regierenden, die Medien zu instrumentalisieren. Sie brauchen nicht zu intervenieren, der Gruppendruck reicht aus. Die wahre Bedrohung für die Presse- und Meinungsfreiheit lauert im Zentralismus.

Jeder einzelne Journalist verkörpert individuell die Meinungsfreiheit. Das war nicht immer so und ist auch mehr Ideal als tatsächlich gelebter Alltag. Denn es schwächt strukturell den Freiraum der französischen Journalisten, die sich als Individuen leichter politischem oder wirtschaftlichem Druck ausgesetzt sehen können als ihre deutschen Kollegen, die im Kollektiv arbeiten und die ihr Beruf (das ›Institut der freien Presse‹) schützt. Das Entscheidende ist, dass jeder diesen Anspruch für sich erhebt und durchzusetzen sucht. Das erfordert Zivilcourage, setzt aber auch eine systembedingte Protesthaltung voraus. Ebenso wie eine gehörige Portion ›Vitamin B‹. Namen, Köpfe, Meinungen, ideologische Prägungen wiegen weit mehr als in Deutschland. In Frankreich herrscht das, was in der Wissenschaft als ›polarisiert-pluralistisches Modell‹ bezeichnet wird. Wer sich als Mediennutzer auf die Suche nach Informationen begibt, muss sich dessen stets bewusst sein und darf sich nie mit nur einem Medium begnügen.

Doch das wird zunehmend schwierig. ›Nationale Zeitungen‹ findet man fast nur in Paris, ihre Verbreitung als Paid Content im Netz erschwert heute erheblich den in Frankreich ohnehin nicht leichten Zugang zur Information; das gilt in Deutschland zunehmend auch. Zwar scheint dieses neue Geschäftsmodell die Printmedien vorübergehend zu retten, doch welchen Beitrag leistet es für die Demokratie gegenüber all den nicht-hierarchisierten und unstrukturierten ›News‹-Angeboten – und das sind ja nicht nur Fake News – im Netz? Diese Frage stellt sich in Frankreich etwas akuter als in Deutschland, zumal die etablierten Medien im Vergleich weniger um Fakten, Quellensuche, Nachrecherche oder Verifizierung bemüht sind. Der steigende Zeitdruck in einem immer intensiveren Wettbewerb verstärkt noch den Trend zu mehr Sensationellem und geringerer Sorgfalt bei der Faktensuche.

Die rasante Verbreitung von Fake News und Verschwörungstheorien, für die die französische Bevölkerung besonders anfällig ist, hat Macron veranlasst, Mitte Dezember 2021 eine Ad-hoc-Kommission zu gründen. Sie trägt den bezeichnenden Namen *Les Lumières à l'ère numérique* (Aufklärung im digitalen Zeitalter). Sie ist mit Historikern, Soziologen, Journalisten, Politikwissenschaftlern und Juristen besetzt. Diese auf den Namen ihres Vorsitzenden getaufte *Commission Bronner* hat den Auftrag, auf der Grundlage einer Bestandsaufnahme Vorschläge für eine bessere Regulierung zu unterbreiten – und Maßnahmen in einem für Frankreich noch entwicklungsbedürftigen Bereich vorzuschlagen, nämlich der Medienpädagogik.

Die historische Erfahrung mit Zensur, das langjährige Rundfunkmonopol des Staates, die Gründung neuer audiovisueller Medien durch Industriekonzerne, das Wissen um die zentralistische Medien- und Wirtschaftspolitik, um die ideologische Polarisierung der Informationsmedien, das konfliktgeladene Verhältnis zwischen Regierenden und Medien, das oft auch die Gerichte beschäftigt, die zahlreichen ›Affären‹, die im Laufe der Zeit vereinzelt aufgedeckten Interessenkollisionen und Korruptionsfälle – das alles ist tief im kollektiven Gedächtnis der Franzosen verankert.

Dadurch, dass den Medien in Frankreich auch nie wirklich eine aufklärerische Rolle zugeschrieben wurde – anders als in Deutschland, wo sie nach dem Krieg entscheidend zum Wiederaufbau einer Demokratie beigetragen haben – und gleichzeitig der Gesellschaft im Vergleich zu Deutschland keine ordnungspolitische Mitwirkungsmacht zukommt, nährt dies alles ein chronisches Misstrauen der Bevölkerung den klassischen Medien gegenüber. Sie sind in ihren Augen fester Bestandteil der Institutionen ›da oben in Paris‹. Entsprechend sucht man auch vergeblich eine breitangelegte gesellschaftliche Debatte über die Funktionsweise der Medien und ihren Beitrag zum demokratischen Geschehen. Die seltenen Diskussionen über ›Qualitätsjournalismus‹ bleiben meist Fachkreisen vorbehalten. Das Thema, um das sich heute alles dreht, ist einzig die Problematik der Fake News und Hasstiraden im Netz. Das tiefe Misstrauen den Medien gegenüber erstreckt sich heute auch auf die sozialen Netzwerke, die vor einigen Jahren noch als vertrauenswürdige alternative Informationsquelle galten.

Laut einer Umfrage des Reuters Institute meinten 2021 nur 30 Prozent der in Frankreich Befragten, dass »die Informationen in den Medien fast immer glaubwürdig sind«; in Deutschland sind es immerhin 53 Prozent (GAUDIOT 2021). Betrachtet man die Glaubwürdigkeit der Medien in Frankreich genauer, wird deutlich, dass dies keineswegs ein neuer Trend ist.

Jährlich führt das Meinungsforschungsinstitut Kantar (in früheren Jahren CSA) für die Tageszeitung *La Croix* hierzu eine Umfrage durch. Seit 1987 hat sich nichts wesentlich geändert, obwohl Online-Medien hinzugekommen sind. Hier in der Ausgabe von Januar 2021[15] die Antworten auf die Frage, »ob sich die Dinge wirklich oder ungefähr so begeben haben, wie die Zeitung, das Radio, das Fernsehen, Internet sie erzählen«.

Abbildung 3
Glaubwürdigkeit der Medien (1987-2021)

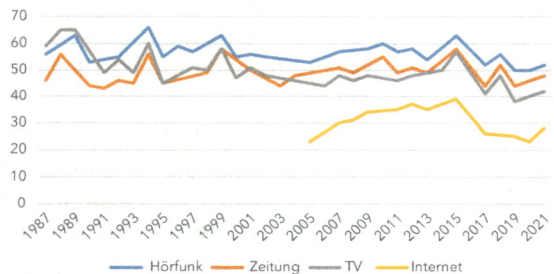

Abbildung 4
Wie unabhängig sind die Journalisten gegenüber politischer Einflussnahme? (1993-2021)

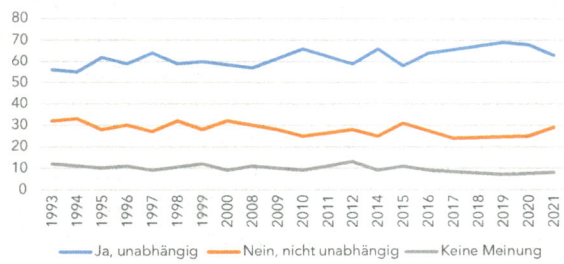

Quelle für Abbildungen 3 und 4: La confiance des Français dans les médias, Résultats de l'édition 2021 du baromètre La Croix/Kantar Public – one point, Januar 2021. https://www.kantar.com/fr/inspirations/publicite-medias-et-rp/2021-barometre-de-la-confiance-des-francais-dans-les-media

15 *La confiance des Français dans les médias*, Résultats de l'édition 2021 du baromètre La Croix/Kantar Public – one point, Januar 2021

Trotz aller Schwankungen über die Zeit bleiben die Antworten innerhalb eines engen Korridors. Und die Hierarchie ist eindeutig anders als die deutsche: Das glaubwürdigste aller Medien ist und bleibt das Radio (52 %), das unglaubwürdigste der klassischen Medien ist das Fernsehen (42 %). Das allergeringste Vertrauen genießt das Internet mit nur 28 Prozent.

Der Beruf des Journalisten erfreut sich keines allzu großen Ansehens. 63 Prozent der Befragten glaubten 2021 nicht, dass die Journalisten unabhängig sind, d. h. »dass sie dem Druck von politischen Parteien Staat und Regierung widerstehen« (Abb. 3), und 59 Prozent, »dass sie dem Druck des Geldes widerstehen« (Abb. 4). Die Antworten auf die beiden Fragen halten sich seit 1987 konstant bei ca. 60 Prozent.

Und doch geben im Schnitt über die Jahre etwa zwei Drittel (2021 waren es u. a. wegen der Coronakrise etwas mehr: 67 %) der Befragten an, sich »mit großem Interesse« zu informieren. Bezeichnend ist die Schere, die sich zwischen der Gesamtbevölkerung und der Altersgruppe von 18 bis 24 Jahren auftut: Interessierten sich 1999 noch 63 Prozent stark für das Tagesgeschehen, waren es 2021 nur noch 51 Prozent.

Fragt man sie, über welche Quelle sie sich zuerst informieren, dann nennen alle Befragten an erster Stelle das Fernsehen (46 %), gefolgt vom Internet (34 %). Erst dann kommt das Radio (14 %). Schlusslicht ist und bleibt die Presse (Print: 5 %). Betrachtet man die Antworten nach Altersgruppen, dann ergibt sich ein ähnliches Bild wie in Deutschland: Fernsehen ist eindeutig das Medium der älteren Generationen, es nutzen bevorzugt die über 35-Jährigen (53 %) – und nur 26 Prozent der Jüngeren. Diese wenden sich ihrerseits mehrheitlich (66 %) und mit steigender Tendenz dem Internet zu; im Vergleich tun dies nur 23 Prozent der über 35-Jährigen. Dort werden, ohne Altersunterschied, vor allem die Online-Portale der Printmedien besucht (29 %). Soziale Netzwerke gelten weniger als Informationsquelle: nur 20 Prozent aller

Befragten nennen Facebook, Twitter & Co. Das Misstrauen diesem noch relativ neuen Angebot gegenüber ist noch größer als das, was in Frankreich den etablierten Medien entgegenschlägt. Man nutzt zwar alle, denkt sich aber seinen Teil dabei.

Durch ihre eigene Geschichte sind die französischen Informationsmedien heute in einer Quadratur des Kreises gefangen, in der verschiedene Einflüsse widersprüchliche Kräfte entwickeln, darunter ein genuines literarisches Ideal, was sie in die Nähe der Unterhaltung rückt, und ein internationales, angelsächsisch geprägtes Modell, das den Fakten den Vorrang gibt. Für die Demokratie wie für die Glaubwürdigkeit ihrer Institutionen ist dies kein gutes Omen. Ob das aber in Frankreich so thematisiert werden könnte, wie es in Deutschland der Fall wäre, steht auf einem anderen Blatt. Es fehlen die Grundvoraussetzungen.

TEIL II
DIE *RÉPUBLIQUE*

Üblicherweise beginnt ein jedes Frankreich- oder Deutschland-porträt mit den staatlichen Institutionen und ihrer Geschichte – unabdingbare Grundlage für das Verständnis des Partners. Da es jedoch in solchen Veröffentlichungen vor ›falschen Freunden‹ nur so wimmelt, muss man die so erworbene Kenntnis unbedingt verfeinern und zuweilen sogar die Perspektive wechseln.

So gilt es zum Beispiel, gleich zu Beginn den Begriff ›Staat‹ zu hinterfragen. Das deutsche Wort deckt sich mit dem französischen *Etat* nämlich nur teilweise und dann sind damit klassischerweise allein Institutionen wie Regierung oder Parlament gemeint. Nicht berücksichtigt werden dabei die Funktionsweise solcher Institutionen noch – und das ist das Entscheidende – ihr Verhältnis zur Gesellschaft. Ganz zu schweigen von der Definition dessen, was man jeweils ›Gemeinwesen‹ nennt.

Das deutsche Staatsverständnis ist ein ganz anderes als das französische. »Alle Staatsgewalt geht vom Volke aus.« Dieser Satz aus dem Grundgesetz (Art. 20, 2,1) meint nur auf den ersten Blick dasselbe wie der Beginn des ersten Satzes aus Art. 3 der Verfassung Frankreichs: »Die nationale Souveränität liegt beim Volke.« Zwar beziehen sich beide auf die Staatsform ›Demokratie‹, doch sagen sie nichts über deren Ausgestaltung, also das Wie, aus. Gerade in diesem Wie aber liegen die fundamentalen Unterschiede, die sich nicht auf den ersten Blick ergeben.

Fast entgegengesetzt ist nämlich der Stellenwert der Gesellschaft. Sie nimmt in Deutschland ihre Interessen über zwei Typen von Mandatsträgern wahr: den gewählten Abgeordneten und Regierungsmitgliedern einerseits, den institutionalisierten Vertretern ihrer Partikularinteressen andererseits, die in sogenannten ›gesellschaftlich relevanten Gruppen‹ organisiert sind (organisierte Gesellschaft). Das Gemeinwesen bestimmen alle zusammen, die ersten in Form von Gesetzen, die zweiten in der von Verträgen – so etwa die Tarifverträge der Sozialpartner. Der deutsche Begriff ›Staat‹ bedeutet also eigentlich Volk als dynamische Gemeinschaft. Die Staatsorgane sind nur ein Akteur unter vielen. Und vor allem, treu nach dem Subsidiaritätsprinzip, werden die Regeln gemeinsam getroffen. Und dies auf der Grundlage öffentlicher Debatten, in denen den Medien eine tragende Rolle bei der Transparenz der fast immer kollektiven Entscheidungen zukommt. Das muss man in Frankreich immer wieder betonen, wenn man den deutschen politischen Entscheidungsfindungsprozess darstellt.

Ganz anders ist die Auffassung von *Etat*. Dieser Begriff ist gleichbedeutend mit den Staatsorganen. Diese stehen hierarchisch über dem Volk und allein sie bestimmen das Gemeinwohl – von oben nach unten. Die Partikularinteressen des Volkes sind weder organisiert noch in der Öffentlichkeit artikuliert; sie gelten als suspekt, weil interessengeleitet. Zwar diskutieren hin und wieder Interessenverbände bzw. Lobbies hinter verschlossenen Türen mit Mitgliedern der Regierung, doch erfährt davon die Öffentlichkeit kaum etwas. Allein über die Ergebnisse der Zusammentreffen wird gegebenenfalls berichtet. Auch in den ständigen Diskussionsrunden der Infokanäle bleiben die Mitglieder der ›Staatselite‹ oder der Mediaklatura unter sich. Vertreter der Gesellschaft gehören nicht dazu. Nur wenn Einzelne lauthals und sichtbar aufbegehren, etwa

durch Demonstrationen, ist ihnen Aufmerksamkeit sicher. Die
›Stimme der Straße‹ (la voix de la rue) findet immer Gehör. Doch
werden so allein Einzelforderungen laut, eine breite öffentliche
Debatte, die, wie in Deutschland üblich, zu einer gemeinsamen
Problemlösung führen könnte, findet nicht statt. Das ist einer der
Hintergründe, weshalb die ›Argumente‹ gegen das am 14. April
2023 verabschiedete Rentenreformgesetz fast ausschließlich in
Form von Demonstrationen vorgetragen wurden.

Das Subsidiaritätsprinzip, demzufolge in Deutschland »Entscheidungsmacht immer so nahe wie möglich bei den Betroffenen (man könnte auch sagen: bei den Problemen) angesiedelt
sein soll« (HERZOG 2006), ist in dieser Form in Frankreich unbekannt. Das führte zum Beispiel im Coronakrisenmanagement zu
einem typischen Kontrast: Während in Frankreich alle Entscheidungen zentral und vor allem einheitlich vom Staatspräsidenten und seiner Regierung getroffen wurden, was Proteste wegen
Missachtung lokaler Gegebenheiten und Rufe nach mehr Diffe-
renzierung zur Folge hatte, herrschte in Deutschland ein ›kun-
terbuntes‹ Durcheinander von Kompetenzebenen und Maßnahmen, was den Ruf nach mehr Zentralisierung nährte.

Daraus ergibt sich ein zweiter wesentlicher Unterschied, was
die Gewaltentrennung angeht: Exekutive und Verwaltung sind
in Frankreich, anders als in Deutschland, nicht getrennt. Die
Zentralverwaltung ist das ausführende Organ der Zentralregierung; diese Symbiose verkörpert die ›Einheit der Nation‹, Synonym für Etat und den Zentralismus des französischen Staates.
Und da es der Exekutive obliegt, das Gemeinwohl zu bestimmen, hat in Frankreich die Verwaltung bzw. ihre Gerichtsbarkeit die Aufgabe, das Gleichgewicht zwischen Partikular- und
Allgemeininteresse zu gewährleisten. Sie hat weit mehr Befugnisse als in Deutschland.

Setzt man dies voraus, kann man sich auf anderen Wegen als der klassischen Länderkunde[16] an Frankreich heranpirschen. Besonders interessant und aufschlussreich bei einem Vergleich der Länderporträts erweist sich dann etwa die jeweilige Reihenfolge der aufgelisteten Institutionen des demokratischen Systems. Allen voran steht im Falle Deutschlands die Volksvertretung, im Falle Frankreichs das Staatsoberhaupt. So ist unmittelbar der Gegensatz zwischen parlamentarischer Demokratie und ›monarchischer Republik‹ versinnbildlicht, gepaart mit Föderalismus versus Zentralismus. Und nicht selten finden sich in der deutschen Tagespresse Berichte über die französische Innenpolitik unter einer leicht ironischen Überschrift wie zum Beispiel diese: ›*König Emmanuel*‹ *steckt in der Krise – wieder einmal* (*Augsburger Allgemeine Zeitung*, 2020). Soll nicht schon König Ludwig XIV. gesagt haben »*L'Etat, c'est moi*«?

4.   Die *République* und ihre Werte

Die Révolution und ihre Töchter

Vielsagender noch ist der Vergleich der mit jedem Land oder seinen Institutionen verbundenen Symbolbilder. Beim Thema ›Deutschland‹ steht fast immer die Glaskuppel des neuen Reichstags im Vordergrund. Ein Sinnbild für Transparenz und Rechtsstaatlichkeit. Beim Thema ›Frankreich‹ erscheint jedoch anders als erwartet nicht der Élysée-Palast, sondern ein Ölgemälde: *La Liberté guidant le peuple* (*Die Freiheit führt das Volk*) von Eugène Delacroix.

---

16   Einen empfehlenswerten problemorientierten Überblick, der auch einige ›falsche Freunde‹ erklärt, bietet Uterwedde 2017.

Diese Allegorie, die im Musée du Louvre in Paris hängt, kennt jeder in der Welt: Oben auf den Barrikaden steht eine Frau mit nackten Brüsten, die die blau-weiß-rote Fahne schwenkt. Die Bildkonstruktion ist streng pyramidal – entsprechend dem ebenso streng pyramidalen Staatsaufbau wie der aus der Zeit der Französischen Revolution ererbten jakobinischen Tradition und zentralistischen Kultur. Die kämpferische Figur der Liberté verkörpert die République française und ihre ewigen Werte: Liberté, Égalité, Fraternité. Das Bild wurde 1830 gemalt, nach der zweiten französischen Revolution (27.-30. Juli 1830), die die 1789 erkämpften Freiheiten wiederherstellte. Der Auslöser des Volksaufstands: König Karl X. hatte zwei Tage zuvor die Pressefreiheit aufgehoben, das Wahlrecht eingeschränkt und die Volkskammer aufgelöst.

Solch ein Frauenkopf mit der phrygischen Mütze – eine *Marianne* – steht als Büste in jeder Schule, jedem Rathaus und öffentlichem Gebäude, obwohl dies kein Gesetz zur Pflicht macht. Mal stand eine Unbekannte Modell, seit den 1960er-Jahren waren es berühmte Schauspielerinnen oder Sängerinnen wie etwa Brigitte Bardot oder Mireille Mathieu. Viele Generationen von Büsten leben heute nebeneinander, von den verschiedensten Bildhauern geschaffen, denn es gibt keine einheitlich genormte, sprich offizielle Büste der Marianne. Die *République* ist ein komplexes, vielfältiges und oft widersprüchliches Gebilde.

Dem ersten Anschein nach verhält es sich anders mit der gängigen Briefmarke. Sie ist eine Art Staatssymbol, der jeder Staatspräsident seinen offiziellen Stempel aufprägt. Seit Hollande (2012-2017) sind diese Mariannes nicht mehr das Abbild einer Frau aus Fleisch und Blut, die ähnliche Kriterien wie eine ›Miss France‹ zu erfüllen hatte. Er entschied sich für eine Zeichnung, die mehrere Gesichtszüge vermengt, von denen sich jedoch die der ukrainischen Femen Inna Schewtschenko hervorhoben, was damals für Kontroversen sorgte – nach dem Motto: eine Kämpferin zwar, aber leider keine Französin. Macron ging einen Schritt weiter in der abstrakten Kunst und wählte 2018 eine Zeichnung der Street-Art Künstlerin Yzeult Dijan (›YZ‹): eine fiktive Frau. Der Name der Briefmarke ist vielbedeutend: ›Die engagierte Marianne‹. Das Kämpferische bleibt, die Vorstellung der République aber wandelt sich stetig.

Abbildung 5
Drei Generationen der Marianne

Chiracs Marianne	Hollandes Marianne	Macrons ›Marianne l'engagée‹

Quelle: La Poste. NB: Rot für Briefe, die im Prinzip einen Tag nach Einwurf ausgeliefert werden; Grün für sog. ›langsamere‹ Briefsendungen.

Die nächste Marianne hätte ein mithilfe der KI geschaffenes Abstraktum im Plural sein können, sofern sie von Macron nach seiner Wiederwahl abgesegnet worden wäre. Im Zuge einer Post-reform wurde jedoch die rote Marianne als analoge Briefmarke zum 1. Januar 2023 abgeschafft (die grüne gibt es weiterhin). *Nous sommes Marianne,* so nannte sich eine 2021 von einem Künstler-kollektiv namens Obvious gestartete Aktion, die alle interessier-ten Frauen aufrief, ein Foto einzuschicken. Aus der Summe der Fotos und der so abgelichteten Diversität sollte dann das Ideal-porträt der heutigen République errechnet werden. So oder so, zum Frauentag 2021 hatte die beigeordnete Ministerin für *la Citoyenneté* (Citizenship) beim Innenminister in Paris eine Ausstellung eröffnet: *109 Mariannes*, die den Werten wie der Vielfalt der Republik bzw. deren Aufwertung gewidmet war. Hinter dem politischen Marketing ein eindeutiges Zeichen für die tiefe Suche nach einer neuen Identität, in der sich Frankreich seit vielen Jahren befindet.

Auch die sehr feierliche Überführung des Sarges von Joséphine Baker in den Ruhmestempel Le Panthéon in Paris am 30. November 2021 zeugt von dem Versuch, ein neues Narrativ der *Citoyenneté* zu schaffen. Nina Belz, Paris-Korrespondentin der *Neuen Zürcher Zeitung*, bringt es am nächsten Tag gleich zu Beginn ihres Berichts auf den Punkt (BELZ 2021): »Josephine Baker kommen höchste Ehren zu – und sie wird zur idealen Französin. Als erste schwarze Frau und als erste Person mit nichtfranzösischen Wurzeln ist Josephine Baker ins Pariser Panthéon übergeführt worden. Sie ist zu einer Projektionsfläche für jenes Frankreich geworden, das sich Präsident Macron wünscht«. Was sich Macron wünscht (und nicht nur er)? Die Wiederbelebung des gesellschaftlichen Zusammenhalts, ein neues Bewusstsein des ›Französisch Seins‹. Die Aufnahme von Baker in den Panthéon symbolisiert die Suche nach einer neuen Leitkultur. Das ist der heutige Kern des Begriffs *Citoyenneté*.

Bedeutet für die Bundesrepublik und ihre Demokratie das Jahr 1949 die ›Stunde Null‹, bezieht sich das französische Narrativ immer noch auf die Revolution 1789 als Geburtsstunde einer neuen Nation und Identität. Hatte nicht zum Beispiel Macron 2016, als er sich auf den Präsidentschaftswahlkampf vorbereitete, einen programmatischen Essay mit dem Titel *Révolution* veröffentlicht? Der Traum von Umsturz, Guillotine und Neuanfang lebt auch heute in Frankreich unterschwellig weiter. Das erklärt zum Beispiel, warum sich im November 2018 in den sozialen Netzwerken Fake News mit einem Foto von Pseudogelbwesten und einer Guillotine auf der Place du Palais Royal in Paris wie selbstverständlich verbreiteten – und dies nicht nur in Frankreich.

Dieses Narrativ ist eng vermengt mit einem jüngeren: dem eines Landes, das dank der Résistance, der Armee unter Führung de Gaulles und der Unterstützung kommunistischer Kämpfer den Nationalsozialismus mit zu Fall gebracht hat und zu den Siegermächten gehört. Anders in Deutschland, wo – allen ›Revoluzzern‹ zum Trotz, die das ›Bürgerliche‹ aufs Korn nehmen – seit Kriegsende die treibende Kraft der Aufbau eines (neuen) Gemeinwesens ist. Sehr deutlich, auch wenn sich die tiefere Bedeutung nur bei genauerer Betrachtung ergibt, zeigt dies zum Beispiel in der Zeit der ›Stillen Revolution‹ von 1989 und der Montagsdemos der rasche Wandel der Parole ›Wir sind das Volk‹ in ›Wir sind ein Volk‹. Dies ausgerechnet in einer DDR, die als Staat offiziell ihren eigenen Traum von Revolution kultivierte: rückblickend den der russischen Revolution 1917 und zeitgenössischer den des Auferstehens aus Ruinen. Auch das kollektive Gedächtnis ist in Frankreich und in beiden Teilen Deutschlands jeweils anders ausgeprägt.

Grundfreiheiten sind anders als Grundrechte

Liberté, Égalité, Fraternité sind die drei Grundpfeiler der *République* – ein Begriff, der weit über die Staatsform allein (als Gegensatz zur Monarchie) hinausgeht. *République* ist das französische Pendant des deutschen Begriffs der freiheitlich-demokratischen Grundordnung. Er meint also Gemeinwesen, dessen Funktionsweise und vor allem dessen Wertvorstellungen.

Vive la République, vive la France! gehört in Frankreich zum Duktus qua Amt eines jeden Amtsträgers. Diese Termini sind zwei Facetten derselben Medaille. Das Verbindende ist der Begriff der *Citoyenneté*. Er entstand während der Revolution 1789 und bezieht sich in jenem Kontext auf die Aufhebung der Ständeordnung: *Citoyen* trat an die Stelle von *Bourgeois* (dritter Stand) und bezeichnete den Bürger einer *Civitas* bzw. einer politischen Gemeinschaft (*Cité*). Obwohl der Begriff in aller Munde ist, lässt er sich heute nicht mehr leicht definieren, was den Staatsrat (*Conseil d'Etat*) veranlasste, 2018 eigens ein Gutachten (CONSEIL D'ETAT 2018) zur Begriffsdefinition zu verfassen.

Citoyenneté bedeutet demnach dreierlei. Zum einen Staatsbürgerschaft mit allen statusmäßig damit verbundenen Rechten und Pflichten sowie deren Ausübung, insbesondere bürgerschaftliches Engagement und Bürgersinn. Dann Allgemeinheit bzw. Gemeinsinn. Und schließlich ist dieser Begriff untrennbar mit dem Prinzip *Liberté* verbunden, einem Fundamentalwert, der in der Menschenrechtserklärung von 1789 wurzelt und diese gleichfalls verkörpert. Es ist »der Gedanke der politischen ›citoyenneté‹, also der nicht ethnisch bestimmten Zugehörigkeit zur staatsbürgerlich verstandenen Nation« (VON THADDEN 1997). Mit anderen Worten: der Begriff steht für einen ›Idealtypus‹ des Zusammenlebens, so die eindeutige Definition der Politologin und Soziologin Dominique Schnapper, die viele Jahre auch Mitglied des Verfassungsrats (*Conseil constitutionnel*) war.[17]

Der Begriff *Citoyenneté* sowie alle anderen damit zusammenhängenden Begriffe bewegen sich im Bereich des natürlichen Rechts und seiner Grundprinzipien wie der Menschenwürde oder der Freiheit, die in allen Erklärungen und Chartas enthalten sind. Sie bilden ebenfalls die impliziten Grundlagen des deutschen Grundgesetzes.

Was aber beide Länder unterscheidet, ist die Art, wie diese abstrakten Prinzipien jeweils als Rechtsnorm mit Leben gefüllt werden. In Deutschland ist dies relativ einfach darzustellen: Die 19 ersten Artikel des GG listen Grundrechte auf und das Bundesverfassungsgericht legt sie aus bzw. ordnet ihre Ausgestaltung durch den Gesetzgeber an. Das Bundesverfassungsgericht wacht über die Einhaltung des GG.

---

17 Zum Beispiel: SCHNAPPER 1994.

Dem ist in Frankreich nicht so. Es hat lange gedauert, bis der *Conseil constitutionnel* begonnen hat, ähnliche Wege zu gehen. Erst 1971 gab er den Grundfreiheiten (*libertés fondamentales*) Verfassungsrang, beginnend mit der Vereinigungsfreiheit. Insofern ist der Stellenwert dieser Entscheidung in etwa vergleichbar mit dem des Lüth-Urteils (1958) in Deutschland, mit dem das Bundesverfassungsgericht in Karlsruhe, ausgehend von der Meinungsfreiheit, das Grundgesetz zu einem Wertesystem erhob, dem sich alle Gesetze zu beugen haben. Nur in etwa vergleichbar, denn ganz so weit ging der französische Verfassungsrat (noch) nicht.

Dieser späte Verfassungsrang ist für deutsche ›Verfassungspatrioten‹ schwer nachzuvollziehen, aber leicht zu erklären. Dabei reicht schon ein flüchtiger, vergleichender Blick auf die Strukturen des Grundgesetzes (23. Mai 1949) und der französischen Verfassung (4. Oktober 1958). Im ersten Fall folgt auf die Präambel der Grundrechtskatalog, im zweiten Fall unmittelbar die Definition des Staates (Art. 1) und der Souveränität (Art. 2 bis 4) sowie der Funktion des Staatspräsidenten (Art. 5 bis 19). Einen als solchen ausgewiesenen Katalog der Grundfreiheiten sucht man vergeblich.

Und doch gibt es sie, nur muss man sie suchen. Einmal in Art. 1, dessen zweiter Satz u. a. besagt: Die Republik »gewährleistet die Gleichheit aller Bürger vor dem Gesetz ohne Unterschied der Herkunft, Rasse oder Religion. Sie achtet jeden Glauben«. Und dann vor allem in der Präambel, die wie folgt beginnt: »Das französische Volk verkündet feierlich seine Verbundenheit mit den Menschenrechten und den Grundsätzen der nationalen Souveränität, wie sie in der Erklärung von 1789 niedergelegt wurden, welche durch die Präambel der Verfassung von 1946 bestätigt und ergänzt wurde, sowie mit den in der Umweltcharta von 2004 festgelegten Rechten und Pflichten.«

Wir haben es also mit einer sprichwörtlichen zeitlichen ›Kaskade‹ von verschiedenen Quellen zu tun, die sich aufeinander beziehen. Zu den genannten Texten gesellen sich heute außerdem noch die Europäische Menschenrechtskonvention (EMRK) – eine Art ›Nebenverfassung‹ für Frankreich[18] – sowie selbstverständlich die EU-Grundrechtecharta aus dem Jahr 2000, die aber erst seit dem Lissabon-Vertrag (2009) bindend ist. Und nicht zu vergessen die UN-Menschenrechtskonvention von 1948. Einige Grundrechte mit Verfassungsrang sind erst im Laufe der Zeit entstanden – per Verfassungsgesetz, Organgesetz oder auch einfachem Gesetz. So gewährleistet zum Beispiel erst das neue Strafgesetzbuch aus dem Jahr 1994 das Briefgeheimnis.

Schon allein deswegen ist auch die Definition der Grundfreiheiten nicht eindeutig gegeben, denn sie bieten eine sich im Laufe der Zeit verändernde Mischung aus Universalrechten (Menschenrechten), Staatsbürgerrechten oder Abwehrrechten. Und einige Rechte, die in Deutschland im Grundgesetz stehen, sind in Frankreich sogar unbekannt, so etwa die Unverletzlichkeit der Wohnung (Art. 13 GG), die »insbesondere dem Schutz vor Überwachungsmaßnahmen [dient], also nicht nur vor dem Abhören der Telefongespräche sondern auch zum Beispiel vor der Installierung von Abhörwanzen in der Wohnung (sog. Lauschangriff). Das französische Recht kennt aber dieses Grundrecht nicht« (GRECIANO 2006).

Mit dem Fernmeldegeheimnis, das die Verfassung ebenfalls nicht garantiert, verhält es sich ähnlich. Erst nach einem Urteil des EGMR aus dem Jahr 1990 wurde ein einfaches Gesetz erlassen, das seitdem mehrfach geändert wurde (zuletzt 2012), aber Abhörmaßnahmen auch heute nur zum Teil regelt.[19] Seit der ›Klempner-Affäre‹ bei *Le Canard enchaîné* (1973) oder der ›Abhöraffäre des Élysée-Palastes‹ (1993 publik geworden) hat sich grundlegend wenig geändert, wie die ›Bygmalion-Affäre‹ und die Anklage gegen den ehemaligen Präsidenten Sarkozy zeigen (2014-2021). In dieser Affäre ging es nicht nur um Wahlkampffinanzierung, son-

---

18 Siehe hierzu: GAILLET 2019
19 Loi n°91-646 du 10 juillet 1991 relative au secret des correspondances émises par la voie des communications électroniques

dern u. a. auch um das Abhören von Gesprächen zwischen Sarkozy und seinem Anwalt – und Journalisten.

Ein Bundesverfassungsgericht gibt es in Frankreich nicht

In Frankreich sind die Grundfreiheiten für den Bürger nicht alle direkt einklagbar. Erst mit der Verfassungsreform von 2007 wurden neue, ausdrücklich vor Gericht einklagbare Rechte (*droits opposables*) eingeführt, die vier abstrakten Grundfreiheiten eine konkretere Gestalt geben: Recht auf Wohnraum, auf Schulbildung, auf eine Krankenversicherung und auf fristgerechte Auszahlung der Rente. Und es gibt eine Reihe von Forderungen, diese Liste in Zukunft um einige andere zu erweitern, etwa das Recht auf einen menschenwürdigen Tod, auf Kinderbetreuung oder auf Ernährung.

Eine Schlichtungsinstanz: *Le Défenseur des droits*

Im Rahmen der Verfassungsreform 2007 wurde eine unabhängige Behörde (*autorité administrative indépendante*) eingerichtet (Art. 71-1), um die Rechte der Bürger gegenüber Einrichtungen der öffentlichen Verwaltung geltend zu machen oder solchen, die öffentliche Dienstleistungen erbringen.

Neben einer allgemeinen Beratungs- und Schlichtungsaufgabe hat der *Défenseur des droits* (Rechteverteidiger) vier thematische Kompetenzbereiche: Förderung der Kinderrechte, Kampf gegen Diskriminierung und Förderung der Gleichbehandlung, Achtung der Berufsethik von staatlichen und privaten Sicherheitsdiensten sowie Schutz der Whistleblower. Werden seine Verfügungen nicht vollstreckt, kann er ein Verfahren in einstweiliger Verfügung anstrengen. Der Vorsitzende, der weder der Exekutive noch der Legislative angehören darf, wird für sechs Jahre vom Staatspräsidenten ernannt. Er ist angehalten, jährlich dem Präsidenten und dem Parlament Bericht zu erstatten.

In allen anderen Fällen hat ein individueller Kläger bei Verstößen gegen seine Grundfreiheiten seit 2010 nur zwei Möglichkeiten und das allein im Rahmen eines laufenden Verfahrens. Er ruft entweder den Staatsrat (*Conseil d'Etat*, oberstes Verwaltungsgericht) oder den Kassationsgerichtshof (*Cour de cassation*) an, die dann die Klage als ›vorrangige Frage zur Verfassungsmäßigkeit‹ (*question prioritaire de constitutionnalité* – QPC) an den *Conseil constitutionnel* weiterleiten können, der gegebenenfalls die betroffene Gesetzesregelung aufhebt.

Seitdem häufen sich zwar die QPC-Klagen, und die parlamentarische Opposition nutzt sie vermehrt als Mittel, um soeben verabschiedete Gesetze kippen zu lassen, doch berichten allenfalls die führenden Pariser Zeitungen darüber. Und öffentlich wird kaum darüber diskutiert, denn das Thema, das sich an der Grenze von Verwaltungs- und Verfassungsrecht bewegt, ist komplex und bleibt daher etwas für Insider. Nur in wenigen aufsehenerregenden Fällen wird ausführlicher berichtet. So zum Beispiel in der Zeit des Notstands nach den Terrorattacken von 2015, als der Staatsrat einige Grundfreiheiten genauer umriss und einzelne Einschränkungen lockerte (Meinungsfreiheit, Unverletzlichkeit der Wohnung). Oder 2018, als er im Zusammenhang mit der Migrantenkrise an der französisch-italienischen Grenze das ›Solidaritätsdelikt‹ aufhob und dem Prinzip der Brüderlichkeit (*Fraternité*) Verfassungsrang gab.

Zwar ist das ›Recht des Bürgers, das Gesetz anzufechten‹, wie die QPC oft bezeichnet wird, hoch angesehen, doch gleichzeitig gilt es auch als suspekt, da es in einer Reihe von laufenden Justizverfahren eingesetzt wurde, um diese zu verschleppen. So etwa 2014, als EADS-Manager wegen Insider-Geschäften angeklagt waren, oder 2016 bei dem Prozess wegen Steuerhinterziehung gegen den ehemaligen Haushaltsminister Jérôme Cahuzac. Es ist in Frankreich bei Weitem nicht so wie in Deutschland, wo schon die geringste Absichtserklärung, das Bundesverfassungsgericht anzurufen, sofort eine breite Öffentlichkeit findet.

Der Umgang mit Grundfreiheiten – nicht das Wort selbst, das ist ständig in aller Munde – bleibt in Frankreich Juristen vorbehalten. Der Verfassungsrat hat im Vergleich zum Bundesverfassungsgericht bisher noch keine sehr ausgiebige Dogmatik zu diesem Thema entwickelt. Auch das Bundesverfassungsgericht hat sich in Deutschland seine Rolle als Verteidiger der Grundrechte ja erst allmählich erarbeitet. Obwohl dies der breiten Öffentlichkeit in beiden Ländern kaum bekannt ist, erwächst in Frankreich derzeit Stück für Stück eine mit der deutschen in etwa vergleichbare Auffassung wie auch Praxis des Rechtsstaatsprinzips. Für deutsche Journalisten kaum ein Thema, weil sie zum einen davon ausgehen, dass Frankreich allein schon wegen der Menschenrechtserklärung von 1789 das Ideal aller Freiheiten verkörpert, und zum anderen, weil sie genauso wie jeder normale französische Bürger die Subtilität der Juristen nicht beherrschen und ihnen auch die Zeit fehlt, tiefer in die Materien einzusteigen.

Der Bürger hat in Frankreich noch eine dritte Möglichkeit. Er kann auch direkt den Europäischen Gerichtshof für Menschenrechte (EGMR) anrufen. Frankreich hatte mit Wirkung zum 3. Mai 1974 die EMRK ratifiziert, aber erst 1981 den Art. 25, der Individualklagen zulässt. Der EGMR ist jedoch eine Institution des Europarats (nicht der EU), seine Urteile sind somit nicht bindend. Trotzdem zeigen sie Wirkung.

Es gibt in Frankreich kein ›Karlsruhe‹. Eine vergleichbare Rolle, die der *Conseil constitutionnel* im Bereich der Grundrechte spielen könnte, ist erst noch im Aufbau. Der Verfassungsrat ist auch kein oberster Gerichtshof, der über den anderen Instanzen, etwa dem Kassationsgericht, stünde (HAENEL 2010). Und seine neun Mitglieder sind keine Richter. Der oberste Hüter der Verfassung bleibt auch heute der Staatspräsident. Wortlaut des Art. 5, 1 der Verfassung: »Der Präsident der Republik wacht über die Einhaltung der

Verfassung. Er gewährleistet durch seinen Schiedsspruch die ordnungsgemäße Tätigkeit der öffentlichen Gewalten sowie die Kontinuität des Staates.« Das erklärt auch, weshalb jeder Staatspräsident nach Ende seines Mandats qua Amt Mitglied des Rates wird.

Eindeutig schwingt hier die jakobinische Prägung des Staatsverständnisses mit: Allein die Spitze des Staates und die Staatseliten sind ermächtigt, das Gemeinwohl zu bestimmen und zu wahren. In diesem Verständnis ist der Bürger weniger Subjekt als Objekt der staatlichen Fürsorge. Der Kontrast zu Deutschland ist flagrant. Ein erhellendes Beispiel: Vor einigen Jahren hielten in der deutschen Botschaft in Paris Andreas Voßkuhle, damals Vorsitzender des Bundesverfassungsgerichts, und Jean-Louis Debré, damals Präsident des *Conseil Constitutionnel*, eine Podiumsdiskussion. Voßkuhle sprach stets vom »Bürger«, sein Amtskollege unbeirrt von *le justiciable*, dem Individuum, das der Gerichtsbarkeit unterliegt.

Citoyen – ein komplexer Begriff

Die Juristensprache von Voßkuhle und Debré lässt es schon erahnen: Der *Citoyen* ist nur ein entfernter Verwandter des Bürgers, und erst recht des ›mündigen‹ Bürgers, dessen Primäreigenschaften laut Definition Selbstbestimmung, Urteilsfähigkeit und Eigenverantwortung sind. Ob sie es immer auch in der Wirklichkeit sind, steht auf einem anderen Blatt.

In der deutschen wie in der französischen Sprache ist *Citoyen* mit Bedeutungen überfrachtet und man muss sie fein sortieren, damit sich keine ›falschen Freunde‹ ergeben.

Die heute in beiden Ländern allgemeingültige Bedeutung ist: Staatsbürger, also ein Mensch, der in einem gegebenen Staat über politische Rechte verfügt. So betrachtet sind *Citoyen* und Bürger deckungsgleich. Wenn ein Bundeskanzler eine Rede hält, gilt diese seinen ›lieben Mitbürgern‹. Er wendet sich an alle Citizens. Ein anderes Wort als Bürger gibt es dafür im Deutschen nicht.

Ein französischer Präsident spricht normalerweise seine *Concitoyens* an. Heute jedoch zunehmend lieber seine *Compatriotes*. Damit meint er alle diejenigen, die in demselben Land leben – im Sinne von Vaterland oder Heimat und nicht nur Staat. ›Mit-Patrioten‹ wäre eine wörtliche Übersetzung, aber sie macht im Deutschen keinen Sinn, es sei denn, man betrachtet die Konnotation mit Heimat. Dann denkt man unmittelbar an Seehofers Heimatministerium – einem Rätsel für deutsche Bürger. Der *Tagesschau* war es am 14. März 2021 sogar eine fragende Bilanz wert: »Drei Jahre nach Gründung. Was macht eigentlich das Heimatministerium?« Seehofer, der die Idee »aus Bayern mitgebracht« habe, definiere seinen Auftrag wie folgt: »Die Politik müsse dafür sorgen, dass sich Menschen, dort wo sie leben, zu Hause fühlen.« Gemeinschaftssinn und Zugehörigkeitsgefühl also. Etwas davon schwingt in dem Begriff *Citoyenneté* mit. Nota bene: Bayern ist das deutsche Bundesland, das die größten Ähnlichkeiten mit Frankreich aufweist, was eine Art von Patriotismus angeht. Und nicht nur das, es weist im Vergleich zu den anderen Bundesländern heute auch eher zentralistische Strukturen auf, die ihren Ursprung in der Zeit Napoleons haben, als Graf Montgelas zu Beginn des 19. Jahrhunderts Recht und Institutionen des Königtums Bayern nach französischem Vorbild reformierte.

Citoyenneté bedeutet noch etwas anderes, das man mit Leitkultur übersetzen müsste, bzw. dem Ideal davon. Der Politikwissenschaftler Bassam Tibi, der diesen Begriff im Zusammenhang mit der innerdeutschen Debatte zur Integration von muslimischen Migranten eingebracht hatte, erklärt ihn glasklar in einem Artikel vom 16. Juli 2017 für den *Tagesspiegel* (TIBI 2017: 8) mit der Überschrift: *Was ist deutsch? Eine neurotische Nation*. Er schreibt: »Integration ist weder ein Pass noch eine Sprache, sondern die Eingliederung als *Citoyen*, als Bürger, in ein wertebezogenes Gemeinwesen, das von Religion und Ethnizität frei ist.« Er bemerkt verärgert, ihm werde deshalb von deutschen Linken ›Deutschtü-

melei‹ vorgeworfen. Und er kontert, sein Konzept sei »universa-
listisch« geprägt.

Tibis Idealvorstellung entspricht haargenau der französischen
Lesart. Dass er das Wort ›Citoyen‹ wählt, ist kein Zufall. Genauso
wenig, dass er die Laizität erwähnt (»von Religion ... frei«), die
eines der Grundprinzipien der *République* ist (Art. 1 der Verfassung). Die universalistischen Prinzipien und Werte der französischen Republik, verkörpert durch den Begriff ›Citoyen‹, standen
Pate für seinen Ansatz einer Leitkultur bzw. eines Gesellschafts-
modells – oder gar Gesellschaftsvertrags, wie ihn Jean-Jacques
Rousseau skizzierte und der als unterschwellige aufklärerische
Idealvorstellung auch in Deutschland weiterlebt.

Nicht nur Tibis Ideal ist von Bewunderung geprägt. Sie ist in
Deutschland immer präsent, sobald Gemeinsinn oder bürgerli-
ches Engagement beschwört werden. Als Beispiel sei hier etwa
die in Frankfurt/Main ansässige Stiftung ›Citoyen – aktiv für
Bürgersinn‹ erwähnt, die jährlich *Citoyenne*, den ›Preis für Bürgersinn‹, verleiht.

Citoyen ist gleichzeitig auch heute noch in Frankreich wie in
Deutschland ein Kampfbegriff gegen den Klassenfeind, Inbegriff
des Kapitalismus: den ›Bourgeois‹. Lassen wir den sozialistischen Sprachgebrauch einmal beiseite, der den Grenzposten bei
Einreisen in die DDR immer mindestens ein Grinsen entlockte,
wenn sie auf meinem Pass meinen Namen lasen.

›Bourgeois‹ bedeutet nicht ›Bürger‹, auch wenn beide Wörter
etymologisch derselben Wurzel entstammen. Als ›Bourgeois‹ bezeichnet man in Frankreich jemanden aus der Mittelschicht bis
hin zum gehobenen Bürgertum. Und da die Spaltung der französischen Gesellschaft in rechts und links trotz Abschwächung
immer noch präsent ist, ist es auch ein Schimpfwort für damit
zusammenhängende Wertevorstellungen und einen entsprechenden Lebensstil.

Letztere Bedeutung deckt sich zum Teil mit bürgerlich; dann ist wertkonservativ gemeint. Etwas schwingt davon mit, wenn die *Frankfurter Allgemeine Zeitung* im Winter 2021 in ihren Berichten über den französischen Präsidentschaftswahlkampf eine Partei wie Les Républicains, die bisher als konservativ bezeichnet wurde, neuerdings ›rechtsbürgerlich‹ nennt (siehe etwa Michaela Wiegel: *Macrons Wiederwahlprogramm. Sparen, nein danke!*, erschienen am 16. Dezember 2021). Das meint dann soviel wie nicht-rechtspopulistisch, also noch zur bürgerlichen Mitte gehörend. Und es meint *républicain*, d. h. republikanisch im Sinne von wertkonservativ. Der Auslöser für die neue Begriffsbestimmung war die Kandidatur des Rechtspopulisten Eric Zemmour.

Allerdings kann man bürgerliche Mitte nicht ins Französische übersetzen, denn es gibt keine genaue Entsprechung. Die französische ›Mitte‹ bleibt in rechts und links, in arm und reich (Bürgertum) geteilt. Dann muss man schon auf den sehr viel abstrakteren Begriff von *Citoyenneté* zurückgreifen – wobei wir wieder bei der Leitkultur wären.

Liberté: eine andere Vorstellung von Freiheit

In der deutschen Vorstellung ist der *Citoyen* der Inbegriff der *Liberté*. Hier droht der nächste ›falsche Freund‹. Denn *Liberté* und Freiheit sind zwei grundsätzlich unterschiedlich besetzte Begriffe und fast schon ein Gegensatzpaar. Als Verfassungsprinzip meint *Liberté* das Recht auf Freiheit bzw. das Recht des Aufbegehrens gegen etwas, was diese Freiheit beschneiden würde. »Die Freiheit des Menschen liegt nicht darin, dass er tun kann, was er will, sondern dass er nicht tun muss, was er nicht will.« So definiert sie Rousseau in seinem *Gesellschaftsvertrag*.

Liberté bedeutet nicht, anders als das deutsche Prinzip, Freiheit in Verantwortung. Und genau in dieser Zweideutigkeit des Bürgerseins liegt der Grund für die deutsche Idealisierung des *Citoyen* als Inbegriff der *Liberté*. Er steht für den jugendlichen Traum, ohne Zwang und frei nach Gusto zu leben – im Gegensatz zum verantwortungsbewussten Handeln eines mündigen Bürgers. Im ersten Fall steht der Protest – die Befreiung von etwas bzw. die Auflehnung gegen etwas – im Vordergrund, im zweiten die freie Entscheidung, Verantwortung zu übernehmen. Joachim Gauck hatte dies einmal in einem Essay zum Thema ›Freiheit‹ einleuchtend analysiert (GAUCK 2012). Er bezog sich dabei auf seine Erfahrungen als ehemaliger DDR-Bürger (Freiheit als Auflehnung) und das im Vergleich für viele schwierige Erlernen des bundesdeutschen Verständnisses von Freiheit (Eigenverantwortung).

Abbildung 6
Liberté du Citoyen aus der Sicht eines deutschen Cartoonisten

»Das ist es, was uns Deutschen so sehr fehlt –
dieser Geist der Großen Revolution von 1789,
den Du hier noch im letzten Citoyen findest!«

Quelle: Hans Traxler

So gesehen ist die deutsche Auffassung des *Citoyen* ein Gegenmodell zum Bürger. Die deutsche Utopie von der uneingeschränkten *Liberté des Citoyen* fasst Hans Traxler unmissverständlich in einer Karikatur (s. S. 109) zusammen, die er 1988 im Vorfeld der 200-Jahre-Feier der Französischen Revolution gezeichnet hat.

Sicherlich erklärt sich der Unterschied zwischen Freiheit und *Liberté* vor dem Hintergrund der religiösen Prägung der jeweiligen Kultur: Katholizismus in Frankreich, Protestantismus in Deutschland. Doch auch gesetzlich besteht ein gravierender Unterschied. Das Grundgesetz gewährleistet das Recht des Einzelnen auf Selbstbestimmung (abgeleitet aus Art. 2,1). Die französische Verfassung – genauer die Präambel aus dem Jahr 1946 – gewährleistet das Recht der Völker auf Selbstbestimmung, so wie es auch die UN-Charta definiert. Auch das Rousseau-Zitat oben (»Die Freiheit des Menschen liegt nicht darin ...«) bezieht sich auf solch einen universellen Ansatz: Im Originaltext ist die Rede von der Freiheit der *Humanité*, also der Menschheit bzw. des Menschseins – nicht der des Einzelnen. Das wird oft nicht gesehen.

Die Urgestalt des deutschen mündigen Bürgers ist der Mensch (Art. 1 GG). Die des *Citoyen* bleibt abstrakt: Er ist ein Atom der abstrakten Größe ›Volk‹ bzw. der einheitlichen *République*. Entsprechend verfügt er auch nicht über die Eigenverantwortung, die den deutschen Bürger kennzeichnet und ihm direkt wie indirekt gesellschaftliche Ordnungskompetenzen einräumt. Der Beitrag des *Citoyen* zum Gemeinwesen reduziert sich im Vergleich darauf, Bürgersinn *(civisme)* zu zeigen – also etwa wählen zu gehen und seine Steuern zu zahlen (oder sich in Coronazeiten impfen zu lassen) –, nicht mitzugestalten. So betrachtet ist der *Citoyen* kein mündiger Bürger, wie man ihn sich in Deutschland vorstellt.

5.   Frankreich, ›Wiege der Menschenrechte‹?

Frankreich gibt sich selbst gern als ›Nation‹ oder ›Wiege der Menschenrechte‹ und wird auch stets vom Ausland als solche dargestellt. Sei es zum Beispiel, um Schüler für das Erlernen der französischen Sprache zu motivieren. So wirbt etwa das Mörike-Gymnasium in Göppingen auf seiner Website mit folgendem Argument: »Es gilt die Geschichte und Kultur eines Landes zu entdecken, das als ›pays des droits de l'homme‹, also als Wiege der Menschenrechte über lange Zeit auch mit unserer eigenen Geschichte in wechselvoller Beziehung stand und steht, aber auch Menschen kennen zu lernen, denen eine gewisse Lebensart, ein ›savoir vivre‹ nachgesagt wird.« Bedeutsam ist hier die Gleichsetzung von *Droits de l'homme* und *Savoir-vivre*. Beispiele solcher Art gibt es zuhauf – Frankreich als Projektionsfläche für deutsche Träume, nicht nur für Touristen. Doch Menschenrechte sind etwas anderes als Bürgerrechte.

Wie passt das zum Rechtsextremismus?

Die Darstellung Frankreichs als Wiege der Menschenrechte, ausgelöst durch die automatische Verknüpfung mit 1789, erfolgt im deutschen Sprachraum reflexartig, sobald es zum Beispiel um Rechtsextremismus geht. Dann werden plötzlich Menschenrechte und Staatsbürgerrechte (bzw. Ausübung dieser Rechte in einer Demokratie) systematisch verwechselt. Es stimmt, Ausländerfeindlichkeit, Frauenfeindlichkeit, Autoritarismus etc., dies alles stellt die Werte wie die Grundlagen unserer liberalen Gesellschafts- und Demokratiemodelle infrage. Innerhalb Europas gibt es genügend Beispiele von Politkern, die die Rechtsstaatlichkeit kaum anerkennen oder bemüht sind, sie auszuhöhlen. Das Erstarken des rechten Populismus ist ein Grundtrend, der sich seit den 1980er-Jahren nicht nur in den EU-Staaten verbreitet und der, obwohl er viele Gemeinsamkeiten aufweist, jeweils in einem spezifischen nationalen Kontext gedeiht, weil er auf die Schwachstellen des entsprechenden Demokratiemodells setzt. Nicht die Menschenrechte an sich sind tangiert, sondern gesellschaftliche und rechtliche Normen. Weil aber Frankreich das Image der Wiege der Menschenrechte pflegt, wird dieser Begriff im Zusammenhang mit Rechtsextremismus reflexartig bemüht.

Linksextremismus (oder -populismus) ist in Frankreich jedoch mindestens genauso ausgeprägt und verbreitet, man denke nur an den ehemaligen Trotzkisten Jean-Luc Mélenchon und seine Partei ›La France insoumise‹. Er war von 2000 bis 2002 Minister für Berufsbildung in der Regierung Jospin (selbst ehemaliger Trotzkist) unter Chirac. Er trat 2022 zum dritten Mal zur Präsidentschaftswahl an. Auch Linksextremisten, die sich zugleich als Globalisierungsgegner aufstellen, sind bemüht, das politische System aus den Fugen zu heben, doch wirft ihnen keiner vor, die Menschenrechte ausheben zu wollen. Wer sie in Frankreich nämlich als Feinde der Demokratie oder als Gefahr für diese bezeichnet, wird umgehend dem rechtsextremen Lager zugeordnet.

In dem ersten Wahlgang der französischen Präsidentschaftswahlen 2017 hatte Macron 24 Prozent der Stimmen erhalten, gefolgt von Marine Le Pen (21,3 %), François Fillon (Republikaner, 20 %) und Mélenchon (19,6 %). Zusammen repräsentierten die beiden extremen Lager fast die Hälfte der Wählerschaft (und im ersten Wahlgang 2022 war das ebenfalls der Fall). Stefan Brändle aber, Pariskorrespondent der Schweizer *Luzerner Zeitung*, begann seinen Bericht am 25. April 2017 mit folgenden Worten: »Nach dem ersten Durchgang der französischen Präsidentschaftswahlen herrscht in Europa Erleichterung. Zu Unrecht.« Denn, so etwas weiter in dem Artikel, der die Überschrift *Kein Grund zur Entwarnung* trägt: »In Frankreich, der Wiege der Menschenrechte und der europäischen Idee, geben heute xenophobe EU- und Globalisierungsgegner den Ton an. Le Pen hat die zwei Parteien, die seit 1958 das Leben der

Fünften Republik bestimmten – die Republikaner und die Sozialisten – in die Ränge verwiesen« (BRÄNDLE 2017).

Von Mélenchon, den nur knapp zwei Prozentpunkte von Le Pen trennten, kein Wort. Die *Frankfurter Allgemeine Zeitung*, die online am 21. April 2017 kurz auf den Aufstieg Mélenchons und seine »erstaunlichen Erfolge« einging (WIEGEL 2017), bezeichnete ihn als »linksaußen-Kandidat« und in der Überschrift eines Videos einfach als »Links-Kandidat«. Drei Jahre zuvor, als Bundeskanzlerin Merkel in einem Gespräch mit der *Welt am Sonntag* Frankreich (und Italien) zu mehr Reformeifer aufrief (ALEXANDER 2014), konterte Mélenchon mit einer Twitter-Nachricht in deutscher Sprache: »Maul zu, Frau Merkel«. In ihrem gleichnamigen Bericht darüber in der *Frankfurter Allgemeinen Zeitung* vom 8. Dezember 2014 hatte ihn Michaela Wiegel »Linkspopulist« genannt (WIEGEL 2014). Offensichtlich fällt es den Frankreichkorrespondenten nicht leicht, die extreme Linke und ihren angestammten Platz in der französischen Politik zu benennen oder gar zu begreifen – es gibt für sie in Deutschland kein Pendant. Was von den K-Gruppen bleibt, sind im Vergleich Randerscheinungen, und sie stehen unter Beobachtung des Verfassungsschutzes. Allein Die Linke, die zum Teil noch das Erbe der SED verwaltet, schafft hin und wieder die Fünfprozenthürde.

Zurück zum Rechtsextremismus. Ähnliche Angstschauer konnte man schon in den Berichten nach dem ersten Wahlgang der Präsidentschaftswahl am 21. April 2002 empfinden, als sich ein Duell Jacques Chirac/Jean-Marie Le Pen (Vater von Marine) abzeichnete. *Frankreich unter Schock*, diese Überschrift einer Sendung der DEUTSCHEN WELLE vom 30. April 2002 fasst die deutschen Reaktionen (und nicht nur sie) prägnant zusammen (FOUSSIER 2002). Dieses Datum ist in Frankreich tatsächlich als Schockerlebnis in die Geschichte eingegangen. Aber nicht wegen irgendeiner Verletzung der Menschenrechte. Und auch nicht wegen des Rechtsextremismus an sich.

Unmittelbar nachdem das Wahlergebnis bekannt war, geschah nämlich etwas Unerhörtes: »Reichlich betreten ging Chirac am Wahlabend an die Öffentlichkeit und beschwor die Demokratie als ›höchstes Gut‹. Der Zusammenhalt und die Werte der Französischen Republik stünden auf dem Spiel. Wütend ballten die Sozialisten die Faust in der Tasche. Sie wissen, dass sie sich nun als gute Demokraten erweisen müssen. Einige von ihnen, wie die Ex-Minister Laurent Fabius oder Dominique Strauss-Kahn, erklärten öffentlich das vor Tagen Undenkbare: Sie werden Chirac wählen, um Le Pen zu verhindern.« So endet die Meldung. Im zweiten Wahlgang gewann Chirac.

Vielleicht wollten die französischen Wähler viel prosaischer einfach nur ihrem Nochpräsidenten Chirac die rote Karte zeigen? Wie so oft im ersten Wahlgang, wenn die Wähler ihre Träume oder ihren Missmut ausdrücken; im zweiten herrscht dann wieder Vernunft. Das eigentliche Schockereignis war weniger das Wahlergebnis für Le Pen als die Tatsache, dass daraufhin die linken Wähler für den konservativen – also aus ihrer Perspektive rechten – Chirac stimmen mussten, um Le Pen zu verhindern. Auf eine vergleichbare nationale Geschlossenheit (*Union nationale*) – diesmal gegen Marine Le Pen – setzte im Wahlkampf 2022 auch Macron – und gewann.

Im Vorfeld der Präsidentschaftswahlen 2022 häuften sich vergleichbare Panikerscheinungen, sobald es um den Kandidaten Eric Zemmour ging. Wenige Tage nur bevor dieser seine Kandidatur ankündigte, portraitierte ihn Nadia Pantel, Pariskorrespondentin der *Süddeutschen Zeitung*, am 27. November 2021 mit der Überschrift *Rechter als Le Pen* und der Unterzeile »Er hetzt, spaltet und redet vom bevorstehenden Bürgerkrieg. Trotzdem könnte Éric Zemmour Kandidat für die Präsidentschaftswahlen in Frankreich werden. Wie das Land einem Radikalen verfällt« (PANTEL 2021).

In allen diesen Auszügen zum Rechtsextremismus als Gefahr für die Menschenrechte läuft im Hintergrund ein ›Ich erkenne mein Frankreich nicht mehr‹ mit. Welches Frankreich? Rechts-extremismus – oder besser eine extreme Rechte – hat in der französischen *République* eine lange Geschichte, deren Ursprünge sich ebenfalls bis 1789 zurückverfolgen lassen. Links und rechts entsprechen sich seitdem spiegelbildlich in ihren Ideologien. Grob skizziert: Während Demokratie und Menschenrechte das Fundament der linken Identitäten bilden, sehen sich die rech-ten Identitäten als die Erben der Opfer der *Révolution*. Sie pfle-gen eine gewisse Nostalgie des Adels, der Monarchie bzw. ihrer Restauration, eine Hochachtung des Katholizimus als Bollwerk gegen den Laizismus (und als Opposition gegen den Kommu-nismus). Es mischen sich Elemente des Gaullismus hinzu, aber auch eine gewisse Wehmut über das ›Paradis perdu‹ der Grande Nation. Die Wunden des Algerienkrieges sind längst nicht ver-heilt, wie die strikte Ablehnung von Einwanderung zeigt. Auch die deutsche Einheit und der damit einhergehende Verlust des Status einer Supermacht bleiben eine offene Wunde. Dies alles schwingt in verschiedenen Konstellationen von Mitte-rechts bis Rechtsaußen mit.

Nationale Identität – rechte Narrative

Die Problematik des Nationalismus bzw. der nationalen Identität gehört in Frankreich seit dem Ende des 19. Jahrhunderts zum Fundus der Rech-ten oder Rechtsextremen. Zwei Ereignisse haben diese Begriffe, die ur-sprünglich (seit 1789) als progressiv galten, ›umgepolt‹: Frankreichs mi-litärische Niederlage im deutsch-französischen Krieg (1870-1871) und die ›Dreyfus-Affäre‹ (1894-1906). In dieser Zeit entstand das Narrativ einer bedrohten Nation – zum einen durch fremde Mächte von außen, zum anderen durch Feinde im Inneren: Juden, Ausländer, Freimaurer.
Insbesondere zwei Denker haben es geprägt: der Politiker und Schrift-steller Maurice Barrès (1862-1923), einer der Anführer der Dreyfus-Gegner, sowie der Politiker, Polemiker und Journalist Charles Maurras

(1868-1962), der unter anderem die nationalistische und royalistische Bewegung ›Action française‹ gründete. Beide bekämpfen das liberal-demokratische Modell.

In der seht instabilen III. Republik fanden vom 6. bis 12. Februar 1934 rechtsradikale, antiparlamentarische und nationalistische Demonstrationen statt, die mit einem Blutbad endeten und zum Sturz der Regierung (Daladier) führten. Ihre Parole war: »Rendre la France aux Français« (»den Franzosen Frankreich zurückgeben«). Für die linken Bewegungen, die ebenso gewalthaltige Gegendemonstrationen organisierten, galt die Bewegung dieser ›National-Ligisten‹ als Beweis für den Aufstieg des Faschismus in Europa und führte zu einer Annäherung von Sozialisten und Kommunisten. 1936 kam es zur Volksfront.

Die Révolution nationale, die 1940 Marschall Pétain während des Vichy-Regimes ausrief, entwarf dann das Idealbild einer ewigen ›nationalen Identität‹, deren Grundwerte Katholizismus und die Vorstellung eines ländlichen Lebens (Ruralité) waren. Die linke Résistance, die gegen die Kollaboration mit dem Naziregime war, stellte diesen französischen Ansatz einer ›Blut und Boden‹-Ideologie an den Pranger.

Später eignete sich de Gaulle den Begriff des Nationalismus an, deutete ihn jedoch so um, dass er den Werten der République entsprach und mit der Vorstellung der Grandeur de la France in Einklang gebracht werden konnte. Ende der 1960er-Jahren dann machte sich in Frankreich ein Gefühl des Untergangs breit – vom Kolonialerbe blieb kaum noch etwas, der europäische Einigungsprozess stellte den Begriff der Nation infrage, der Beginn der Globalisierung und Migrationsströme trugen ihrerseits dazu bei. Spätestens seit Mai 1968 melden sich rechtsextreme Bewegungen (zum Beispiel GRECE, Ordre Nouveau) wieder in der Öffentlichkeit und verteidigen seitdem die ›französische Identität‹ gegen Angriffe von außen wie von innen. Auch der Front National wurde in dieser Zeit gegründet.

Mitte der 1960er-Jahre hatte die Partei Jean-Marie Le Pens die Heilige Jeanne d'Arc zur Symbolfigur seiner Partei Front National gemacht; seine Tochter und die in Rassemblement National umgetaufte Partei führen diese Tradition weiter. Folgt man dem französischen Narrativ, das zur Mobilisierung der Bevölkerung im ersten Weltkrieg geschaffen wurde, hatte Jeanne d'Arc das Ende des Hundertjährigen Krieges besiegelt, indem sie »die Engländer aus Frankreich geschasst« habe (»*bouté les Anglais hors de France*«). Dieselbe Jeanne d'Arc – diesmal als Heldin bzw. Kriegsherrin – hatten vorher auch die Kommunisten zu ihrer Kampffigur gemacht. Wie die *Liberté* wird auch sie auf Bildern meist mit geschwungener Fahne oder gezücktem Schwert dargestellt. Als ›Freiheitskämpferin‹ wird sie gern von allen vereinnahmt, die gegen oder für etwas protestieren. Sie ist eine Ikone der nationalen Identität und ›gehört‹ daher allen.

Rechtsextremes Gedankengut in Opposition zu linken Ideologien ist ein fester Bestandteil der französischen Demokratie. Es plädiert für Recht und Ordnung und gegen eine sich seit 1968 durchziehende ›Aufweichung‹ der Wertehierarchie in der Gesellschaft, die sich unter Mitterrand beschleunigte, was der Partei Le Pens Aufwind gab. In der Bundesrepublik ist Rechtsextremismus anders konnotiert, er verweist aus historischen Gründen auf den Untergang der Weimarer Republik, einer beginnenden Demokratie, wie auf das Entstehen der Nazidiktatur. Heute grenzt er an Verfassungsfeindlichkeit – ebenso wie Linksextremismus auch. Dem ist in Frankreich nicht so, sieht man von wenigen ›ultra‹-extremen Randgruppen ab. Die deutsche Geschichte sollte den Blick auf Frankreich nicht zu stark verengen.

Menschenrechte als Fundament linker Identitäten

Der Begriff ›Menschenrechte‹ lässt sich ideologisch leicht instrumentalisieren. Besonders deutlich ist hierzu ein Online-Bericht der deutschen Kommunisten zum ›Marsch der Freiheiten‹ am 18. Juni 2021 in Paris. Die Überschrift: *Frankreich: Aufmarsch für die Freiheit, gegen Rechtsextremismus* (KOMMUNISTEN 2021). Im Text die Parole der Demonstranten – eine glasklare Identitätsbekundung: »»Wir sind hier die Republik! Wir sind die Träger der Werte von Freiheit, Gleichheit und Brüderlichkeit‹, betonten Lautsprecherwagen während des Marschs in Paris.« Eindeutiger geht es nicht: *République* = Menschenrechte = links. Denn diejenigen, die diese Fahne hochhalten, sind alle im linken, marxistischen oder linksextremen Lager angesiedelt – politische Opposition zum rechtsextremen und bürgerlichen Lager. Der Bericht listet sie auf, von der sozialistischen Partei über die Gewerkschaften bis hin zu NGOs wie ATTAC oder Amnesty International. Fazit: Die Linken haben die Menschenrechte gepachtet, als antikapitalistischen und antifaschistischen Kampfbegriff, wobei die bewiesenen, massiven Menschenrechtsverletzungen im kommunistischen Totalitarismus[20] unter den Teppich gekehrt werden. Das Wort ›Menschenrechte‹ ist das bindende Element der ›Internationale‹ linker Identitäten geblieben. Es verbindet sich spätestens seit 1989 mit einer Moralvorstellung, in deren Vordergrund die Verteidigung der Rechte von Opfern der liberalen Demokratien tritt: Arbeiter, Einwanderer, Frauen, Schwarze usw.

Genauso wie der Rechtsextremismus gehören auch der Linksextremismus, der Kommunismus und der Sozialismus zu einem Frankreich, das anders als die Bundesrepublik kaum eine politische ›Mitte‹ kennt – hier als Synonym für alle als ›regierungsfähig‹ betrachteten Parteien. Die deutsche SPD zum Beispiel hat nur wenig mit der französischen sozialistischen Partei gemeinsam: Seit dem Kongress in Bad Godesberg 1959, wo sie dem Marxismus abschwor, haftet ihr in Frankreich immer noch etwas vom Bild eines ›Sozialverräters‹ an. In Frankreich hat lange, bis in die 1970er-Jahre, die Kommunistische Partei die Gesellschaft struktu-

---

20 Siehe hierzu die in Frankreich am 80. Jahrestag der Oktoberrevolution erschienene Aufsatzsammlung: COURTOIS, STÉPHANE: *Le livre noir du communisme.* Paris 1997. Eine deutsche Ausgabe erschien 1998 unter dem Titel: *Das Schwarzbuch des Kommunismus.*

riert und zementiert – auch als Gegenmodell zur römisch-katholischen Kirche. Erst mit dem Zusammenbruch der Sowjetunion und dem Ende der finanziellen Unterstützung durch Moskau verlor die französische Kommunistische Partei ihre Basis in Frankreich – die ideologische Prägung aber bleibt tief verankert.

Heute noch nähren mehrere ›revolutionäre‹ Gründungsmythen das linke Verständnis von *La République* und ihren Werten. Die Revolution von 1848, die erneut eine Monarchie zu Fall brachte und die Abschaffung der Sklaverei besiegelte, dann die Pariser Kommune, die im Frühjahr 1871 – mitten im deutsch-französischen Krieg – für kurze Zeit eine Art Rätedemokratie einführte. Unvergessen ist auch der sozialistische Abgeordnete Jean Jaurès (1859-1914), der sich zu Beginn des 20. Jahrhunderts an der Solidaritätsbewegung für die russische Revolution beteiligte, 1912 auf dem Kongress der Zweiten Internationale zum Kampf gegen die Kriegsvorbereitungen aufrief und schließlich am 25. Juli 1914 in Lyon in seiner letzten großen Rede den berühmten Satz aussprach: »Der Kapitalismus trägt den Krieg in sich wie die Wolke den Sturm.«[21] Die den Sozialisten nahestehende politische Stiftung trägt seit ihrer Gründung 1992 seinen Namen.

Jüngere Narrative stellen die direkte Verbindung der *République* mit ihren sozialen Werten (Gleichheit in Verbindung mit Brüderlichkeit) her. Zum einen die Reminiszenz des ›Front populaire‹ 1936, der Volksfrontregierung der versammelten Linken, die sich vor dem Hintergrund des in ganz Europa erwachsenden Faschismus gebildet hatte. Nach langen und heftigen Massenstreiks hatte sie unter der Regierung von Léon Blum zu grundlegenden sozialen Fortschritten geführt, darunter die Vierzigstundenwoche und ein gesetzlicher Anspruch auf bezahlten Urlaub. Zum anderen gesellen sich zeitnäher zwei weitere Gründungsmythen hinzu: die von Mai 1968 und Mai 1981.

---

21 »Le capitalisme porte en lui la guerre comme la nuée porte l'orage.«

Linke Narrative der Moderne: Mai 1968 und Mai 1981

›Mai 1968‹ bedeutet in Frankreich mehr als ›nur‹ Studentenrevolte. Der Auslöser war kein Staatsbesuch eines fernen Schahs und auch kein erstarkender Antiamerikanismus in unmittelbarer Nähe zum Ostblock. Es begann im März an der Universität Nanterre bei Paris viel prosaischer als Auflehnung gegen die damals extrem konservative und ungerechte Vorstellung der Geschlechterrollen: Die Studenten wollten auch nachts in das Heim der Studentinnen dürfen, die Studentinnen durften ja schließlich zu den Studenten.

Im Hintergrund schwelten harte soziale Konflikte. Die Polizeieinsätze eskalierten, die Demonstranten zogen in das Quartier Latin in Paris, besetzten die Sorbonne (seitdem der Ort an sich für symbolträchtige Studentenproteste), Autos brannten. Die Proteste wuchsen sich zu bürgerkriegsähnlichen Zuständen in ganz Frankreich aus. Bauernverbände sowie die Gewerkschaften solidarisierten sich, und fügten ihre eigenen Forderungen hinzu, und es kam am 13. Mai zu einem frankreichweiten Generalstreik.

Mit Erfolg: Regierung, Arbeitgeber und Gewerkschaften setzten sich zusammen und zwischen dem 25. und 27. Mai wurden die ›Vereinbarungen von Grenelle‹ (*Accords de Grenelle*) unterzeichnet. Der allgemeine gesetzliche Mindestlohn wurde um 35 Prozent erhöht, die Löhne um 10 Prozent, die wöchentliche Arbeitszeit schrittweise auf 40 Stunden gesenkt, in Unternehmen mit mehr als 50 Beschäftigten wurden Gewerkschaftsvertretungen eingerichtet. *Grenelle* ist heute in die französische Sprache eingegangen und meint den Auftakt für Verhandlungen bei konfliktgeladenen sozialen Themen.

Nachdem bei dem Referendum 1969 eine überwiegende Mehrheit der Wähler gegen die vom Präsidenten de Gaulle vorgeschlagene Reform der zweiten Kammer (*Sénat*) und eine stärkere ›Regionalisierung‹ der Institutionen gestimmt hatte, trat de Gaulle zurück. Bei den Präsidentschaftswahlen im Juni siegte eindeutig der Gaullist Pompidou mit mehr als 58 Prozent der Stimmen. Das zersplitterte linke Lager hatte es nicht in den zweiten Wahlgang geschafft, obwohl die Kommunistische Partei im ersten mit etwas über 21 Prozent relativ gut davongekommen war. Das linke Parteienspektrum ist bis heute zerstritten.

›Mai 1968‹ bedeutet in Frankreich also hart erkämpfter sozialer Fortschritt und gesellschaftlich mehr Freiheit. *Il est interdit d'interdire* – ›Es ist verboten zu verbieten‹ – heißt die auch heute noch lebendige Parole der ›68er‹. Der Traum von einer Revolution lebt indes weiter.

Erst am 10. Mai 1981 kam die Linke an die Macht, als der Sozialist Mitterrand zum Präsidenten gewählt wurde. Und in seinem ersten Kabinett saßen vier kommunistische Minister. Ein Schock für Deutschland, wie aus der Erleichterung hervorgeht, mit der *Der Spiegel* am 18. Oktober 1981 über Frankreich mit der Überschrift *Seriöse Leute* berichtete. Die Unterzeile jedoch bebt vor westdeutschen Zweifeln: ›Vier KP-Minister verhalten sich loyal in der Regierung. Aber ihre Partei ist die alte geblieben‹. Die deutsche Angst war unbegründet, in den 14 Jahren Amtszeit Mitterrands wandelten sich die Gesellschaft und ihre Werte, und auch europapolitisch waren große Fortschritte zu verzeichnen, wie die Schaffung der gemeinsamen Währung.

Die wichtigste und längst überfällige innenpolitische Maßnahme für die ›Wiege der Menschenrechte‹ wurde gleich 1981 getroffen: die Abschaffung der Todesstrafe. Und in die Anfangsphase seiner zweiten Amtszeit fiel das große 200-jährige Jubiläum der Französischen Revolution. »Präsident der verklärten Träume« bezeichnet die *taz* (Rudolf Balmer) Mitterrand treffend in einem Bericht zum 30. Jahrestag seiner Wahl (10. Mai 2011).

Diese Narrative, die die linke Identität in Frankreich begründen, haben bis heute Auswirkungen auf das weit verbreitete Verständnis der deutschen Einheit als ›Schnäppchen‹ des Westens. Und führen dazu, dass die DDR in Unterrichtsunterlagen zum Mauerfall auf der Online-Plattform des zentralen, staatlichen, pädagogischen Dokumentationszentrums Canopé als vorbildliche Volksrepublik (*République populaire modèle*) dargestellt wird. Vorbildlich natürlich im Vergleich zur (imperialistischen)

BRD und zu einer ›ultra-liberalen‹ Bundesrepublik, die seit den Hartz-Reformen intensiv ›sozialen Kahlschlag‹ betreibt.

Frankreich ist die Wiege der Menschenrechtserklärung

Wie verhält es sich nun mit Frankreich als ›Wiege der Menschenrechte‹? Die prägnanteste Antwort liefert kein geringerer als der Jurist und Sozialist Robert Badinter, der unter Mitterrand Justizminister (1981-1986) und anschließend Präsident des Verfassungsrats war (1986-1995). Er war es, der mit einer flammenden Rede am 17. September 1981 die Abgeordneten der Nationalversammlung überzeugte, die Todesstrafe (Guillotine) abzuschaffen. Er setzte sich auch für die Rechte Homosexueller ein und für die Ratifizierung des Art. 25 der Europäischen Menschenrechtskonvention, die Individualklagen vor dem EGMR zulässt.

In einem Vortrag zum Thema ›Frankreich und der EGMR‹ am 16. März 2011 vor dem Europarat äußerte er sich wie folgt: »Wenn Frankreich sich brüstet, die Wiege der Menschenrechte zu sein, dann ist das eine rhetorische Stilfigur. Frankreich, und das ist an sich schon nicht wenig, ist die Wiege der Menschenrechtserklärung, alles was darüber hinausgeht, zeugt von Blindheit der Geschichte gegenüber.«

So zitiert ihn zumindest Patrice Spinozi, Anwalt am Kassationsgerichtshof, in einem Beitrag für die wissenschaftliche Zeitschrift des *Conseil constitutionnel*.[22] Interessanterweise ist Badinters Vortrag selbst unauffindbar, auch im Online-Archiv des Europarats. Es gibt dort zwar ein Video, aber ohne Ton. Und allein die belgische Zeitung *La libre Belgique* (Véronique Leblanc) berichtete am 18. April 2011 über den Vortrag.

Die *Révolution* bedeutete zwar die Geburtsstunde der Menschenrechtserklärung, doch die *République* wurde durch Waf-

22 Zitiert in: SPINOZI 2014: 23.

fengewalt und mithilfe der Guillotine geschaffen. Monarch und Adel wurden geköpft, die Monarchie abgeschafft. Dann führten die Jakobiner unter der Führung von Robespierre (später selbst Opfer der Guillotine) Massenhinrichtungen gegen ihre Feinde durch: die Girondiner (liberales Bürgertum der Provinz), bevor sie nach zwei Jahren Terrorherrschaft (1793-1794) die Republik ausriefen. Das ist es, was Badinter mit »Blindheit der Geschichte gegenüber« meint. Denn dieses Kapitel ›Terrorherrschaft‹ wird in Frankreich gern unter den Teppich gekehrt, die *Révolution* wird meist verklärt.

Mit diesem einen Satz bricht Badinter ein Tabu, und die klassische Reaktion auf solch ein Vorgehen ist Totschweigen: Omertà. Denn er hat, wenn auch in diesem Zitat nur indirekt, den Kern einer in Frankreich grundlegenden und heftigen Auseinandersetzung um den Begriff der Menschenrechte angesprochen, die seit dem Ende der 1970er-Jahre anhält und in der sich hauptsächlich zwei ›Schulen‹ gegenüberstehen. Zuvor waren diese Rechte kaum ein Thema – weder für Juristen noch für die Politik. Und am wenigsten für die marxistische Linke. Auf ihnen lastete der Staub der Geschichte. Gleichzeitig hat Badinter auf ein politisch explosives Thema hingewiesen – ein Politikum.

Es geht um mehr als um Menschenrechte:
Zur innerfranzösischen Debatte

Die Debatte lebte öffentlich erst auf, als die Dissidenten der Ostblockstaaten (zum Beispiel Solschenizyn) in den westlichen Demokratien Unterstützung fanden und Kritik am Totalitarismus laut wurde. Das Kriegsrecht in Polen, der Fall des Eisernen Vorhangs und der Mauer, der Zerfall der Sowjetunion, das Auseinanderbrechen des ehemaligen Jugoslawiens und fast zeitgleich der 200. Jahrestag der Französischen Revolution rückten die Frage der Menschenrechte in den Vordergrund. Zwei entgegengesetzte theoretische Ansätze beherrschen seitdem die politische Debatte in Frankreich: ein sogenannter ›liberaler‹ und ein linker.[23]

Der liberale Ansatz, u. a. von Montesquieu und seiner Analyse der Amerikanischen Revolution im Vergleich zur Französischen geprägt, betrachtet die Menschenrechte als eine Rechtsordnung zur Gegenwehr der Gesellschaft und ihrer Interessen gegen einen nie auszuschließenden Machtmissbrauch durch die politischen Institutionen. Aus ihnen werden notwendige Abwehrrechte den staatlichen Institutionen gegenüber, also Grundrechte. So betrachtet war die Französische Revolution der Gründungsakt der *Citoyenneté*. Die Menschenrechte sind gegeben, müssen sich in einem als dynamisch gesehenen Demokratieprozess als Grundrechte nur weiterentwickeln.

Der linke Ansatz, u. a. in der Tradition Rousseaus, beruht auf der Grundlage, dass die Bürger keine besonderen eigenen Rechte benötigen, da das Gesetz ja der Ausdruck des Volkswillens ist, wie es die Menschenrechtserklärung von 1789 bestimmt. Der Biafra-Krieg in Nigerien (1967-1970) hatte dann in Frankreich zu einer Neuausrichtung der Kolonial- bzw. Außenpolitik geführt, die ihren humanitären Ansatz in den Vordergrund stellte. Das war zum Beispiel die Geburtsstunde von Hilfsorganisationen wie Médecins du Monde und später Médecins Sans Frontière. Ausgehend von der Totalitarismuskritik kommt seitdem den Menschenrechten die Bedeutung zu, die Hannah Arendt »das Recht Rechte zu haben« nannte (ARENDT 1951). Was zählt, ist weniger ihr Inhalt als die Tatsache, dass sie eingefordert werden können und sollen. Da den Bürgern eines Nationalstaats diese Rechte gewährleistet sind, müssen alle diejenigen, die nicht dazu gehören, sie einfordern. Was ursprünglich für die Staatenlosen und Vertriebenen galt und seitdem in der UN-Menschenrechtskonvention geregelt ist, bezieht heute Flüchtlinge oder Migranten mit ein sowie im Inland zunehmend alle Gruppen, die sich als von der Gesellschaft ausgegrenzt betrachten, etwa Frauen oder schwarze Menschen. Rechte definieren sich als Ansprüche und müssen ständig erkämpft werden.

23 Siehe hierzu: COLLIOT-THELENE 2009.

Die Auseinandersetzung zwischen diesen beiden Menschenrechtstheorien verweist in Frankreich auf einen tieferen ideologischen, politischen und rechtlichen Konflikt, der sich um das Demokratieverständnis und vor allem das Nationalstaatsverständnis dreht. Die Unionsbürgerschaft, die Art. 8 des 2007 unterzeichneten Lissabon-Vertrags einführte, stellt das französische aus der *Révolution* ererbte Nationalstaatskonzept als Gemeinschaft der *Citoyens* infrage. Sie ersetzt zwar die nationale Staatsbürgerschaft nicht, doch stellt sie Juristen vor eine immense Herausforderung. Und für die Politik ist sie ein mehr als brisantes Thema.

Als Badinter, bekannt als engagierter Anwalt der Menschenrechte und der bürgerlichen Freiheiten, meinte, Frankreich sei die Wiege der Menschenrechtserklärung, bekannte er sich zum linken Verständnis der Menschenrechte. Und er tut dies weiterhin – auch wegen der Unschärfe der jeweiligen Begriffsdefinition sowie der Mehrdeutigkeit bzw. Missverständlichkeit ihrer Beziehung zueinander. Trotz aller Fortschritte bleiben diese Rechte und Freiheiten weitgehend abstrakte – universelle – Prinzipien, die in der Praxis nicht leicht zu gestalten sind. Der Konflikt Menschen- versus Grundrechte ist keineswegs befriedet.

Die Nationale beratende Kommission für Menschenrechte

Parallel zur Menschenrechtserklärung aus dem Jahr 1789 gilt ebenfalls die UN-Menschenrechtskonvention, die 1947 unterzeichnet wurde. Im selben Jahr wurde in Frankreich die Nationale beratende Kommission für Menschenrechte gegründet: die *Commission nationale consultative des droits de l'homme* (CNCDH).

Diese unabhängige Behörde berät die Regierung bei den Themen ›Menschenrechte‹ und ›humanitäres Völkerrecht‹ und sie kontrolliert die Einhaltung der internationalen Verpflichtungen Frankreichs auf diesen Gebieten. Unter ihren 64 Mitgliedern befinden sich vor allem Vertreter von

Menschenrechtsorganisationen sowie Experten in solchen Fragen. Auch der *Défenseur des Droits* gehört dazu.

Die CNCDH ist zum Beispiel Mitglied des European Networks of National Human Rights Institutions (Europarat) und der Global Alliance of National Human Rights Institutions. Die CNCDH überreicht jährlich der französischen Regierung einen Zustandsbericht über Rassismus, Antisemitismus und Xenophobie im Inland, der auch Empfehlungen enthält. In der Ausgabe von 2021 stellt die Behörde fest, Frankreich sei »insgesamt gesehen tolerant« Minderheiten gegenüber, doch sei der Rassismus im Alltag »ein zentrales Anliegen« und »eine verkannte Tatsache«.

Sie vergibt jedes Jahr im Dezember am Tag der Menschenrechte einen Preis: den *Prix des Droits de l'Homme de la République française – Liberté – Égalité – Fraternité*. Die CNCDH hat einen ähnlichen Auftrag wie das Deutsche Institut für Menschenrechte, das 2001 gegründet wurde. Beide setzen sich für die Menschenrechte im Sinne der UN-Konvention ein.

Vergleicht man den universellen französischen Ansatz der Menschenrechte mit Recht und Praxis in Deutschland, fällt noch etwas auf: Es gibt in der französischen Sprache kein Wort, um den Begriff ›Mensch‹ zu übersetzen. *Etre humain* als Entsprechung von *Human Being* stünde dem deutschen am nächsten, doch er ist nicht wirklich ein eigenständiger Rechtsbegriff. Ansonsten bleiben nur ebenso abstrakte Bezeichnungen wie *Individu* oder das *Homme* (mit Großbuchstabe geschlechtsneutral), das in der Menschenrechtskonvention gebraucht wird. Der Begriff ›Mensch‹, wie er sich im Deutschen aus Art. 1 GG (Menschenwürde) ergibt, kennt im Französischen keine Entsprechung.

6. Ausnahmerecht und der Feind im Inneren

Eine gängige Quelle, um Missstände zu erfassen, sind die Berichte von Amnesty International. Nur sind sie keineswegs neutral, auch sie pflegen auf ihre Weise eine Omertà. Sehr aufschlussreich ist in dieser Hinsicht zum Beispiel der AI *Report 2020/21 zur weltweiten Menschenrechtslage,* den es in mehreren Sprachfassungen gibt und von denen man meinen könnte, sie seien inhaltlich identisch. Ein Trugschluss, denn während die französische Fassung sich eingehend (S. 211-215) mit Menschenrechtsverletzungen in Frankreich befasst, taucht seltsamerweise in der deutschen Fassung desselben Reports Frankreich nirgendwo auf.

Will man mehr zu diesem Thema erfahren, kann man auf den *World Report 2021 – Chapter France* der NGO Human Rights Watch zurückgreifen. Den gibt es in nur zwei Sprachfassungen: Englisch und Französisch. Nun sind zwar diese beiden Sprachen traditionell die der Diplomatie, und deutsche Journalisten sind meistens des Englischen mächtig, dennoch ist es seltsam, dass Deutsch fehlt. Es scheint, als wolle (solle?) man nicht wissen, wie es sich in der ›Wiege der Menschenrechte‹ verhält.

Was sagen die französischen Medien? In einer am 7. April 2021 von *Le Figaro* (LIBERTÉS 2021) übernommenen Meldung der Agence France Presse (AFP) zum Beispiel schlägt die Generalsekretärin der französischen Sektion von Amnesty International Alarm. *Freiheiten: Amnesty International zeigt Frankreich die rote Karte* lautet die Überschrift.[24] Aus dem soeben erschienenen neuen Bericht gehe hervor, dass Frankreich auf einem für die Menschenrechte ›toxischen‹ Weg sei, so die Generalsekretärin. Und gegenüber der AFP führte sie aus: »Der Raum für öffentliche Debatten, der Raum für die Wahrnehmung der Staatsbürgerrechte wird immer enger. Warum? Weil das Demonstrationsrecht auf vielfältige Weise eingeschränkt wurde, weil Frankreich weiterhin Tränengas, Blendgranaten, Gummigeschoss-Werfer LBD 40 missbräuchlich einsetzt, und das, diese Anwendung von Gewalt, flößt Angst ein.«

---

24 »Libertés: Amnesty adresse un ›carton rouge‹ à la France«.

Soweit, kompakt zusammengefasst, die Lage in Frankreich aus Sicht von AI. Die Feststellungen müssen jedoch sortiert werden. Zunächst fällt auf, dass auch Amnesty International, AFP und *Le Figaro* den Begriff ›Menschenrechte‹ in den Vordergrund stellen; das verortet sie im linken Lager. Eigentlich aber sind Bürgerrechte bzw. -freiheiten gemeint. Und bei denen herrscht in der Tat eine ›toxische‹ Situation.

Ausnahmerecht und Notstandsgesetze als Dauerzustand?

Das angesprochene Versammlungs- und Demonstrationsrecht wurde seit den 1950er-Jahren und stets jeweils befristet mehrfach eingeschränkt, zuletzt in der Coronakrise. Es müssen dafür jedoch im Prinzip stets bestimmte Voraussetzungen erfüllt werden, um entweder den Ausnahmezustand, den Notstand oder den gesundheitspolitischen Notstand auszurufen. Allen drei ist gemeinsam, dass die Legislative mehr oder minder ausgegrenzt wird, die Entscheidungsmacht bei der Exekutive (Präsident) allein angesiedelt ist und die Verwaltung über der Judikative steht. In der Zeit, in der diese Zustände gelten, sind die Grundrechte weitgehend ausgehebelt.

Spätestens seit den ersten Terroranschlägen von 1985 bis 1986 herrscht fast ununterbrochen der Notstand in verschiedenen Ausgestaltungen. Das kann man sogar mit eigenen Augen sehen – an den zahlreichen Soldaten, die mit einer Maschinenpistole bewaffnet unentwegt durch Bahnhöfe oder vor öffentlichen Gebäuden patrouillieren. Diese Einheiten des *Plan Vigipirate* – wörtlich ›Piratenwacht‹ –, die zur Terrorbekämpfung eingesetzt werden, gehören seit den 1980er-Jahren zum Stadtbild von Paris und einigen Großstädten. Und an den fehlenden oder wieder eingehängten Mülltüten in der U-Bahn zum Beispiel kann man erkennen, wie hoch jeweils die Gefahr eingestuft wird. Der ›Kriegszustand‹ gegen den Terrorismus ist zur Normalität geworden.

Ausnahmezustand und Notstand

Ausnahmezustand: état d'exception. Die Verfassung (Art. 16) sieht vor, dass, wenn die »Unabhängigkeit der Nation« durch Krieg gefährdet ist, der Präsident in seiner Eigenschaft als »Oberbefehlshaber der Streitkräfte« (Art. 15), mithilfe der Armee regiert. Der Ausnahmezustand wurde in der Fünften Republik nur ein einziges Mal verhängt: 1961, um den Putschversuch von vier Generälen in Algier gegen die Politik de Gaulles (Aufgabe des französischen Algeriens) zu unterdrücken.

Notstand: état d'urgence. Ebenfalls im Zusammenhang mit dem Algerienkrieg (1954-1962), wurde 1955 ein Gesetz erlassen, das zuletzt nach den Attentaten von 2015 geändert wurde. Bei extremen Naturkatastrophen oder wenn eine unmittelbare und schwerwiegende Gefahr für die öffentliche Sicherheit und Ordnung droht, ist der Innenminister ermächtigt, die Grundfreiheiten einzuschränken. Der Notstand ist zeitlich befristet, kann aber vom Parlament verlängert werden. Das Gesetz wurde mehrfach angewendet: im französischen Algerien, in den Überseegebieten und von 2015 bis 2017 im gesamten Land inklusive der Überseegebiete.

Um zu vermeiden, dass aus dem Notstand ein rechtlich nicht gestützter Dauerzustand wird, wurde das Gesetz von 1955 am 30. Oktober 2017 durch ein spezifisch auf die Terrorgefahr zugeschnittenes Gesetz abgelöst: das ›Gesetz zur Stärkung der inneren Sicherheit und zur Bekämpfung des Terrorismus‹ (*Loi renforçant la sécurité intérieure et la lutte contre le terrorisme – SILT*). Es überträgt die Befugnis, die Grundrechte einzuschränken, auf die Präfekten (*Préfets*). Diese Präfekte sind in den Départements und Régions die ausführenden Organe der Zentralverwaltung bzw. des Premierministers. Diese Maßnahmen werden also ohne richterliche Anordnung getroffen. Des Weiteren kann der Innenminister Personenüberwachung oder Zugang zu Telekommunikationsdaten anordnen, und die Geheimdienste können verstärkt terrestrische Kommunikation überwachen bzw. abhören.

Durch das Gesetz SILT wurden eine Reihe von Grundrechtseinschränkungen in das allgemeine Recht übertragen. Die Mehrzahl der Maßnahmen waren bis zum 31. Juli 2021 in Kraft. Allein die Überwachung der Kommunikationsnetze und die Abhörmaßnahmen galten bis zum Jahresende. Ein neues ›Gesetz zur Prävention des Terrorismus und über die Nachrichtendienste‹ (DAVET/LHOMME 2016)[25] wurde am 30. Juli 2021 verabschiedet. Es schreibt dauerhaft eine Reihe von verwaltungspolizeilichen Maßnahmen fest – weiterhin ohne richterliche Anordnung.

Die Coronapolitik im gesundheitlichen Notstand (2020-2022) ist in dieser Hinsicht nur die Weiterentwicklung eines Maßnahmenkatalogs, der weitgehend der inneren Sicherheit dient. Bisher wurden die Notstandsgesetze zuweilen gezielt zweckentfremdet, um unerwünschte Protestaktionen oder Demonstrationen zu verhindern, was in Frankreich ein offenes Geheimnis ist, worüber aber kaum geschrieben wird, sieht man von den Menschenrechtsorganisationen ab. Doch selbst Amnesty International geht, so etwa in der oben zitierten Stellungnahme ihrer französischen Generalsekretärin in *Le Figaro*, nicht eindeutig darauf ein. Es bleibt bei der allgemeinen Feststellung, das Demonstrationsrecht sei »auf vielfältige Weise eingeschränkt«. Nur einmal äußerte sich Präsident Hollande wie beiläufig zu dieser Praxis in einer Reihe von Gesprächen mit den Journalisten Gérard Davet und Fabrice Lhomme. Er gab zu, den Notstand 2015 während der Pariser Klimakonferenz COP 21 genutzt zu haben, um Proteste zu verhindern. Diese eine kurze Stelle in dem Buch (DAVET/ LHOMME 2016) mit den Gesprächen hat in der Öffentlichkeit keine Aufmerksamkeit gefunden, was die Autoren auf der medienkritischen Website *Arrêt sur images* am 23. Oktober 2016 (ETAT D'URGENCE 2016) selbst bedauern, der Titel: *Notstand/COP21: Hollandes Eingeständnis, das keiner beachtet hat.*

---

25 ›Loi relative à la prévention d'actes de terrorisme et au renseignement‹

Einen detaillierten Überblick über die Entwicklung der Notstandsmaßnahmen in Frankreich und die anhaltenden Einschränkungen der Grundrechte lieferte die schweizerische Informationsplattform Humanrights.ch. Die Überschrift einer gut dokumentierten Nachricht vom 7. November 2017 zur Überführung der außerordentlichen Maßnahmen in das allgemeine Recht fasste die Lage eindeutig zusammen: *Ausnahmezustand in Frankreich wird Dauerzustand – auf Kosten der Menschenrechte.*[26] In diesem konkreten Fall waren die Menschenrechte gemeint, die in der EMRK aufgelistet sind. Frankreich hatte zwar nach den Attentaten vom 13. November 2015 den Europarat informiert, dass durch die Notstandsgesetzgebung gegen die EMRK verstoßen werden könne, und somit eine zentrale Bestimmung (Art. 15 EMRK) eingehalten. Doch zwei Jahre später gingen die Kernbestimmungen in ›normales‹ Recht über. Der Kriegszustand (KOLLER/ROUX 2022) wurde verstetigt – nicht nur gegen den Terrorismus, sondern auch gegen den ›inneren Feind‹.

In Deutschland waren 1968 Notstandsgesetze eingeführt worden; sie wurden jedoch nie angewendet, und selbst in den Jahren des RAF-Terrorismus kam es nicht zu dem Ausmaß an Freiheitseinschränkungen, wie sie in Frankreich heute möglich sind. Am 30. Juli 2016 schrieb Michaela Wiegel in der *Frankfurter Allgemeinen Zeitung* (WIEGEL 2016) mit der Überschrift *Nach Terror-Attacken. In Frankreich herrscht für immer Notstand* einen Bericht dazu. Ihr bitteres Fazit: »Im ›Krieg gegen den Terror‹ erliegt Frankreich immer mehr der Versuchung, in einem autoritären Staat sein Heil zu suchen.«

---

26 https://www.humanrights.ch/de/ipf/archiv/international/nachrichten/ausnahmezustand-frankreich-aufweichung-menschenrechte. Dieser Link, abgerufen am 15.3.2022, ist 2023 nicht mehr aktiv. Die Überschrift der Nachricht ist jedoch in einem weiteren Dossier noch präsent, und zwar im Absatz ›Entwicklungen im Ausland während angespannter Sicherheitslage‹ auf: https://www.humanrights.ch/de/ipf/menschenrechte/innere-sicherheit/ausschaffung-dschihadisten-trotz-non-refoulement

Die Coronapandemie hat diesen Trend noch verschärft. Im März 2020 wurde ein neuer Notstandstypus definiert: der ›Gesundheitsnotstand‹ (*état d'urgence sanitaire*), den die Regierung ausrufen und das Parlament verlängern kann. Er galt mit einigen kurzen Ausnahmen fast ununterbrochen bis zum 31. Juli 2022. Was der Maßnahmenkatalog im Alltag für die Menschen bedeuten kann, hatte Annika Joeres im November 2020 in *Die Zeit* (»Autoritäres Absurdistan«) anhand einiger anschaulicher Beispielen beschrieben. Das volle Ausmaß der von der Bevölkerung als Willkürakte empfundenen Regelungen wurde jedoch erst später deutlich.

In der Zeit des Gesundheitsnotstands bestimmt allein der Staatspräsident im Rahmen eines geheimen Gesundheitsverteidigungsrat (*Conseil de défense sanitaire*) die Krisenbewältigungspolitik, die dann von der Regierung gestaltet und von der Zentralverwaltung über die *Préfets* vor Ort umgesetzt wird. An dieser Art Sonderkabinett nehmen außer dem Präsidenten der Premierminister sowie die Minister für Gesundheit, Verteidigung, Inneres, Wirtschaft und Soziales teil. Sie werden von einem im März 2020 eigens gegründeten unabhängigen Wissenschaftsrat beraten, dem *Conseil scientifique Covid-19* (am 31. Juli 2022 aufgelöst). Dessen Berichte sind zwar öffentlich zugänglich, doch die Entscheidungen des Verteidigungsrats werden hinter verschlossenen Türen getroffen. Auch das Parlament bleibt außen vor. Das nährt heftige Kritik an der Intransparenz der Krisenpolitik.

Dieser Gesundheitsverteidigungsrat gestaltet sich nach dem Muster des Nationalen Verteidigungs- und Sicherheitsrats (*Conseil de défense et de sécurité nationale*), den der Staatspräsident in seiner Eigenschaft als oberster Befehlshaber der Streitkräfte leitet. Seit dem Attentat in Nizza am 14. Juli 2016 setzt er sich wöchentlich zusammen.

Das erklärt, warum Macron im Kampf gegen Corona während seiner Fernsehansprache vom 16. März 2020 in die Rolle des Kriegsherrn schlüpfte und zur allgemeinen Mobilmachung aufrief. Er erklärte dem Virus einen »Gesundheitskrieg«, wie Martina Meister am 23. März 2020 treffend in der *Welt* berichtete. Die ironische Überschrift spricht Bände: *Macht »General Macron« es wirklich besser als Merkel?* – einer Bundeskanzlerin, die im Vergleich ›nur‹ Krisenmanagerin war und mit 16 Länderchefs Kompromisse schließen musste.

Dass während der Gelbwestenbewegung 2017/18 trotz aller Gefahren für die innere Sicherheit kein Notstand ausgerufen wurde, liegt vor allem daran, dass die meisten vorgesehenen Maßnahmen inzwischen in das allgemeine Recht eingegangen waren – in das Gesetzbuch für die innere Sicherheit. Nur zwei Jahre später lieferte die Pandemie dann ein weiteres Instrumentarium, das den Vorteil hatte, zwei Fliegen mit einer Klappe schlagen zu können. Mit Ausgangssperren usw. hoffte man Hotspots zu vermeiden. Im Hintergrund aber ging es auch und vor allem darum, die schwelenden Revolteherde zu ersticken, sei es die der Gelbwesten, der Impfgegner oder einfach die in den sozialen Brennpunkten und den Überseegebieten. Und nicht zuletzt ist die Terrorismusgefahr in Frankreich weit akuter als in Deutschland.

Das ist es, worauf die Generalsekretärin der französischen Sektion von Amnesty International in ihrem o.g. Statement der AFP gegenüber anspielte: das Aushöhlen der Rechtstaatlichkeit. Auch Anlass für heftige Kritik zahlreicher Juristen. Der Staatsrat *(Conseil d'Etat)* jedenfalls, der u. a. die Regierung bei der Formulierung von Gesetzesvorlagen berät, stellt in einem Gutachten (CONSEIL D'ETAT 2021) vom Sommer 2021 sehr vorsichtig und diplomatisch fest, dass es nun darauf ankomme, »die Grenzen zu definieren, die nicht überschritten werden dürfen« sowie »Verfahrensgarantien und wirksame Gegengewalten« zu sichern.

Ein eigenes Kapitel bildet die Anwendung von Gewalt durch die Ordnungskräfte. Bei den Demonstrationen der Gelbwesten war sie extrem. Denn sie galt nicht nur den Radikalsten unter ihnen, sondern vornehmlich professionellen Krawallmachern wie dem Schwarzen Block der jeweils gegen Ende der Demonstrationen hinzukam, um die Situation eskalieren zu lassen. Ähnliches konnte man im Frühjahr 2023 bei den Protestmärschen gegen die Rentenreform beobachten. Das Motto solcher *casseurs* (Schlägertrupps), die sich schon seit Jahrzehnten dem Streetfighting verschworen haben, ist längst in ihre Umgangssprache eingegangen: *Casser du flic* – Bullen abmurksen. Gewalt gilt in dieser Szene als legitimes Mittel der Gegenwehr bzw. des Widerstandes.

Gernot Kramper dokumentiert am 9. Februar 2019 auf Stern.de (KRAMPER 2019) unter der kruden Überschrift: *Flash-Ball Nachfolger – Zerschossene Augen, gesplitterte Kiefer – der Gummigeschoss-Werfer LBD 40 spaltet Frankreich*, welche Art von Waffen die Einsatzkräfte damals nutzten. »Gegen die Demonstrationen der sogenannten Gelbwesten setzt der französische Staat Waffen ein, die die Polizei in Deutschland gar nicht besitzt. Aus gutem Grund: Offiziell werden diese Waffen als nicht-tödlich eingestuft, sie verursachen aber schwerste Verletzungen und können bei unsachgemäßer Benutzung auch töten.«

Dieser Beitrag erschien in der Rubrik ›Technik‹, was vermuten lässt, dass er trotz aller Effekthascherei im Titel ansonsten frei von Ideologie ist. Nur ganz am Ende geht Kramper auf die Verletzten ein, stellt fest, dass »es sich nicht um die Gewalttäter« handelte und erwähnt im selben Atemzug einen französischen Journalisten, der die Verletzungen als Beleg für ein »gezieltes Vorgehen der Polizei« dokumentiert habe.

Dieser Journalist, David Dufresne, hatte Mitte der 1990er-Jahre das Thema ›polizeiliche Gewaltexzesse versus Grundfreiheiten‹ zu seinem Spezialgebiet gemacht. Für seine Twitter-Dokumentation über die Verletzten der Gelbwestenbewegung, die von der linken bis linksextremen Internetzeitung *Mediapart* publiziert wurde, erhielt er 2019 den Preis der Internationalen Journalismus-Tagung in Tours. Deren Veranstalter ist ein gemeinnütziger Verein, der sich Journalisme & Citoyenneté nennt. Im Januar 2020 haben die kommunistische Gewerkschaft CGT sowie zwei linksorientierte Berufsverbände – Syndicat des Avocats de France (Anwälte) und Syndicat de la Magistrature (Richter) – beim EGMR Klage gegen den Einsatz der Gummigeschosswerfer LBD 40 eingereicht.

›Polizeigewalt‹ (*violences policières)* ist in Frankreich durchaus keine neue Problematik. Das Thema ist in Frankreich eindeutig linksbesetzt. Auch im Mai 1968 lautete einer der bekanntesten Slogans der Studentenbewegung: CRS – SS. Gemeint sind alle Polizisten, obwohl es sich bei der Compagnie Républicaine de Sécurité (CRS) um eine Spezialeinheit der Polizei handelt, die seit Kriegsende zur Erhaltung der öffentlichen Sicherheit und Ordnung mobil eingesetzt wird. Inwieweit in Frankreich auch heute Polizisten als Freiheitsbedrohung gesehen werden, zeigen im Internet die vielen (meist anonymen) berühmten Plakate, die diesen Slogan führen.

Dieses eine Plakat der 68er-Bewegung zum Beispiel schmückt als Symbolbild die Website von Igor Babou, der am 9. Januar 2020 seine Erfahrungen bei einer Demonstration gegen die geplante Rentenreform schildert. Die Überschrift des Kommentars spricht Bände: *Die französische Polizei: eine faschistische Miliz, die die Bevölkerung tötet, verstümmelt, schlägt und vergast.*[27] Der Autor war bis 2018 Professor für Journalismus und Kommunikationswissenschaft an der Universität Paris Diderot und arbeitet seitdem am *Centre national de recherche scientifique (CNRS)*, der staatlichen Organisation für Grundlagenforschung.

---

27 *La police française: une milice fasciste qui tue, mutile, frappe et gaze la population*

Abbildung 7:
CRS – SS: eines der berühmtesten Plakate der 68er-Bewegung

Quelle: http://igorbabou.fr/la-police-francaise-une-milice-fasciste-qui-tue-mutile-frappe-et-gaze-la-population/

Im Hintergrund ist ein noch älteres Ereignis im linken, vor allem kommunistischen, kollektiven Gedächtnis verankert: das blutige Ende einer Demonstration am 8. Februar 1962 in der Metrostation Charonne im Norden von Paris. In den letzten Monaten des Algerienkrieges (die Evian-Verträge wurden am 18. März 1962 unterzeichnet) hatte es heftige Auseinandersetzungen gegeben, und dies in der Zeit des Ausnahmezustands. Die Unabhängigkeitsbewegung Front de Libération Nationale (FLN) und die Untergrundorganisation Organisation de l'Armée Secrète (OAS), die gegen die Unabhängigkeit Algeriens kämpfte, lieferten sich auch in Paris heftige und blutige Gefechte. Am 7. Februar hatte die OAS eine Reihe von Attentaten gegen Persönlichkeiten und Mitglieder der Regierung verübt, darunter den Schriftsteller und Kulturminister André Malraux.

Am Tag darauf veranstalteten geschlossen Gewerkschaften und linke Parteien, darunter die Kommunistische Partei, eine Gegendemonstration – trotz Verbot. Als diese am Abend aufgelöst wurde, gerieten einige Demonstranten in Panik und flüchteten in die Metrostation Charonne. Sie stürzten in der Treppe, einige wurden niedergetrampelt und Einsatzkräfte bewarfen sie mit Gitterrosten. Es gab neun Tote, fast alle waren Kommunisten. Die Verantwortlichkeit der Ordnungskräfte wurde lange von der Regierung gedeckt. Erst 60 Jahre später, und im Zusammenhang mit der beginnenden Aufarbeitung des Algerienkrieges, hat ein Präsident öffentlich der Opfer gedacht: Am 8. Februar 2022 veröffentlichte Macron eine sechszeilige Pressemeldung – ohne jedoch auf die Frage der Verantwortlichkeit einzugehen.

7. ›Gewalt‹ und Widerstand

Die Medien berichten oft über Gewalt bei Polizeieinsätzen, gegen jugendliche Randalierer oder gegen Flüchtlinge. Hier ist Vorsicht geboten, denn das deutsche Wort ›Gewalt‹ ist mehrdeutig. Um es ins Französische zu übersetzen, hat man die Wahl zwischen mindestens zwei Wörtern: *Pouvoir* ist die Fähigkeit, die Befugnis, die Macht; *Violence* ist Gewalttätigkeit, etwa gleichbedeutend mit dem englischen *violence*. Polizeigewalt oder auch Staatsgewalt kann insofern entweder als rechtskonformes Handeln oder als Missachtung elementarer Menschen- bzw. Bürgerrechte verstanden werden. Je nach politischer Ideologie und je nachdem, ob man politische Verantwortung trägt oder sich als Opfer von Missständen sieht, ist der entsprechende Diskurs eindeutig zu verorten. Die Wortwahl bestimmt dann die Perspektive (und umgekehrt).

Mit dem in der deutschen Sprache geläufigen Wort ›Gewalt‹ lassen sich die Perspektiven leicht verwischen. Hierzu ein erhellender Fall von gezielter Instrumentalisierung der Mehrdeutigkeit am Beispiel des Begriffs ›elterliche Gewalt‹: Im Deutschen bedeutet er zweierlei. Zum einen das Ausüben elterlicher Macht innerhalb der Familie (im BGB auch »elterliche Sorge« genannt). Das französische Wort hierfür ist *Autorité parentale*. Zum anderen, im Kontext der Kriminalprävention, ist ›Misshandlung‹ gemeint – *Sévices corporels* auf Französisch. Und Körperstrafen sind *Châtiments corporels*. In der deutschen Sprache kann man all diese verschiedenen Bedeutungen unter einem einzigen Begriff subsumieren: Gewalt.

Am 13. November 2009 veranstaltete das österreichische Bundesministerium für Wirtschaft, Familie und Jugend in Wien ein Symposium: *Enquete ›Familie – kein Platz für Gewalt (?)‹*. Es wurde ein Gutachten gleichen Namens vorgestellt mit einer vergleichenden Untersuchung zu Österreich, Deutschland, Schweden, Frankreich und Spanien (BUNDESMINISTERIUM FÜR WIRTSCHAFT, FAMILIE UND JUGEND 2009). Dessen Projektleitung lag bei dem Kinder- und Jugendanwalt des Bundes (Österreich). Der Anlass: 20 Jahre zuvor hatte Österreich Gewalt in der Erziehung gesetzlich verboten und somit die Empfehlungen u. a. der NGO End Corporal Punishment umgesetzt. Großbritannien und Frankreich weigerten sich damals noch. Eine britische Expertin und ich waren eingeladen, um die Hintergründe darzustellen. Ich hatte die Ehre, über die französische Praxis des Klaps auf den Po (*Fessée*) referieren zu dürfen (der und andere leichte Körperstrafen wurden in Frankreich erst 2019 gesetzlich verboten). Im Publikum saßen vor allem Jugendschützer, Kriminalisten und Aktivisten.

Die Gutachter zogen gegen jegliche Form von Gewalt in der Erziehung zu Felde, besonders, was Frankreich und einige andere ›renitente‹ Länder betraf. Das nie genau definierte Wort ›Gewalt‹ zeigte sich da sehr hilfreich, um zum Beispiel aus einer *Fessée*, die sich meist auf eine symbolische Handbewegung reduziert, eine regelrechte ›Tracht Prügel‹ zu machen. Es ging aber noch weiter, wie folgender Ausschnitt von Seite 22 zeigt (meine Kommentare in eckigen Klammern im Text):

»In Frankreich sind Körperstrafen weder gesetzlich verboten [Misshandlung wohl, aber nicht leichte Körperstrafen] noch wird landesweit öffentlichkeitswirksam auf die Risiken dieser Strafen hingewiesen [nicht von der Regierung, in der Tat, jedoch von Pädagogen oder Jugendpsychiatern] oder gewaltfreie Erziehung [sie hat das negative Image einer Idealvorstellung der Alt-68er!] propagiert. Der französische Code Civil [entspricht dem DGB] räumt Eltern einen weiten Ermessensspielraum ein: ›Die Gewalt [im französischen Original steht *Autorité*] haben Vater und Mutter inne, um ihr Kind in seiner Sicherheit, seiner Gesundheit und seiner Sittlichkeit zu schützen. Sie haben in dieser Hinsicht das Recht und die Pflicht der Sorge, der Aufsicht und der Erziehung.‹ (Code Civil, Buch 1, Abschn. IX, Art. 371-2). Mit Ausnahme von Misshandlungen, die auch in Frankreich unter Strafe stehen [jetzt kommt es doch, aber weit entfernt vom ›Hauptargument‹ zu Beginn], wird die Wahl der Erziehungsmittel nicht eingeschränkt [die Familie gilt auch heute als Refugium für die Privatsphäre].«

An solchen und ähnlichen begrifflichen Verschiebungen mangelt es in dem Text wahrlich nicht. Dieses Gutachten hatte eindeutig eine aktivistische Shaming-Funktion. Die Lehre daraus: Das Wort ›Gewalt‹ muss stets hinterfragt werden.

Widerstand gegen die ›Staatsgewalt‹ hat Tradition

Die Ideologie legitimen Gewalteinsatzes als Widerstand gegen die ›Gewalt‹ der Staatsgewalt ist in Frankreich weit verbreitet. Etwas vom französischen Narrativ der *Révolution*, gepaart mit fest etablierten marxistischen (und zuweilen trotzkistischen oder auch maoistischen) Weltvorstellungen schwingt immer mit. Das erklärt, warum Stéphane Hessels *Empört euch!*, das in Frankreich zum Bestseller wurde, heute noch als eine ›Bibel‹ der Protestkultur (HESSEL 2010) gilt.

Das war auch der Fall bei der Bewegung ›Nuit debout‹ im Frühjahr 2016. Die Place de la République in Paris wurde sechs Wochen lang von Demonstranten besetzt, um gegen die von der Regierung Hollande geplante Reform des Arbeitsrechts zu protestieren. ›Nuit debout‹ kann man nur schwer übersetzen, da es mehrere Bedeutungen hat: eine schlaflose Nacht verbringen, die Nacht ›durchmachen‹ oder ›aufrecht verbringen‹. Heute würde man vielleicht den Begriff ›woke‹ bemühen. Auf die Bewegung der meist jungen Menschen versuchten später Gewerkschaften, allen voran die kommunistische CGT, aufzusteigen, sowie eine Reihe von linksextremen Gruppierungen.

Es kam bei dieser französischen Anlehnung an die Occupy-Bewegung zu Gewaltausschreitungen. Daraufhin organisierten einige Demonstranten am 24. April 2016 einen Thementag zur Frage der ›Gewalt‹. Man kam zu dem Ergebnis, dass sie sich aus Sicht der Demonstranten legitimiere, da ja Staat und Polizei Gewalt einsetzen, um Kapitalismus und Konsumgesellschaft zu verteidigen. Ironischerweise wurde der Philosoph Alain Finkielkraut, ein ehemaliger Achtundsechziger, der mittlerweile Mitglied der Académie Française ist, ausgebuht und vom Platz verwiesen, als er eine Woche zuvor versucht hatte, sich vor Ort seine eigene Meinung zu bilden. Am Tag darauf veröffentlichte er in *Le Figaro* seine Reaktion auf den Rauswurf (FINKIELKRAUT 2016). Seine zusammenfassende Analyse steht als Legende unter seinem Porträtfoto: »Allen ist Nuit debout sch...egal. Allen, außer den Medien, die verzweifelt versuchen, aus diesem täglichen Zusammentreffen eine politische Erneuerung herauszulesen, und ihr eine überzogene Bedeutung beimessen.«[28]

Jürg Altwegg bringt den Hintergrund dieser Bewegung am 20. April 2016 in der *Frankfurter Allgemeinen Zeitung* (ALTWEGG 2016)

---

28 »Tout le monde s'en fout, de Nuit debout. Tout le monde, sauf les médias qui cherchent éperdument dans ce rendez-vous quotidien un renouveau de la politique et lui accordent une importance démesurée.«

auf den Punkt – mit einer Anspielung auf den Mai 1968 in der Überschrift: *Revolution in Frankreich?: Was man mit Pflastersteinen alles machen kann.* Die Unterzeile: »In Frankreich probt die Bewegung ›Nuit Debout‹ den Aufstand. Da jubelt die Linke, die Rechte zetert und die Regierung zittert. Doch ist das eine demokratische Revolte? Dass der Philosoph Alain Finkielkraut misshandelt wurde, ist kein gutes Zeichen.«

Wie die deutsche Kunstszene mit Gewalt kokettiert

Diese Gewaltideologie ist auch in Deutschland beliebt – ganz besonders, wenn sie sich mit der Idealisierung französischer Intellektueller verbinden lassen kann.

Im März 2019 hatte das Museum für Moderne Kunst in Frankfurt am Main eine Ausstellung gezeigt, in deren Rahmen ein Symposium – englischsprachig – stattfand: *On Violence.* Unter den geladenen Teilnehmern befand sich der französische Linksintellektuelle Geoffroy de Lagasnerie, der über das Thema *Can We Be in Favor of Violence?* referierte.

Am 20. März 2019 berichtete Uwe Kammann im Online-Magazin *FeuilletonFrankfurt* über diese Veranstaltung (KAMMANN 2019). Die Schlussrunde fasste er wie folgt zusammen: Es ging »vorwiegend um [...] einen mit rassistischer Unterdrückung einhergehenden Kapitalismus, dessen staatliche Institutionen eine klare Kontrollhierarchie beanspruchen und sich dabei auf ebenfalls rassistische Polizeigewalt stützen«. Kammann bedauerte ausdrücklich, dass auf die Mehrdeutigkeit des deutschen Begriff ›Gewalt‹ nicht differenziert eingegangen worden sei, und fügte hinzu: »Dann hätten auch die Unterschiede zu den englischen und französischen Konnotationen von ›violence‹ benannt werden können, die stärker als im Deutschen auf die physische Einwirkung, auf die Verletzung, auf das Versehren zielen, auf Destruktion bis zur Vernichtung.«

Das Anliegen von de Lagasnerie sei es gewesen, »den Begriff aus der im Allgemeinen negativen, kritisierenden Beurteilung herauszulösen [...], um daraus ein legitimes, bewusst eingesetztes Instrument im politischen

Kampf zu machen«. Denn der Gewalt »könne man nicht entkommen, sie sei immer dichotomisch. Wer beispielsweise Geld für Bildung, Kunst und das Gesundheitswesen verlange, sei damit der Gewalt (violence) des Staates ausgesetzt: über die zwangsweise eingetriebenen Steuern. Die politische Theorie müsse sich von der Angst befreien, in bestimmten Fällen auch Gewalt zu unterstützen, dürfe sich nicht in das Feld einer Legitimitätsdebatte flüchten«.

Bei dieser Veranstaltung ging es schon längst nicht mehr allein um einen von Performance oder Happening geprägten Kunstbegriff, wie er in den 1960er- und 1970er-Jahren in Deutschland und vielen anderen Ländern Hochkonjunktur hatte. Die Gewalt reduziert sich heute nicht mehr darauf, etwa Klaviere mit der Axt zu zerschlagen, als symbolischer Akt für die Auflehnung gegen das Establishment.

»Wenn die Kunst keine Politik macht, wer sonst?« So zitierte die Internetplattform des Goethe-Instituts im Januar 2017 den Documenta-Kurator Dieter Roelstraete. Der Autor des Beitrags ist der Musikwissenschaftler Lars Nadarzinski, der u. a. als Referent für Öffentlichkeit am Sinfonieorchester Wuppertal tätig war. Er zitiert auch Mela Chu, Kuratorin und Dozentin für Creative Management. Sie liefert den Schlüssel: »Linkspolitische Stellungnahme ist heute gern gesehen. Aber wer zum Beispiel realpolitisch argumentieren möchte, wird es in der Kunstwelt schwer haben – sowohl beim Publikum als auch bei der Fördermittelakquise.«

Apropos Establishment: Der Philosoph, Soziologe und Aktivist de Lagasnerie ist Mitglied der französischen oberen Mittelschicht. Er stammt aus gutbürgerlichen Verhältnissen, gehört zur Bildungselite und gilt, zusammen mit seinem Lebenspartner, dem Philosophen Didier Eribon, als einer der einflussreichsten Mitglieder der neuen extremen Linken in Frankreich.

Was deutsche Intellektuelle an Persönlichkeiten wie de Lagasnerie so fasziniert, hat mit einer ›deutschen Tradition‹ zu tun, die Hannah Lühmann in der Kritik eines Buches von Eribon erhellend zusammenfasst. Sie schreibt: »Wir sind traditionell glücklich damit, unsere Fantasien von leidenschaftlichen, enga- gierten Intellektuellen auf die andere Seite des Rheins zu proji- zieren. Und weil das Angebot an charismatischen europäischen Denkern in den letzten Jahren zu wünschen übrig ließ, stürzen wir uns begeistert auf alles, das irgendwie den Anschein von ›Engagement‹ erweckt« (LÜHMANN 2017). Und dem ein gewisses Flair des Pariser Saint-Germain-des-Prés anhängt, ist man ver- sucht, hinzuzufügen und Namen wie Jean-Paul Sartre, Simone de Beauvoir, Michel Foucault oder Pierre Bourdieu zu bemühen.

Intellektuelle und Widerstand – dieses Begriffspaar hat in Frankreich eine feste Tradition und ist (fast) ausschließlich links- konnotiert. Mehrere Ereignisse in der jüngeren Geschichte haben dazu geführt. Der Mai 1968 ist nur das jüngste Datum. Viel ent- scheidender noch ist die linke Résistance, die ein Nachkriegsnar- rativ später allein den Kommunisten zuschrieb. In der Zeit der deutschen Besatzung Frankreichs hatte sich in Vichy eine neue französische Regierung unter Marschall Pétain eingerichtet, die mit dem nationalsozialistischen Deutschland zusammenarbeite- te (*Collaboration*). Der Kurs dieses Vichy-Regimes (1940-1944) war autoritär, traditionalistisch und streng katholisch ausgerichtet und selbstverständlich antisemitisch. Es bildete sich innerer Wi- derstand gegen die totalitäre Miliz, die die *Résistants* als Terroris- ten betrachtete. Die Meinungsfreiheit unterlag der Zensur. Die einzigen Opponenten waren in der Zeit links angesiedelt. Das ist der Ursprung des heutigen Verständnisses eines Intellektuellen in Frankreich: intellektuell = links.

Seine Wurzeln aber liegen noch weiter zurück, und zwar in den ersten Jahren der III. Republik und der Dreyfus-Affäre (1894- 1906), die Frankreich zutiefst spaltete – bis heute. Seitdem sind Philosophie und Geisteswissenschaft im linken Gedankengut verankert, es gibt heute kaum rechte Denker, sie gelten als sus- pekt, da ihnen diese Vergangenheit angelastet wird.

Der jüdische Offizier Alfred Dreyfus war wegen Landesverrats zugunsten des Deutschen Kaiserreichs verurteilt worden. Die Beweise erwiesen sich jedoch als zweifelhaft und sogar nichtig. Es kam fast zum Bürgerkrieg zwischen den Verteidigern des fälschlicherweise Angeklagten und den antisemitischen, klerikalen wie monarchistischen Hetzern in Medien und Politik. Als der Journalist und Schriftsteller Émile Zola am 13. Januar 1889 in der liberalen Zeitung *L'Aurore* sein *J'accuse ...! (Ich klage an)* veröffentlichte (ZOLA 1889), kam es zum Skandal. Dieser offene Brief an den damaligen Präsidenten Félix Faure führte zur Begnadigung und schließlich zur Rehabilitierung von Dreyfus. ›J'accuse ...!‹ ist bis heute das unterschwellig weiterlebende Motto eines jeden französischen Intellektuellen.[29]

Mediatisierung von Gewalt und Verhältnismäßigkeit

In diesem linken Verständnis sind Polizeieinsätze per se ein Akt der Gewalt, wie auch folgender Artikel zeigt, der am 2. April 2009 in der *taz* erschien (GB 2009). »Menschenrechtsverletzungen in Frankreich: Polizei knüppelt ungesühnt. Wenn französische Polizisten Menschen misshandeln, haben sie wenig zu befürchten. Oft werden sie von Richtern und Staatsanwälten gedeckt, beklagt Amnesty International.« Nach dieser Überschrift heißt es weiter: »Auf Anzeigen wegen Misshandlungsvorwürfen reagierte die Polizei meist mit Gegenanzeigen wegen ›Widerstands gegen die Staatsgewalt‹«.

Diese Dialektik – Menschenrechtsverletzungen versus Ahndung von Gesetzesüberschreitungen – ist keineswegs frankreichspezifisch. *Polizeigewalt beim Hamburger G 20-Gipfel. Fehlende Beweise und Erinnerungslücken* nannte sich zum Beispiel eine Sen-

---

29 In Deutschland hat sich zum Beispiel Hannah Arendt (1951) ausführlich mit der Dreyfus-Affäre befasst.

dung vom 7. Juli 2020 in DEUTSCHLANDFUNK KULTUR (SCHRÖDER 2020). Die Unterzeile verweist auf dieselbe Problematik: »Drei Jahre nach den Ausschreitungen beim G20-Gipfel in Hamburg wird noch gegen zahlreiche Straftäter ermittelt. Auch Polizisten wird Körperverletzung im Amt vorgeworfen. An eine Anklage gegen sie glaubt aber selbst der Generalstaatsanwalt nicht.«

Liest man nun den oben erwähnten Bericht in der *taz* ganz genau, fällt außerdem auf, dass die Zahl der in Frankreich genannten Fälle, gemessen am Zeitraum der Erhebung, extrem gering liegt: »Nach eigenen Angaben hat AI über 14 Jahre rund 30 Fälle von Gewaltmissbrauch durch die französische Polizei verfolgt. 18 dieser Fälle dokumentiert die Menschenrechtsorganisation in ihrem Bericht, darunter fünf Fälle von tödlichem Schusswaffengebrauch.«

Und heute? Eine genaue Zahl der ›Körperverletzungen im Amt‹ bzw. ›Gewaltübergriffe‹ (je nach Perspektive) ist schwer zu eruieren, wie selbst der Leiter eines auf Antrag sozialistischer Abgeordneter im Juli 2020 eingesetzten parlamentarischen Untersuchungsausschusses (Commission Fauvergue[30]) befindet. Es gibt keine zentrale Statistikquelle. Auch sind die Kriterien je nach Institution unterschiedlich. Die Generalinspektion der Polizei (IGPN) zum Beispiel ist nur eine Anlaufstelle für Klagen, sie leitet ihre Untersuchungsergebnisse an die Justizbehörden weiter, ohne jedoch Rückmeldung zu erhalten. Und Jahresberichte veröffentlicht sie erst seit 2018. Eine andere Quelle ist der Rechteverteidiger, der *Défenseur des droits*, dem ebenfalls Überschreitungen gemeldet werden können. Und eine Reihe von NGOs sammelt ebenfalls solche Fälle. Das Einzige, was man sicher weiß, ist, dass während der Gelbwestenbewegung die bei der IGPN eingereichten Klagen zugenommen haben. Doch ist bei dieser

---

30 Der Bericht: ASSEMBLÉE NATIONALE: *Rapport fait au nom de la Commission d'enquête relative à l'état des lieux, la déontologie, les pratiques et les doctrines du maintien de l'ordre*, 20/01/2021 (Rapport de la Commission Jean-Michel Fauvergue).

Entwicklung Vorsicht geboten, da die Gelbwestenbewegung ein ›Sonderfall‹ war und seit 2018 auch der Bekanntheitsgrad der IGPN gewachsen ist sowie die Bereitschaft der Bevölkerung, sich an sie zu wenden.

Der Fauvergue-Ausschuss konnte jedenfalls keine eindeutige Häufung solcher Fälle feststellen, wohl aber eine stark erhöhte mediale Sichtbarkeit und Aufmerksamkeit. »Während Gewalt bei Demonstrationen kein neues Phänomen ist, führen die sich verändernden Protestformen heute zu einem wachsenden Spannungsverhältnis zwischen den Sicherheitskräften und den Demonstranten – oder oft sogar zwischen den Sicherheitskräften und einzelnen Individuen, die sich von den Demonstranten eindeutig unterscheiden und die die Gelegenheit nutzen, um Delikte oder Schädigungen zu verüben – dies in einem Kontext starker Mediatisierung der Polizeieinsätze sowie einer bisher unbekannten Allgegenwart von Bildern« (ASSEMBLÉE NATIONALE 2021). Diese Entwicklung verstärke einen heute alarmierenden Hang zur Gewaltbereitschaft in der gesamten französischen Gesellschaft. »Der entscheidende Einfluss der Bilder verschärft im Alltag dramatisch die Spannungen, die unsere Gesellschaft durchziehen. Diese Bilder bewirken ebenfalls in einem Teil der öffentlichen Meinung ein verstärktes Misstrauen den Sicherheitskräften gegenüber« (ebd.).

Einige dramatische mit Handy gefilmte Vorfälle, die auf den Informationskanälen und in den sozialen Netzwerken ihre Schleifen zogen und ziehen, untermauern das ›Feindbild Polizei‹, schüren Gewaltbereitschaft auf beiden Seiten und nähren den Boden für eine emotional-ideologisch geführte Debatte – in Frankreich wie in Deutschland.

Eine vergleichende ARTE-Doku des NDR, gesendet am 16. Juni 2020 (BELLWINKEL 2020), befasst sich differenziert mit dieser Gewaltspirale: *Feindbild Polizei – Gewalt und Gegengewalt ohne Ende?* Wie schwer es ist, ausgewogen über dieses hochkomplexe Thema zu berichten, bringt Reinhard Lüke am 20. Juli 2020 in der *Medienkorrespondenz* auf den Punkt (LÜKE/BELLWINKEL 2020): »Im Zeitalter der Handyfotografie und Handyvideos ist es schlicht so, dass Bilder von Übergriffen der Polizei unmittelbar danach in den sozialen Netzwerken auftauchen, dass also die Materiallage für einen Filmemacher hier weitaus besser ist.«

Genau dieses Problem versuchte ein Artikel aus dem ›Gesetz für eine globale Sicherheit‹[31], das im Herbst 2020 vorgestellt wurde, anzugehen. Der damalige Art. 24 sah vor, das Filmen von Polizeibeamten während ihrer Einsätze zu untersagen. Den Filmern wurde die Absicht unterstellt, diese Bilder vorsätzlich in den sozialen Netzwerken verbreiten zu wollen, um den Beamten zu schaden. Gegen diese Bestimmung gab es heftige Proteste, sie wurde als Eingriff in die Pressefreiheit empfunden. Der Verfassungsrat strich diesen Artikel sowie seine geänderte Fassung aus dem schließlich im Mai 2021 verabschiedeten Gesetz. Eine allgemeine Vermutung, ein Fotoreporter hege beim Filmen den Vorsatz zu schaden, ist als Straftatbestand nicht stichhaltig. Das Ungleichgewicht der Beweislast bei ›Polizeigewalt‹ bleibt also weiterhin bestehen.

Verhält sich die französische Polizei repressiver als die deutsche? In einem Gespräch mit dem DEUTSCHLANDFUNK KULTUR vom 13. Juni 2020 erklärt Sebastian Bellwinkel, Autor der ARTE-Doku (BELLWINKEL 2020), die frankreichspezifischen Hintergründe des härteren Vorgehens der Polizei. Der permanent drohende Terrorismus hält sie ständig im Einsatz, dann kamen die Demonstrationen der Gelbwesten hinzu; da auch kulturelle Sehenswürdigkeiten geschützt werden müssen, fehlt das Personal an anderer Stelle, das durch fachfremde Polizisten ersetzt wird. Kurzum: »Überforderung durch viel zu viele Aufgaben.« Der Titel der Sendung fasst sein Fazit zusammen: *Bei Polizeigewalt fehlt*

---

31   ›Loi pour une sécurité globale préservant les libertés‹

die unabhängige Aufklärung. Genau solch einen Weg versucht die Commission Fauvergue einzuschlagen.

Bei Polizeieinsätzen und Demonstrationen stellt sich vor allem die Frage der Verhältnismäßigkeit: die der Mittel wie der Taktik der Einsatzkräfte, sowie die des Verhaltens der Demonstranten beim Ausüben ihres Versammlungsrechts. Man mag aus deutscher Sicht leicht den Eindruck gewinnen, dass die französischen Ordnungskräfte unverhältnismäßig brutal vorgehen. Die überwiegende Mehrheit der Demonstrationen verläuft jedoch friedlich. Das war ursprünglich auch bei den Gelbwesten der Fall, bis sich Schlägertrupps unter sie mischten. Nur hat sich gleichzeitig das Muster zahlreicher Demonstrationen in den vergangenen Jahren verändert: Viele erfolgen unerlaubt, ohne Sicherheitsdienst, es kommen zunehmend professionelle Krawallmacher (z. B. vom Schwarzen Block) hinzu, die zum Plündern oder Autosanzünden gekommen sind. Die Gewaltspirale schraubt sich in Frankreich bei Demonstrationen schneller hoch als in Deutschland – weil in den sozialen Netzwerken Öl in das Feuer gegossen wird, weil der gesellschaftliche Zusammenhalt bröckelt und auch weil im Vergleich zu Deutschland die Diskurspraxis noch unterentwickelt ist. Und manche linke Politiker schüren ihrerseits Gewalt. So hatte zum Beispiel am 27. Januar 2022 während einer Demonstration für Lohnerhöhungen in Paris der Präsidentschaftskandidat Mélenchon (La France Insoumise) einem Journalisten von *Le Huffpost* gegenüber geäußert: »Viele Leute hassen die Polizei; es wäre an der Zeit, das endlich einzusehen.« Er fügte allerdings hinzu: »Das ist ein Problem.« Anlass für heftige Auseinandersetzungen mit Polizeigewerkschaften über Twitter. Die Gewalt schwelt in Frankreich chronisch.

Es kommt mitunter zu fast bürgerkriegsähnlichen Zuständen, wie Ende Januar 2022 auf Guadeloupe. Dort waren es nicht Impfgegner, die regelrechte Straßenschlachten anzettelten, wo mit scharfer Munition geschossen wurde, sondern organisierte

Erpresserbanden, die die chronischen heftigen sozialen Spannungen dort ausnutzten. Entsprechend härter gestalten sich die Einsätze der Sicherheitskräfte. Einen kleinen Eindruck dessen, was die französische Wirklichkeit ist, kann man gewinnen, wenn man an die ›Chaostage‹ der 1980er- und 1990er-Jahre in Hannover denkt oder an die ›Montagsspaziergänge‹ der Impfgegner Ende 2021 in Sachsen.

Der Umgang mit dem Prinzip der Verhältnismäßigkeit (*proportionnalité*) unterscheidet sich jedoch in beiden Ländern erheblich. In Deutschland handelt es sich um einen verfassungsrechtlichen Grundsatz. Dieses Prinzip preußischen Ursprungs, das in das EU-Recht eingegangen ist, ist in Frankreich hingegen noch relativ neu, da es sich erst im Lauf des europäischen Einigungsprozesses allmählich in das französische Recht einbürgert.

Zugleich ist das Prinzip anders ausgestaltet, wie Jean-Marc Sauvé, langjähriger Vizepräsident des Verfassungsrates (2006-2018), erklärt. Er war zuvor auch als Mitarbeiter Badinters an der Abschaffung der Todesstrafe beteiligt und leitete die Unabhängige Kommission über den sexuellen Missbrauch in der katholischen Kirche,[32] die von 2018 bis 2021 tätig war.

Sauvés vergleichende Analyse lautet: »Während in Deutschland Verhältnismäßigkeit als ein allgemeiner Rechtsgrundsatz betrachtet wird, der der Notwendigkeit entspricht, staatlichen Interventionismus zu regulieren, ist sie im französischen Recht allein ein gerichtlicher Kontrollmechanismus« (SAUVÉ 2018). Mit anderen Worten: Es gilt vor allem im Geschäfts- und Verbraucherrecht; im Polizeirecht ist es unbekannt. Als Schutzprinzip der Menschen- und Bürgerrechte und als ein Grundpfeiler der Rechtsstaatlichkeit muss sich das Prinzip ›Verhältnismäßigkeit‹ in Frankreich erst noch festigen.

---

32 Commission indépendante sur les abus sexuels dans l'Eglise (CIASE).

Ein heikler Fall von Menschenrechtsverletzungen – im Sinne der humanitären Menschenrechte – ist die physische Gewalt, die Polizei und Gendarmerie in Frankreich gegenüber Flüchtlingen anwenden. Besonders deutlich und in regelmäßigen Abständen tritt sie bei Calais am Ärmelkanal, an der Grenze zu Italien oder auch in Paris zutage. Obwohl die Einsätze der Ordnungskräfte legal sind, verstößt ihre Gewalt – der offiziell eine abschreckende Funktion zukommt – gegen jegliches menschliche Empfinden. Es weist vor allem aber auf die Grenzen des nationalen wie internationalen Menschenrechts hin, sofern dessen Grundprinzipien anders ausgestaltet werden. In diesem Punkt unterscheiden sich Deutschland und Frankreich erheblich. Die deutsche ›Willkommenskultur‹ ab Herbst 2015 löste in Frankreich Be- und noch mehr Verwunderung aus.

Unter der sarkastischen Überschrift *Asylpolitik. Vorbild Frankreich?* beschrieb Annika Joeres am 16. Juni 2018 in der *Zeit* (JOERES 2018) die Lage an der französisch-italienischen Grenze. »Niemand will sie haben: Im Süden Frankreichs liefern sich französische und italienische Grenzpolizisten jeden Tag einen Kleinkrieg darüber, wer die Flüchtlinge aufnimmt.« Das bilaterale Abkommen wird nur zögerlich umgesetzt, auch die Regeln der Dublin-III-Verordnung werden kaum angewandt, sodass die Flüchtlinge nirgendwo einen Asylantrag stellen können.

Ähnlich verhält es sich am Ärmelkanal. *Französische Polizei soll Geflüchtete schikaniert haben*, meldete die DEUTSCHE WELLE am 8. Oktober 2021 (ZANDER 2021). Die Wahl des Wortes ›Geflüchtete‹ ist bezeichnend. Abgesehen davon, dass diese Wortwahl auf ein gesellschaftliches Engagement (wie das von Pro Asyl etwa) verweist und für manche den Vorteil hat, sich leicht gendern zu lassen, ist es kein juristischer Begriff. Gemeint sind nämlich Menschen, die keinen nach der Genfer Flüchtlingskonvention anerkannten Flüchtlingsschutz genießen, daher können sie nicht ›Flüchtlinge‹ genannt werden. Es sind auch mehrheitlich keine, die beabsichtigen, in Frankreich einen Asylantrag zu stellen. Die Migranten, um die es hier geht, sind auf der ›Durchreise‹ nach Großbritannien; dort wollen sie Asyl beantragen. Auf französischem Boden sind sie ›Nobodies‹, so etwas wie ›blinde Passagiere‹: Es gibt kein eigenes Wort, um sie rechtlich eindeutig zu bezeichnen, allenfalls ›illegale Einwanderer‹ (*immigrés clandestins*).

Ein bilaterales Abkommen zwischen Frankreich und dem Vereinigten Königreich, das 2003 in Le Touquet unterzeichnet wurde (*Accords du Touquet*) und dem weitere folgten, verlegt die britische Außengrenze an die französische Küste. Frankreich ist dafür zuständig, die Migranten zurückzuhalten, doch sind sie illegal auf französischem Boden, sie passen in keine rechtliche ›Schablone‹. Und seit dem Brexit ist diese Küste außerdem eine EU-Außengrenze. So stellt sich neuerdings also auch in Frankreich die Frage der Sicherung der EU-Außengrenzen. Die Küste am Ärmelkanal ist ein humanitärer Krisenherd genauso wie das Mittelmeer.

Auch in Paris hatten und haben es illegale Einwanderer schwer. Am 28. Dezember 2017 schrieb zum Beispiel *Die Welt* zur französischen Migrationspolitik: »Emmanuel Macron schlägt in der Flüchtlingspolitik einen härteren Ton an. Das bringt ihm Kritik von links ein: Der Präsident verrate seine humanistischen Ideale. Marine Le Pen feiert die neue Linie als ›politischen Sieg‹« (*Welt* 2017). Es wurden wieder gezielt illegale Zeltlager geräumt und Abschiebungen beschleunigt. Knapp zwei Jahre später berechtigte Macron laut *Tagesspiegel* seine Migrationspolitik mit folgenden Worten: »Wenn wir vorgeben, humanistisch zu sein, sind wir gelegentlich einfach nur zu lax« (*Tagesspiegel* 2019). Zu Beginn seiner ersten Amtszeit ein halbes Jahr zuvor im Frühjahr

2017 hatte Macron versprochen, dass bis zum Ende des Jahres keine Migranten mehr obdachlos sein würden.

Wie ist das mit dem (Selbst-)Bild Frankreichs zu vereinbaren? »Kritiker werfen Macron vor, unter dem Deckmantel einer sozialen Politik seine humanistischen Ideale zu verraten. Er überschreite als erster Präsident des Landes, das sich als Wiege der Menschenrechte sieht, eine rote Linie, heißt es« (GANLEY 2017). Diese rote Linie gibt es nur auf dem Papier. Das ist nicht nur unter Macron so. Auch unter seinen Vorgängern Hollande oder Sarkozy war das der Fall. Bei dem Thema ›Migrationspolitik‹ ist der Widerspruch zwischen Theorie und Praxis, Anspruch und Wirklichkeit besonders eklatant, wie eine Karikatur in der Zeitung *La Croix*, erschienen im Präsidentschaftswahlkampf 2012, auf den Punkt bringt. Auch damals ging es zentral um die Frage, inwiefern Einwanderung reguliert oder gar gestoppt werden kann und soll. Die Sprechblasen in der Karikatur erzählen Bände: Innerhalb der Mauern des Hexagons lautet es: »Wir sind zwar ein Asyl- und Gastland«. Von außen ertönt zurück: »Aber auch ein Land der Widersprüche«.

Für Flüchtlinge, solange sie nicht den Status von Asylanten haben, greifen in Frankreich auch die humanitären Menschenrechte nicht. Das bedeutet, dass auch Privatpersonen, die Flüchtlinge beherbergen, zwar Menschlichkeit (und Brüderlichkeit) beweisen, dies jedoch illegal tun und gerichtlich belangt werden können. Bis zum Herbst 2020 zumindest, als das Prinzip ›Fraternité‹ (Brüderlichkeit) Verfassungsrang erhielt.

Menschenwürde: Der Begriff ist in Frankreich noch neu

Hier offenbart sich ein besonders eklatanter Unterschied zu Deutschland, wo ein Bürger (ob Staatsbürger oder Flüchtling) rechtlich zu allererst ein Mensch ist – getreu Art. 1 GG: »Die Würde des Menschen ist unantastbar.« Der französische *Citoyen* ist hingegen ein ›verwaltetes‹ Wesen (*un administré*) bzw. eines, das der Zentralverwaltung unterstellt ist, wenn nicht gar ein *Justiciable*, also jemand, der der Gerichtsbarkeit unterliegt. Insofern ist er kein Mensch im deutschen Sinne.

Der Begriff ›Menschenwürde‹ (*dignité de la personne humaine*) steht an keiner Stelle in der französischen ›Verfassungskaskade‹. Allein in der Menschenrechtserklärung von 1789 tritt das Wort *dignités* (im Plural) einmal auf, in Art. 6: »Da alle Bürger« in den Augen des Gesetzes »gleich sind, sind sie gleicherweise zu allen Würden, Stellungen und Beamtungen [sic] nach ihrer Fähigkeit zugelassen ohne einen anderen Unterschied als den ihrer Tugenden und ihrer Talente«.[33] Gemeint sind also ›Würden‹ – im Sinne von Ämtern.

Erst seit 1994 und im Zusammenhang mit der Problematik der Bioethik findet der Begriff der Menschenwürde (*dignité de la personne humaine*) allmählich Einzug in verfassungsrechtliche Entscheidungen. Sein Anwendungsbereich bleibt jedoch bisher auf einige wenige konkrete Situationen begrenzt: Abtreibung, Krankenhauseinweisungen ohne Zustimmung, Behandlungsabbruch am Lebensende, Vollzug von Freiheitsstrafen.

Im Dezember 2018 hatte der *Globale Pakt für eine sichere, geordnete und regulierte Migration*, der von der UN-Konferenz in Marrakesch (Marokko) angenommen wurde, das Fundament für eine globale Migrationspolitik und insbesondere humanere Rahmenbedingungen gelegt. Der Pakt ist jedoch für die Unterzeichnerländer rechtlich nicht bindend. Jeder Staat betreibt souverän seine eigene Migrationspolitik – und verfügt über seine eigenen Kriterien für die Vergabe eines Aufenthaltsrechts samt entsprechenden Verwaltungsstellen. Das erschwert auch die Verhandlungen über eine gemeinsame europäische Asyl- und Einwanderungspolitik.

Irreguläre Migranten – *Sans Papiers* (ohne Papiere im Sinne von Aufenthaltstitel), wie sie auch auf Deutsch genannt werden – gibt es in allen Ländern. Ihre Zahl kann nur geschätzt

---

33 Übersetzung auf der Website des Conseil Constitutionnel.

werden. In Deutschland liegt sie bei höchstens 500.000 (Caritas). In Frankreich schätzt sie das Innenministerium auf 600.000 bis 700.000. Die Lage der *Sans Papiers* ist in beiden Ländern identisch, für sie greift das Prinzip ›Menschenwürde‹ kaum. Nur wird in Frankreich die Illegalität des Aufenthalts härter geahndet – aus kolonialgeschichtlichen Gründen, wegen der geografischen Herkunft der Asylbewerber, wegen der stetigen und akuten Terrorismusgefahr, wegen der Angst vor dem politischen Islam und nicht zuletzt, weil Migration ein politisch mehr als heikles Thema ist. Es polarisiert.

Fazit und Ausblick

Frankreich ist ein Land voller Widersprüche. Die hehren Prinzipien und Werte von *La République* werden zwar regelmäßig beschworen, doch erweist sich das rechtliche Gerüst, das ihnen Gestalt gibt, oft als wackelig. *L'esprit* – Anspruch – und *La lettre* – Wirklichkeit – stimmen selten überein. Erst allmählich, unter dem Einfluss des europäischen Regelwerks, gewinnt die Gestalt an Konturen.

Für deutsche Journalisten und generell Frankreichliebhaber stellt es eine besondere Herausforderung dar, die ständige Mehrdeutigkeit von Begrifflichkeiten nachzuvollziehen, von denen man meint, sie wären erstens ›aus einem Guss‹ und zweitens mit der entsprechenden deutschen Bezeichnung identisch. Doch sehr viele Wörter sind ›falsche Freunde‹.

Die erste Verständnisschwierigkeit kommt daher, dass mancher in Frankeich das ihm vertraute unmittelbar geltende Recht im Sinne des deutschen Grundgesetzes sowie eine mit Karlsruhe vergleichbare Verfassungsgerichtsbarkeit vermissen wird. Misst man die französische Wirklichkeit allein anhand deutscher Kriterien, dann ergibt sich ein Bild Frankreichs, dass dem eigenen Verständnis von Rechtsstaatlichkeit nicht genügt. Das ist richtig und falsch zugleich. Richtig, weil in Frankreich die Bürgerrechte (noch) nicht so weit entwickelt sind wie in Deutschland. Aber es ist falsch und sogar abwegig, weil in Frankreich andere, ebenso historisch gewachsene Kriterien gelten. Auch Frankreich ist ein Rechtsstaat, nur nimmt dieser eine andere Gestalt an.

Er fußt auf dem Spruch: *Nul n'est censé ignorer la loi.* Dieser lässt sich nicht wörtlich übersetzen, da *ignorer* gleichzeitig ignorieren und nicht wissen bedeutet. Auch im Französischen wird er oft falsch verstanden, etwa so: »Jeder hat das Gesetz zu kennen.« Als solle jeder *Citoyen* ein Universaljurist sein. Doch das ist nicht gemeint. *Nul n'est censé ignorer la loi* ist das ungeschriebene Leitmotiv von Art. 1 des Code Napoléon aus dem Jahr 1804. Diese Urform eines bürgerlichen Gesetzbuches legt den Grundstein für ein modernes Staatsverständnis, indem sie das Recht als allgemeinverbindlich erklärt – für den Staat wie für die Bürger. Das ist die Grunddefinition des Rechtsstaates. *Loi* bedeutet in Wirklichkeit also ›Recht‹ – gemeint sind die Regeln, die ein Gemeinwesen, eine Gesellschaft bestimmen. Die sinngemäße Übersetzung wäre dann: Recht bindet.

Werturteile sind fehl am Platz, wenn man das Anderssein begreifen möchte. Man muss sich im Gegenteil den Unterschieden stellen, sie herausarbeiten und erklären. 2017 ging zum Beispiel der Deutsch-Französische Parlamentspreis an eine Gruppe von Verfassungsrechtlern beider Staaten. Sie hatten 2015 einen wissenschaftlichen Rechtsvergleich der Verfassungen veröffentlicht (MARSCH/VILAIN/WENDEL 2015); kurz darauf folgte eine erweiterte und übersetzte Ausgabe in französischer Sprache (GAILLET et al. 2019). Dies ist der erste Versuch überhaupt einer kontrastiven Analyse. Er bleibt zwar vorerst Fachleuten vorbehalten, doch ebnet er den Weg für eine notwendige neue Herangehensweise an Vergleiche länderspezifischer Gegebenheiten.

Obwohl die hehren Werte der *République* einem geistigen Anspruch genügen, sind sie keineswegs bloße Theorie. Denn es sind vor allem die Menschen, die sie mit Leben füllen. Und weil sie gelebt werden, können aus ihnen auch Rechtsnormen werden.

Das jüngste Beispiel hierfür ist das Prinzip *Fraternité*. Es bedeutet Brüderlichkeit, Solidarität, bis hin zu Anteilnahme und Hilfsbereitschaft – kurz Menschlichkeit. Ein Fall, der in Deutschland für große Ver- und Bewunderung sorgte, ergab sich im Frühjahr 2015 nach dem Absturz einer Germanwings-Maschine in den Südalpen. Es gab keine Überlebenden, und unter den Toten befanden sich mehrheitlich deutsche Schüler. Am 2. April berichtete DEUTSCHE WELLE TV im *Fokus Europa* wie folgt (DEUTSCHE WELLE 2015): »Frankreich: Ein Dorf hilft nach der Katastrophe. Das französische Städtchen Seyne-les-Alpes befindet sich nach dem Germanwings-Unglück im Ausnahmezustand. Einheimische richten für Helfer und Angehörige Notunterkünfte ein. Mit großer Anteilnahme sorgen sie für deren Betreuung. In diesen Tagen demonstrieren sie europäische Solidarität.«

›Europäische‹ Solidarität? Als hätte man solches von Franzosen nicht erwartet? Europäisch, weil die meisten Opfer deutsche Staatsbürger waren? Beides trifft zu. Aber der Schlüssel für die wahre Bedeutung steckt in dem Wort ›Einheimische‹. Es waren die Menschen, die in der Nähe der Unglücksstätte leben und die spontan ihre selbstverständliche Hilfe anboten.

Ebenso menschlich verhalten sie sich auch vielen Flüchtlingen und ›Sans Papiers‹ gegenüber. Bis zum Herbst 2020 jedoch gesetzeswidrig. Derjenige, der Hilfe leistete, beging ein Solidaritätsdelikt (*délit de solidarité*), das ursprünglich Schlepper im Visier hatte. Ähnliches sieht auch eine EU-Richtlinie vom 28. November 2002 »zur Definition der Beihilfe zur unerlaubten Ein- und Durchreise und zum unerlaubten Aufenthalt« vor. Ein Jahr später verschärfte ein französisches Gesetz die Strafen für Schlepper, führte jedoch gleichzeitig eine ›humanitäre Immunität‹ ein, um zumindest die Beherbergung von illegalen Einwanderern durch Einzelpersonen oder Hilfsorganisationen zu ermöglichen.

Immer häufiger stellte sich dann die Frage, wo genau die Grenze zwischen (kommerzieller) Beihilfe und (humanitärer) Hilfe liegt. Im Mai 2017 veröffentlichte die Nationale beratende Kommission für Menschenrechte (CNCDH) eine Stellungnahme, in der sie die Abschaffung des ›Solidaritätsdelikts‹ forderte (CNCDH 2017), weil es gegen die Bestimmungen des EU- wie des Völkerrechts verstößt. Ein Jahr später wurde dem Verfassungsrat eine ›vorrangige Frage zur Verfassungsmäßigkeit‹ vorgelegt. In seiner Entscheidung vom 6. Juli 2018 erkannte dieser dem Prinzip *Fraternité* Verfassungsrang an. Daraus ergibt sich die individuelle Freiheit (*Liberté*) – sprich das Recht –, humanitäre Hilfe zu leisten. Und seit einem Urteil des Kassationsgerichtshofs vom 26. Februar 2020 genießen dieses Recht zur Solidarität ebenfalls humanitäre Vereinigungen. So entwickelt sich durch die fortschreitende Interdependenz der nationalen und europäischen Regelungen in Frankreich allmählich ein neues Rechtsstaatsverständnis, das sich dem deutschen zum Teil annähert.

Frankreich und Deutschland sind in der EU enge Partner. Das nährt eine gravierende Illusion: die einer großen Nähe oder Gemeinsamkeit. Vieles mag dem deutschsprachigen Leser dieses Kapitels daher befremdlich vorgekommen sein. Frankreich ist ja auch eine Projektionsfläche für eigene Wertvorstellungen und Ideale. Es entsteht umso leichter ein verklärtes Frankreichbild, als man das Land ja aus der Ferne betrachtet oder nur entweder die Pariser Wirklichkeit oder den Sommer in der Provence bzw. der Bretagne kennt. Idealvorstellungen gehören fest zum Touristengepäck.

Und auch zur Grundausstattung eines jeden Frankreichkorrespondenten. Man sucht den großen Geist der Intellektuellen aus dem Nachkriegsparis und meint, ihn in Stars zu finden, auf die sich die Medien beiderseits des Rheins stürzen – doch für einen tiefgehenden und breiten geistigen Austausch eignen sie sich nicht, denn sie repräsentieren oft meist nur sich selbst. Man sucht das erträumte Frankreich der Menschenrechte und ist mit

Zuständen konfrontiert, die es zu Hause so nicht gibt und über die man sich dann wohlfeil entrüsten darf. Worüber berichtet wird, entscheidet die Agenda im Inland sowie die Ausrichtung des Mediums. Die Themengewichtung in der Berichterstattung verstetigt so die eigenen Vorurteile – seien sie positiv oder auch negativ gefärbt. Gewaltausschreitungen, möglichst blutig, gelten als Beweismaterial sowohl für eine ›den Franzosen‹ in den Genen liegende ›Protestkultur‹ als auch, auf der anderen Seite, für eine autoritär-aggressive ›Obrigkeit‹.

Die Wirklichkeit ist viel subtiler. Sie zu erfassen, setzt voraus, dass man kontrastiv statt vergleichend vorgeht, um Systemunterschiede herauszuarbeiten (LASSERRE/NEUMANN/PICHT 1980, 1981). Dazu muss man die üblichen wissenschaftlichen Fachgrenzen aufbrechen und versuchen, Zusammenhänge sowie ihre innere Logik aufzuspüren. Will man darüber hinaus den Leser zum Nachdenken über die eigenen Frankreichklischees anregen, muss man von dem ausgehen, was er aus der täglichen Berichterstattung über das Nachbarland erfährt und diese Informationen mit dem Wissen kreuzen, die er aus anderen Quellen bezieht: vornehmlich wissenschaftlicher Literatur und noch mehr Erfahrung, inklusive Fehlinterpretationen des Erlebten. Solch eine Vorgehensweise (oder Methodologie) jedoch setzt Grundkenntnisse voraus, die heute zunehmend schwinden. Sehr zum Bedauern langjähriger Korrespondenten, die auch das Interesse an Frankreich abklingen sehen, ganz zu schweigen von der Sprachkenntnis. So lesen heute viele Berichterstatter verstärkt die französische Wirklichkeit nur noch durch die ›eigene Brille‹ und riskieren Fehlinterpretationen. Der französische Verfassungsrahmen ist ihnen weitgehend unbekannt, daher musste er hier ausgiebig dargestellt werden. Das Gleiche gilt für die Institutionen, auf die im folgenden Kapitel näher eingegangen wird. Und erst recht für die französische Gesellschaft, die in Deutschland fast völlig unbekannt ist.

TEIL III
FRANKREICH, DAS LAND,
IN DEM NICHT NUR GOTT LEBT

Lassen Sie uns nun tief in ein Land eintauchen, von dem deutsche Korrespondenten oft nur die Provence und die Bretagne kennen – abgesehen von Paris, natürlich, und eventuell den Loire-Schlössern. Das Bild, das selbst sie sich von der französischen Wirklichkeit machen, ist daher stark eingeschränkt. Lückenhaft sind entsprechend auch die Vorstellungen ihrer Leser und Nutzer in Deutschland, denn die Medien berichten ja nur in Ausnahmefällen über das, was man in Frankreich *La France profonde* nennt. Der Ausdruck hat zwei Bedeutungen: einmal ›die Provinz‹ und dann ›das bodenständige Frankreich‹. Beide sind fast deckungsgleich, meinen sie doch das Land außerhalb der Hauptverkehrsadern und das ist oft ländlich.

Es müssen schon außergewöhnliche Ereignisse sein, damit sich Korrespondenten dorthin wagen: zum Beispiel Flugzeugabsturz, Waldbrand, extremes Unwetter, Attentat, Besuch eines Politikers in einem entlegenen Ort als Reaktion auf eine Werkschließung und heftige Proteste dagegen. Oder Korrespondenten wagen sich am Rande der Touristengebiete ins Land, doch dann sind ihre Berichte oftmals mit medienwirksamer Folklore gespickt – eine andere Form von Klischee. So will es halt der Job.

8. Wie sich der Zentralismus konkret auswirkt

Das Erste, was auffällt, wenn man sich Frankreich mit dem Auto oder dem Zug nähert, ist, dass es sich um ein Land der mindestens zwei Geschwindigkeiten handelt. Es herrscht eine regelrechte Kluft, die sich seit Kriegsende vergrößert hat; sie bezeichnet das geflügelte Wort *Paris et le désert français* (Paris und das verödende Frankreich).

So war eine niederschmetternde Bestandsaufnahme betitelt, die der Geograf Jean-François Gravier bereits 1947 veröffentlicht hatte (GRAVIER 1947). Seine damalige Kernaussage hat sich weiterhin bewahrheitet, sie kennzeichnet das heutige Frankreich mehr denn je. Der Zentralismus führt nämlich dazu, dass die Hauptstadt alle Macht und allen Reichtum an sich zieht, was zum allmählichen Verfall der Dynamik und Wirtschaftskraft sowie des kulturellen ›Kapitals‹ des restlichen Frankreichs beiträgt. Es sind Auswirkungen der Landflucht als Reaktion auf die sich selbst verstärkende Anziehungskraft von Paris, nebst einer Handvoll weiterer Großstädte entlang der Hauptverkehrsadern.

Bonjour Tristesse

Die neuen Bundesländer sind wesentlich dynamischer als dieses *Désert français*, auch weil sie rasch an das westdeutsche Verkehrswege- und Kommunikationsnetz angebunden wurden. Anders formuliert: Alle Gebiete, die in Frankreich nicht an diese Lebensadern angeschlossen sind – und das ist der größte Teil des Landes –, darf man als strukturschwach bezeichnen. Werkschließungen, Frauenarbeitslosigkeit, sinkender Bildungsgrad, mangelnde ärztliche Versorgung, das sind nur einige der Stichworte, um diese Trostlosigkeit zu skizzieren.

Es handelt sich um weit mehr als ein Stadt-Land-Gefälle, wie man es auch in Deutschland kennt – es ist ein Strukturmerkmal.

Bonjour Tristesse hatte 2015 der Wirtschaftskorrespondent Gerhard Bläske eine Reportage für die *Neue Zürcher Zeitung* treffend betitelt (BLÄSKE 2015). Er stellte darin den Niedergang der Industrie im Département Franche-Comté an der Grenze zur Schweiz dar und dessen Auswirkungen auf die Lebensverhältnisse. Es gibt dort zwar eine Autobahn, aber es fehlt der Wirtschaft ein Hinterland.

Dieses Gebiet war einst Hochburg des Automobilkonzerns Peugeot (in Besançon) sowie des Lokomotivenherstellers Alstom (in Belfort). Erst seitdem dieser 2020 den kanadischen Konzern Bombardier Transport übernahm und die Ukraine die Absicht erklärte, 130 elektrische Lokomotiven für den Gütertransport zu bestellen, haben sich die Aussichten für den Standort Belfort etwas erhellt. Das ist der Hintergrund für Macrons Reise am 10. Februar 2022 dorthin und seine Ankündigung einer ›Renaissance der französischen Atomkraft‹: die Wiederbelebung des Industriestandorts Franche-Comté. In Belfort sollen sechs Hochleistungsturbinen sowie Generatoren gebaut werden, und zwar von der ehemaligen Atomsparte Alstoms. Diese war 2015 an den US-Konzern General Electric verkauft worden – Macron hatte damals als Wirtschaftsminister die Übernahme selbst eingefädelt. Sie soll nun vom staatlichen Stromhersteller Electricité de France (EDF) wieder übernommen werden.

Der Zentralismus kennzeichnet nicht nur die Institutionen, er prägt auch tief das Leben der Menschen. Graviers Gegenvorschlag damals – eine radikale Dezentralisierung – wurde nie aufgenommen. Der Zentralismus darf nicht infrage gestellt werden, der alte Kampf zwischen Jakobinern (Befürworter des Zentralismus) und Girondisten (Verfechter der Dezentralisierung bis hin zur Föderalisierung), der zur Zeit der *Révolution* begann, ist seit über zwei Jahrhunderten immer noch in vollem Gang.

Die Dezentralisierungsschübe, die es seit 1982 gab, begnügen sich allesamt mit einer großflächigeren Auslagerung von Verwaltungsaufgaben an die unteren Ebenen und entsprechend mit der Einrichtung immer neuer Verwaltungseinheiten, die der Kontrolle und Steuerung durch die Zentralverwaltung (bzw. Regierung) unterstellt sind. So entstand ein unübersichtliches ›Verwaltungsdickicht‹ (*le millefeuille administratif*), das die Einstellung von immer mehr Beamten oder Angestellten des öffentlichen Dienstes erforderte – einer der Hauptgründe für die hohe Staatsverschuldung und gleichzeitig den Vertrauensverlust in die Institutionen, weil die Zuständigkeiten verschwimmen (mehr hierzu in: BOURGEOIS/LASSERRE 2021).

Das Machtgefüge, die Institutionen, das Bildungs- oder Gesundheitswesen, bis hin zur Verkehrsinfrastruktur usw. bleiben pariszentriert. Die Frage der Dezentralisierung stellt sich heute akuter denn je. Dem steht jedoch das enge Verständnis des Prinzips der ›Unteilbarkeit der Republik‹ entgegen, das keine ausdifferenzierte Gestaltung des Machtgefüges zulässt.

Tour de France – alle Wege führen nach Paris

Wer als junger Mensch etwas werden will, muss ›nach Paris rauf‹ (*monter à Paris*), egal aus welcher Himmelsrichtung er kommt. Auf den Alltag der großen Mehrheit bezogen bedeutet das: Einschulung im Dorf, weiterführende Schule in der nächstgelegenen Kleinstadt, Gymnasium in einer größeren Stadt, Studium in Paris. Diesen Weg kann man sogar am Lebenslauf Macrons ablesen, er gilt auch für Kinder aus dem bürgerlichen Milieu einer mittleren Stadt, in diesem Fall Amiens im Norden Frankreichs.

Ein Sportereignis versinnbildlicht diesen ›Aufstieg‹ seit seiner Gründung 1903 exemplarisch, was gleichzeitig auch seine große Beliebtheit in Frankreich erklärt: die Tour de France. Das Rennen beginnt irgendwo ›unten‹ in der Provinz (neuerdings als europäisches Medienevent auch im benachbarten Ausland), das Siegerpodium aber steht seit jeher fest in Paris.

Was Zentralismus in der Wirklichkeit bedeutet, zeigen anschaulich zwei Karten: die des Autobahnnetzes und die der Trassen des Hochgeschwindigkeitszuges TGV. Sie sprechen Bände, was die Auffassung der Geografie sowie der Mobilität von Personen und Gütern angeht.

Befremdend für deutsche Autobahnfahrer sind zum Beispiel die Staumeldungen im französischen Hörfunk, besonders freitags und sonntags. Die Staus werden dann wie folgt lokalisiert: »x Kilometer Stau in Richtung Rausfahrt / Rückfahrt« (»*dans le sens des départs / des retours*«). Gemeint sind Metropolen wie Paris, Lyon, Marseille, Rennes, Bordeaux, Straßburg oder Lille. Sie brauchen nicht genannt zu werden, der Autofahrer weiß ja, wo er steckt. Und komplexe Autobahnkreuze wie im Ruhrgebiet gibt es ohnehin nur im Ballungsraum Paris.

Abbildung 8
Alle Wege führen nach Paris

Autobahnnetz   Bahnnetz TGV

Legende: Anzahl der Fahrbahnen   Quelle: sncf-connect.com
Quelle: franceautoroutes.free.fr.

Abbildung 9
Zum Vergleich: Deutschland – bundesweit ein engmaschiges Netz

Autobahnnetz: Stauatlas   Liniennetz ICE/IC

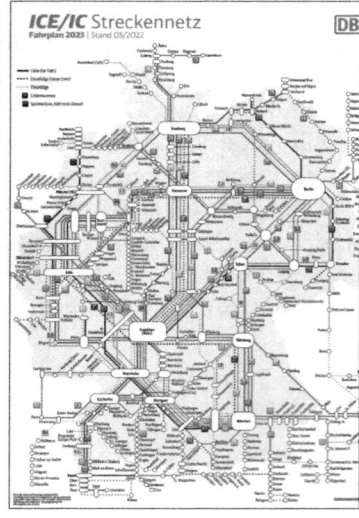

Quelle: IHK Gießen-Friedberg   Quelle: bahn.de

Auch darf man Fahrstrecken nicht nach der Kilometerzahl einschätzen, sondern muss schon in Fahrtstunden rechnen. Dazu tragen auch die Geschwindigkeitsbegrenzungen bei: 80 km/h auf Landstraßen, 110 km/h auf Schnellstraßen, 130 km/h auf Autobahnen – und Radaranlagen zuhauf sorgen dafür, dass das Tempo auch eingehalten wird. Wer etwa mit dem Auto von Bordeaux (Westen) nach Lyon (Osten) will, muss sich mit Geduld wappnen. Für den kürzesten Weg (550 km) braucht man mindestens fünfeinhalb Stunden.

Eine direkte Zugverbindung war zwar ab Sommer 2022 geplant, doch ob sie jemals in Betrieb genommen werden kann, bleibt fraglich, da Banken und Verwaltungen sich bisher weigern, sich an ihrer Finanzierung zu beteiligen. Die Reisedauer: gut sieben Stunden. Erst die Marktöffnung des Personenverkehrs ab 2021 und die Aussicht auf seine vollständige Liberalisierung im Jahr 2023 – 20 Jahre nach der Verabschiedung der entsprechenden EU-Richtlinie – hatte die Vorstellung einer Wiederherstellung einer Intercity-Zugverbindung von Lyon nach Bordeaux möglich gemacht. Der staatliche Monopolist SNCF hatte sie 2014 eingestellt, die Reisenden bevorzugten die Flugverbindung. Daraufhin gründeten 2019 Privatpersonen, Unternehmen und Gebietskörperschaften eine gemeinnützige Genossenschaft: Railcoop. Sie bietet Dienstleistungen im Personen- wie im Güterverkehr, denn auch der hat noch viel Entwicklungspotenzial. Eine Initiative der Zivilgesellschaft als Gegenmaßnahme zur lückenhaften staatlichen Infrastrukturpolitik.

Graviers Analyse hatte zwar damals de Gaulle von der Notwendigkeit einer Raumplanung überzeugt, doch seit Ende der 1970er-Jahre fristet sie ein Schattendasein, als sei der prestigeträchtige Hochgeschwindigkeitszug allein ihr A und O – die Politik des *le tout TGV* (nur TGV), wie sie in Frankreich bezeichnet wird.

Das ›periphere‹ Frankreich und das ›Inselmeer‹

Diese Karten – und ihr Vergleich mit den deutschen Entsprechungen – geben Aufschluss darüber, wie sich die Infrastruktur auf diverse Standortfaktoren auswirkt. Sie zeigen uns indirekt, wo sich Unternehmen ansiedeln oder angesiedelt haben, wo das Lohnniveau entsprechend hoch oder niedrig ist, wo es Arbeit gibt oder nicht. Arbeit (auch hochqualifizierte) ist in Deutschland räumlich viel breiter verteilt als in Frankreich, entsprechend dem engmaschigen Verkehrswegenetz – seit Beginn der Industrialisierung.

Dasselbe gilt für die Institutionen oder Branchenschwerpunkte: Bundesverfassungsgericht in Karlsruhe, Bundesarbeitsgericht in Kassel, Finanzwelt in Frankfurt, Werbung in Hamburg, Filmproduktion in München oder Köln usw. Und selbst ein führendes deutsches Meinungsforschungsinstitut sitzt in Allensbach am Bodensee. In Frankreich unvorstellbar und unbedingt erklärungsbedürftig. Dem französischen Zentralismus steht der deutsche Polyzentrismus mit seinem engmaschigen Verkehrswegenetz gegenüber.

2014 hat ein anderer Geograf, Christophe Guilluy, diese Struktur, bei der Wettbewerbsdynamik und Wohlstand in Frankreich nur einem kleinen Anteil der Bevölkerung zukommen, in einem viel beachteten – und kritisierten – Essay beschrieben (GUILLUY 2014). *La France périphérique* (*Das periphere Frankreich*) hatte er das ›Sonstwo‹ abseits der Hauptverkehrswege genannt. Der Untertitel: *Wie die Arbeiterklassen und unteren Schichten zu Opfern wurden*. Ihm wurde vorgeworfen, ein linker Globalisierungsgegner zu sein.

Seinem Vorgänger Gravier wurde damals Nationalismus und sogar Royalismus vorgehalten. In beiden Fällen nicht ganz zu Unrecht, aber das ist Nebensache angesichts der sorgsam zusammengetragenen Daten. Denn dieses Wissen um die Zusammenhänge zwischen Infrastruktur, Gewerbeansiedlungen, Freizeit- und Kulturangebot, bis hin zu den Lebensverhältnissen – in Deutschland unter dem Begriff ›Standortpolitik‹ subsumiert – steckt in Frankreich noch in den Kinderschuhen. Wissenschaftlich ist vieles in beiden Werken in der Tat etwas schematisch dargestellt, doch der Befund hat Bestand – Pionierarbeit eben.

Und vor allem, er hat andere angeregt, den Befund zu verfeinern. Und zwar diesmal aus einer soziologischen Perspektive, die der räumlichen Verteilung des Wahlverhaltens nachgeht. So hatte der Meinungsforscher Jérôme Fourquet (Institut IFOP) 2019 einen Essay veröffentlicht, dessen Titel Frankreich treffend beschreibt: *Frankreich – ein Inselmeer* (FOURQUET 2019).

In den drei vergangenen Jahrzehnten hat ein tiefer Wandel die Gesellschaft erfasst, zu geografischen und soziologischen Blasen geführt und den nationalen Zusammenhalt ausgehöhlt. Das ist der Hintergrund für die Wahl Macrons 2017: Nicht er sprengte das Parteien- und Meinungsgefüge, sondern er nutzte die Gelegenheit, die ihm eine zunehmend auseinanderdriftende und orientierungslose Wählerschaft bot. Die Stabilität, für die einerseits der Katholizismus, andererseits der Kommunismus lange sorgten, gehört der Vergangenheit an. Fortschreitender Individualismus und Formen des Multikulturalismus, die zu einer frankreichspezifischen Form des Kommunitarismus führen, der auch Separatismus genannt wird, höhlen heute den Zusammenhalt weiter aus. Zahlreiche Werte- und Religionsgemeinschaften bestehen parallel nebeneinander, sind auch zuweilen verfeindet. Der militante Islam, der einzelne Stadtviertel zu Festungen macht, in denen die Sharia und nicht die Gesetze der Republik gelten, ist nur der sichtbarste Teil dieser Entwicklung, die die gesamte Gesellschaft heute spaltet. Ihr Nährboden ist das Prinzip der ›Einheit der Republik‹, das es nicht zulässt, Vielfalt anzuerkennen.

Diese Sicht galt offenbar als zu pessimistisch. Woraufhin Fourquet 2021, zusammen mit einem Journalisten und zwei anderen Autoren, einen neuen, positiveren Ansatz suchte. *La France sous nos yeux* (*Das Frankreich, das uns vor Augen liegt*) (FOURQUET et al. 2021) ist fast wie ein Reiseführer angelegt, der uns die verschiedenen Lebenswelten in Frankreich wie Postkarten vorführt: von den Einkaufsgewohnheiten bis hin zu den Musikvorlieben und natürlich dem Wahlverhalten. Es ist ein detailverliebtes Frankreichporträt, doch ohne Kernaussage, sieht man von der Beschreibung einer extrem vielfältigen Gesellschaft ab, die in nebeneinander bestehenden Mikrowelten lebt. Und es folgt vor allem der Absicht, den Franzosen ihr eigenes Land verständlicher vor Augen zu führen.

Denn diese vier Analysen – von Gravier und Guilluy bis Fourquet – sagen uns vor allem eins: Frankreich ist selbst den Franzosen kaum bekannt. Der Zentralismus der Informationsmedien, die aus Paris an die Peripherie berichten, verhindert den Blick über den eigenen Gartenzaum. Eine nüchterne Debatte über das Land ist auch heute noch schwierig, da das theoretische Wissen oft streng segmentiert bleibt: in Politik-, Wirtschafts- oder Sozialwissenschaft. Systemanalysen, die über die jeweiligen Grenzen der einzelnen Fachgebiete hinausgehen und versuchen, die Zusammenhänge zu beleuchten, haben in Frankreich Seltenheitswert. Hinzu kommt, dass die Wissensproduktion ebenfalls in Paris angesiedelt ist und im Mainstream gefangen bleibt. Selbst die Schulbücher werden allein in Paris produziert.

Das in der Bevölkerung weitverbreitete Unwissen über elementare Statistiken und wirtschaftliche oder soziale Zusammenhänge ist einer der Nährböden für populistische oder demagogische Aussagen, wie man sie besonders deutlich in Wahlkampfzeiten beobachten kann. Ein ewiges Thema, das auch 2022 im Raum stand, war zum Beispiel die dringende Rentenreform. Im linken Lager fordern Mélenchon, Fabien Roussel (Kommunist) oder Nathalie Arthaud (den Trotzkisten nahe) die Rückkehr zum Renteneintrittsalter mit 60 Jahren (es liegt derzeit im Schnitt bei 62). Die Frage der Rentenfinanzierung stellen sie nicht. Diese hatte selbst der relativ liberale Macron in seiner Amtszeit vermieden, als er sein Reformvorhaben vorstellte. Erst 2023, in einem zweiten Reformanlauf, wurde diese Frage zum Thema.

In Frankreich (= Paris) sind selbst fundierte Analysen verpönt, sofern sie auf unumgängliche Reformen des Wirtschaftsmodells, des Sozialstaates oder des Institutionengefüges hinauslaufen. Diejenigen, die dies tun, gelten als Nestbeschmutzer, als *Déclinologues* – als solche, die den Untergang heraufbeschwören und dem Selbstbild schaden. Einer der bekanntesten ist der Wirtschaftswissenschaftler und Publizist Nicolas Baverez, dem als erster diese abschätzige Bezeichnung galt. Er hatte 2003 eine kritische Bestandsaufnahme zur Reformunfähigkeit Frankreichs veröffentlicht: *Frankreich im Abstieg* (BAVEREZ 2003). Baverez ist längst nicht der einzige, der einen Verlust der Wettbewerbsfähigkeit Frankreichs bedauert und Gegenmaßnahmen vorschlägt. Die konstruktiven Essays oder Berichte zum Thema beginnen sich zu häufen, auch wenn sie hin und wieder zu Opfern der Omertà werden. Es lohnt sich, sie zu lesen, auch wenn sie meist ›mit Herzblut‹ geschrieben sind.[34] Sachlich kann die Dringlichkeit der Reformen kaum angegangen werden. Und wenn ein Gutachten mit wesentlichen Erkenntnissen und Handlungsempfehlungen erscheint, gerät es bald wieder in Vergessenheit.[35]

Rechte Populisten deuten Abstiegsängste zu ihren Gunsten um

Das negative Image, das Kritik am öffentlichen Diskurs in Frankreich anhaftet, ist ein weiterer Grund für den Aufstieg des Populismus, weil er sich eben diese Tatsache zunutze macht. Anfang 2022 zum Beispiel behauptete der rechtsextreme Präsidentschaftskandidat Zemmour in einem Radiointerview auf FRANCE INTER (ZEMMOUR 2022), dass die Gesetzgebung für den sozialen Wohnungsbau ein »Ding [sei], um die Ausländer auf ganz Frankreich zu verteilen« (»une machine à répartir les étrangers en France«), und dass diese Wohnhäuser der »Boden der Islamisierung« seien (»terres d'islamisation«).

Gemeint sind die Plattenbausiedlungen und Trabantenstädte, die ab Mitte der 1950er-Jahre massenhaft aus dem Boden gestampft wurden – sie waren eine Antwort auf das rasante Bevölkerungswachstum im urbanen

---

34 Etwa diesen Essay eines Wirtschaftsjournalisten: REVEL 2005. Oder den Brandbrief des Meinungsforschers Cayrol (2012). Oder den Aufruf der Leiterin eines liberalen Thinktanks (IFRAP) an den künftigen Präsidenten: VERDIER-MOLINIÉ 2017.

35 So zum Beispiel: BLANC 2004

Raum, und sie brachten eine überfällige Modernisierung. Diese HLM-Siedlungen (*Habitat à loyer modéré*: konstengünstiger Wohnraum) haben heute einen Anteil von über 17 Prozent an den Mietwohnungen (gut dreimal soviel wie in Deutschland).

Damit springt Zemmour nicht nur auf fremdenfeindliche Vorurteile auf. Er bezieht sich damit indirekt auf eine drängende soziale Frage, die schon der sozialistische Premierminister Michel Rocard 1988 in einer Grundsatzrede ansprach: das chronische Defizit der staatlich geförderten Gesellschaften für den sozialen Wohnungsbau, den Verfall der Bausubstanz und den Zerfall des gesellschaftlichen Zusammenhalts in den Stadtvierteln, in denen die untersten Einkommensschichten leben, wozu eben auch viele Ausländer oder Menschen mit Migrationshintergrund gehören.

Seine Gegenmaßnahme fasste er mit einer Formel zusammen, die immer noch in aller Gedächtnis ist: »die Treppenhäuser auf Stand bringen« (»*réparer les cages d'escalier*«). Das war die Geburtsstunde der französischen Stadtpolitik (*Politique de la ville*) als ein Versuch, »Urbanismus und urbanes Leben« (Rocard) bzw. höfliche Umgangsformen wieder in Einklang zu bringen (*réconcilier urbanité et urbanisme*). Mit anderen Worten: Stadtentwicklung und gesellschaftlichen Zusammenhalt gleichzeitig fördern. Seit 1990 gibt es in diversen Ausgestaltungen ein ›Stadtministerium‹. Die bekanntesten Amtsinhaber waren 1992-1993 der Unternehmer und linksliberale Politiker Bernard Tapie sowie 2003-2007 der sozialliberale Politiker Jean-Louis Borloo. Die *Politique de la ville* – zentral in Paris gesteuert, ganz im Gegensatz zu Deutschland – ist fast ausschließlich Problemvierteln an den Stadträndern gewidmet, wo oft Arbeitslosigkeit, Jugendkriminalität, Drogen- und Waffenhandel herrschen und die für Ärzte, Feuerwehr und Ordnungskräfte nicht selten No-go-Areas sind. Der auch in Deutschland bekannte Film *La Haine* von Mathieu Kassovitz (1995) gibt einen Einblick in diese Lebenswelten.

Die drängende soziale Frage, um die es damals Rocard ging, hat sich seitdem verschärft. Der Zustand des sozialen Wohnungsbaus hat sich nicht verbessert, die Wohnungen sind knapp – für alle unteren Einkommens-

schichten, darunter auch Ausländer, und insbesondere Menschen muslimischen Glaubens. Die seit Jahren rasant ansteigenden Immobilienpreise in den anderen Vierteln sorgen heute auch für die untere Mittelschicht
für einen akuten Mangel an bezahlbarem Wohnraum.

Was also Zemmour anspricht, ist eigentlich das Thema: Wohnungsnot
der unteren Mittelschicht. Und die stellt genau die Wählergruppe, die er
seiner Konkurrentin Marine Le Pen abwerben möchte. Das Feindbild ›Islam‹ (sozialer Wohnungsbau als ›Boden der Islamisierung‹) dient allein
der Medienwirksamkeit seines Wahlspruchs.

Jede Kritik – auch die konstruktivste – ist negativ besetzt. Sie
darf nur unter einer Voraussetzung formuliert werden, nämlich
dass man einem rhetorischen Ritual folgt und der Aussage explizit diesen einen Satz voranstellt: »Das System der Sozialversiche-
rung/Gesundheitsvorsorge etc., um das uns die Welt beneidet«
(*Le système de protection sociale/de santé etc. que le monde nous envie*).
Am besten wiederholt man ihn am Ende seiner Ausführung noch
einmal.

Fourquet und Cassely haben sich in ihrem ›Reiseführer‹ an
diese Regel gehalten – und zwar implizit, durch die Häufung
liebevoll recherchierter Details aus dem konkreten Leben und
das sorgsame Vermeiden von Statistiken und Tabellen. Auch die
Tatsache, dass am Ende des Buches eine Schlussanalyse gänzlich
fehlt – in Frankreich völlig unüblich – zeugt von ihrer großen
Vorsicht.

9. *Parlez-vous français?* – Sprache und Macht

»Wer noch Bürger ist, bestimmt der Präsident.« So zugespitzt
beginnt ein Meinungsbericht von Magnus Klaue in *Die Welt* vom
8. Januar 2022 (KLAUE 2022), der die deutsche und die französische Praxis im Umgang mit Ungeimpften in der Coronapandemie

vergleicht. »In Deutschland werden Ungeimpfte als ›Idioten‹ adressiert oder gleich als Staatsfeinde behandelt. Frankreichs Präsident Macron beschimpft sie, spricht ihnen das Recht ab, Bürger zu sein. Was wir sehen, sind Symptome für den Zerfall von Nationalstaatlichkeit.« In Coronazeiten und erst recht in Wahlkampfzeiten ist der Umgangston in Frankreich zugegeben weit rauer als in Deutschland. Aber darin gleich einen »Zerfall von Nationalstaatlichkeit« zu sehen? Klaue meinte wohl eher den Zerfall der *Citoyenneté*, also des Bürgersinns, und dachte sicherlich auch an den des gesamtgesellschaftlichen Zusammenhalts. Nicht nur die Pandemiepolitik polarisiert. Auch der Wahlkampf trägt dazu bei. Denn die Präsidentschaftswahlen bewegen sich weniger um Programme als um Worte. Sie sind in Frankreich das A und O, um in den Élysée-Palast einzuziehen – oder eben nicht. Und das nicht nur heute. Zwei Historiker hatten 2016, im Vorfeld der damals beginnenden Präsidentschaftswahlen, einen Rückblick veröffentlicht, in dem sie die Wortgefechte seit 1965 nachverfolgen (GARRIGUES/RUHLMANN 2016). *Élysée-Circus* nennt sich das Buch, das viele Schlüsselmomente enthält.

Wie die Wortwahl der Politiker die Bürger verletzt

Am 4. Januar 2022 hatte die Tageszeitung *Le Parisien* ein langes Gespräch zwischen einigen Lesern und Macron veröffentlicht (BEAUMONT et al. 2022). Zwei seiner Statements haben die Öffentlichkeit zutiefst schockiert. Um ihre Tragweite erklären zu können, muss man sie in voller Länge zitieren. Als ihn eine Krankenschwester auf die vielen Ungeimpften auf den Intensivstationen ansprach, erwiderte er: »Moi, je ne suis pas pour emmerder les Français. Je peste toute la journée contre l'administration quand elle les bloque. Eh bien là, les non-vaccinés, j'ai très envie de les emmerder. Et donc on va continuer de le faire, jusqu'au bout.« Und zu den Impfgegnern sagte er: »Quand ma liberté vient menacer celle des autres, je deviens un irresponsable. Un irresponsable n'est plus un citoyen.« Das war der Auslöser der Polemik.

Macrons Äußerung zu den Impfgegnern ist noch am leichtesten zu übersetzen. »Wenn meine eigene Freiheit für die der anderen zur Bedrohung wird, dann handele ich unverantwortlich. Ein unverantwortlicher [bzw. verantwortungsloser] Mensch ist kein Citoyen mehr.« Anlässlich der gemeinsamen Pressekonferenz mit Ursula von der Leyen am 7. Januar 2022 im Élysée-Palast war er noch einmal auf dieses Statement eingegangen und hatte betont, er stehe dazu, denn »Citoyen bedeutet, dass man Rechte und Pflichten hat, und vor allem Pflichten« (»*Etre citoyen, c'est avoir des droits et des devoirs, et ce sont d'abord des devoirs*«). Dass er sich verpflichtet sah, dies ausdrücklich hervorzuheben, erklärt sich dadurch, dass der französische Begriff der *Liberté du citoyen*, anders als in Deutschland, Freiheit in Verantwortung nicht beinhaltet.

Von der Leyen meinte ihrerseits beipflichtend, diese »Diskussion über Verantwortung und Freiheit« sei in unserer Gesellschaft während der Pandemie »sehr wichtig«. Das war mehr als eine diplomatische Phrase: Die Dialektik Freiheit/Verantwortung ist der Grundstein für den Aufbau Europas – auch die Kernfrage der Stabilität der Währungsunion. Und im französischen Wahlkampf dreht sich vieles um *Liberté*. Marine Le Pen zum Beispiel hat sich den Begriff auf die Fahne geschrieben.

Der erste Satz der viel besprochenen Äußerung Macrons ist weit schwieriger zu übersetzen, wie die zahlreichen Versuche der Frankreichkorrespondenten gezeigt haben (von »nerven« bis »auf den Sack gehen«). *Emmerder quelqu'un* ist ein gängiger umgangssprachlicher Begriff und nur einen Hauch ordinär. Die Bandbreite zwischen Hochsprache, Umgangssprache, ordinärer Ausdrucksweise u.v.a.m. ist im Französischen weit größer als im Deutschen. Die Hochsprache hat sich vom ›Normalfranzösisch‹ höfisch abzuheben. Das Schockierende lag somit im Stilbruch

Macrons. Auf der seiner Würde entsprechenden Stilebene hätte er eigentlich General Cambronne erwähnen sollen, der am Ende der Schlacht in Waterloo 1815, als er von seinem englischen Kollegen Collville aufgefordert wurde, sich zu ergeben, diesem mit *Merde!* geantwortet habe – so zitiert ihn zumindest der berühmte Schriftsteller Victor Hugo (1802-1885). Es entspricht genau dem, was Goethes Götz von Berlichingen den Gesandten Seiner Majestät zu verstehen gab.

Aber *Cambronne* ist ein Begriff für das gehobene Bildungsbürgertum. Das Verb *emmerder* ist gängiger, und der Präsident wandte sich in dem Interview ja auch an ›kleine Leute‹ (so hatte Heinrich Böll einmal ihre deutsche Entsprechung genannt), die dieses Wort im Alltag nutzen. Der Stilbruch aber hat sie schockiert, statt sie einzubeziehen. Eben das war Kalkül. Macron hat also gesagt: »Mir geht es nicht darum, die Franzosen zu piesacken. Ich schimpfe selbst den ganzen Tag über die Verwaltung, wenn sie sie blockiert. Aber jetzt, diese Ungeimpften, die habe ich große Lust zu piesacken. Und so machen wir das auch, bis zum Schluss.«

Macrons Kraftwort war kein Ausrutscher, titelt Michaela Wiegels Bericht in der *Frankfurter Allgemeinen Zeitung* vom 6. Januar 2022 (WIEGEL 2022). Es war in der Tat ein wahltaktischer Schachzug, um durch die Spaltung Impfgegner/Impfbefürworter seine eigene Wählerschaft zu mobilisieren und möglichst die seiner Gegnerin im republikanischen Lager, Valérie Pécresse, abzuwerben – beide sind pro Impfen. Die meisten der anderen Parteien bilden das Lager der Impfgegner.

In einem französischen Wahlkampf geht es weniger um Inhalte als um die Aufmerksamkeit der Medien. So tauschten auch 2022 die Kandidaten kaum Argumente aus, sondern Schlagwörter und gegenseitige Beschimpfungen jeder Art. Das war schon 2017 der Fall, erreichte aber fünf Jahre später einen Höhepunkt, der die Qualitätszeitung *La Croix* schon im September 2021 dazu brachte, einen Appell zu starten (LA CROIX 2021): »Wahrhaftig debattieren!« *(»Débattre vraiment!«).* Sie bringt so öffentlich ihre tiefe Sorge um die Demokratie zum Ausdruck und fragt: »Kann man in unserem Land überhaupt noch debattieren?« Der Wahlkampf findet vornehmlich innerhalb der Medien- und Politikzirkel statt, die Bürger haben (fast) keinen Anteil daran. Das ist es, worauf der Präsident des Sénat, Gérard Larcher, hinwies, als er im März 2022 die ›Legitimität‹ der voraussichtlichen Wiederwahl Macrons infrage stellte. Macron hatte sich erst Anfang März, nur fünf Wochen vor den Wahlterminen (10. und 24. April) zum Kandidaten erklärt, und weigerte sich, mit seinen Konkurrenten zu debattieren. Er setzte auf den ›Kriegsbonus‹, der ihm als amtierenden Präsidenten im Ukrainekrieg zukommt, wie Larcher ihm vorwarf.

Wahlkampf hin oder her, die Mehrheit des Wahlvolks hat die grundlegende Verachtung, die durch Macrons Stilbruch zum Ausdruck kam, zutiefst schockiert und ihr Misstrauen den Politikern gegenüber bestätigt. Es ist längst nicht das erste Kraftwort, mit dem Öl ins Feuer gegossen wurde. Im Herbst 2018 hatte der damalige Regierungssprecher Benjamin Griveaux (LREM) den Vorsitzenden der Partei ›Les Républicains‹ (LR), Laurent Wauquiez, heftig angegriffen, weil dieser sich öffentlich gegen die geplante Erhöhung der Dieselsteuer stellte. In einem Schlagabtausch auf Twitter hatte Griveaux seinen Gegner als den Kandidaten »der Typen, die Kippen rauchen und einen Diesel fahren« bezeichnet.[36] Das war zu heftig: Viele Franzosen empfanden diese Äußerung als eine persönliche Zumutung und zogen mit ihren Gelbwesten auf die Straße.

Wie aufgeheizt die Stimmung im Wahlkampf 2022 war, brachte zum Beispiel am 5. Januar Arnaud Benedetti, Chefredakteur der konservativen Zeitschrift *Revue politique et parlementaire,* in

---

36 »Wauquiez, c'est le candidat des gars qui fument des clopes et qui roulent au diesel«.

der republikanischen Zeitung *Le Figaro* mit harscher Kritik auf den Punkt (BENEDETTI 2022): »Macron hat etwas mit Trump gemeinsam: Dass er versucht, seine Wähler durch eine ebenso unverblümte wie verletzende Kommunikation zu mobilisieren. So gesehen ist der Macronismus nichts anderes als ein Trumpismus der Eliten.«[37] Gemeint ist wohl demagogisches Vorgehen, den Bezug zu Trump darf man getrost als Beschimpfung interpretieren.

Statussymbol ›Elitesprech‹

Die Elite – ob in der Politik, der Wirtschaft oder zum großen Teil auch in den Medien – bildet nicht nur sozial eine geschlossene Gesellschaft. Sie hat auch ihre eigene Sprache und eine entsprechend uniforme Sichtweise. Natürlich haben Verantwortliche eine spezifische Ausdruckweise und brauchen sie auch als Amtshabitus. Die Sprechweise von Politikern kennzeichnet sich generell durch oft sinnleere und zuweilen skurrile Formulierungen, für die das europäische Übersetzerkollegium in Straelen vor gut 30 Jahren eigens eine humorvolle ›Phrasendreschmaschine‹ entworfen hat. In Frankreich geht jedoch die Ausdrucksweise der Eliten weit über das hinaus, was man in Deutschland kennt.

Sie nennt sich *Langue de bois* (wörtlich: hölzerne Sprache) und ist die offizielle Sprache der über dem Volk Erhabenen. Sie ist mehr als nur das ›Kaderwelsch‹, wie man es zum Beispiel in der DDR pflegte und womit der Film *Good Bye, Lenin!* so lebendig spielt. Die *Langue de bois* ist ein standardisiertes Erkennungszeichen derjenigen, die ›dazu‹ gehören. Sie kennzeichnet sich vor allem durch den Gebrauch abstrakter Begriffe und vieler Substantive. Damit erstarrt die Dynamik der jeweiligen Situation, und es wird der Eindruck vermittelt, man habe die Situation im Griff. Die Wirklichkeit wird nicht beim Namen genannt, das ›rea-

37 Übersetzung von Eurotopics.

le Leben‹ verliert seine Konsistenz, und die häufige Nutzung des Passivs verwischt Ursachenketten oder Zusammenhänge.

Vermehrt kommen ›politisch korrekte‹ Wortgebilde hinzu, wie etwa die Bezeichnung kanadischen Ursprungs *minorité visible* (wörtlich: sichtbare Minderheiten) für alle diejenigen, deren Hautfarbe nicht weiß ist. Generell gilt, dass man sich durch diesen Duktus vom ›gemeinen Volk‹ abhebt. Symptomatisch hierfür ist der in der Welt der ›Eliten‹ systematische Gebrauch einer obsoleten, fast nur im Werk des Schriftstellers und Politikers Chateaubriand (1768-1848) auffindbaren Redewendung, um ein Einverständnis auszudrücken: *si vous en êtes d'accord*. Im ›normalen‹ Französisch sagt man heute: *si vous êtes d'accord*.

Dass »Politik mit Worten gemacht wird«, hatte Heinrich Böll der Bonner Republik oft vorgehalten. Was Frankreich unterscheidet, ist, dass der Zentralismus auch die Sprache erfasst und die Bildung von Parallelwelten fördert. Anders formuliert: Der *Langue de bois* der versammelten Eliten fehlt nicht nur die Erdung, sie verstärkt auch die Kluft zwischen einer von Kommunikation geprägten Welt und der vielfältigen und dynamischen Wirklichkeit. Das ist ein weiterer Grund für das Gefühl vieler Franzosen, von der Elite miss- und verachtet zu werden. Ihre Realität existiert einfach nicht – auch sprachlich. Das ist der Hintergrund für die Entrüstung vieler Bürger über Macrons *emmerder*: Das Wort ist ein Fremdkörper im offiziellen ›Elitensprech‹. Privat nutzt es übrigens auch die Elite, aber nur hinter vorgehaltener Hand und mit höflichem Grinsen.

Wohin diese sprachliche Kluft zwischen Volk und Elite führt, konnte man sehr gut während der Gelbwestenbewegung 2017-2018 beobachten. Sie ist einer der Gründe für die damalige Gewaltspirale. Die Informationskanäle berichteten in Schleife, das ist das eine. Sie veranstalteten auch massenhaft Debatten zwischen Gelbwesten und Regierungsmitgliedern, die sich im Studio fast immer sauber in zwei Reihen getrennt gegenübersaßen. Auch wenn auf beiden Seiten zumindest zu Beginn der Bewegung oft ehrlich der Versuch unternommen wurde, miteinander ins Gespräch zu kommen, es blieb dennoch bei einer aussichtslosen Konfrontation. Beide redeten ständig aneinander vorbei – nicht, weil die jeweiligen Argumente auf taube Ohren gestoßen wären, sondern weil sie nicht in derselben Sprache vorgetragen wurden. Die Gelbwesten beherrschten die Sprache der Technokraten nicht, diesen waren die Lebenswirklichkeit und die ›normale‹ Sprache – also im konkreten Fall die Sorgen – ihrer Gegner völlig fremd. Sie konnten nicht zusammenkommen. Man hätte sich in solchen Sendungen wahrhaftig Dolmetscher gewünscht!

Sprache – Grundpfeiler der ›Unteilbarkeit der Republik‹

Jeder, der ›etwas werden‹ will, muss nach ›Paris rauf‹. Das ist nicht nur geografisch gemeint, es gilt auch sprachlich. Denn das ›Standardfranzösisch‹ ist das der Hauptstadt. Im Klartext: Jeder, der zum Studium nach Paris kommt und auch nur den Hauch eines Akzents mitbringt, muss ihn tunlichst verlieren, sonst macht er sich lächerlich und setzt seine Aufstiegschancen aufs Spiel. Ein Winfrid Kretschmann und selbst ein Helmut Schmidt könnten es mit ihrer Sprachfärbung in Paris nie zu etwas bringen. Es gibt nur zwei Ausnahmen, die in Paris geduldet und sogar angesehen sind: ein Anflug des Dialekts der Provence oder des Südwestens. Beide sind durch Literatur, Film, Kunst und Tourismus geadelt. Allen anderen Regionalsprachen oder Akzenten haftet ein negatives Image an, von Prolet (Norden Frankreichs) bis Dorftrottel (alle ländlichen Gebiete) oder ›nicht-französisch‹ (Elsass-Lothringen).

Französisch: Erst die Sprache der Monarchen, dann der *République*

Die heutige Nationalsprache Französisch – sie versinnbildlicht das Universalprinzip der ›Unteilbarkeit der Republik‹ – ist anders erwachsen als die deutsche, die im Vergleich einem Patchwork-Gebilde gleichkommt (man denke nur an Luthers Bibelübersetzung).

Mit dem Erlass von Villers-Cotterêts im Jahr 1539 hatte König Franz I. Französisch zur offiziellen Sprache für Recht und Verwaltung in seinem Reich erklärt. Es bestand aus diversen Dialekten dessen, was man *Langue d'oïl* nennt und was vorwiegend im Norden Frankreichs gesprochen wurden (im Süden herrschte die *Langue d'oc*). Die Urmutter der heutigen Nationalsprache ist somit ein Gebilde der damaligen Monarchie.

Kardinal Richelieu (1585-1642), Minister bzw. Regierungschef unter König Ludwig XIII., gründete dann 1634 die heute noch bestehende *Académie française*, um der Sprache feste Regeln zu geben (grammatikalisch wie orthografisch). 1694 erschien die erste Ausgabe des *Dictionnaire de l'Académie française*. Die neunte Ausgabe dieses enzyklopädischen Wörterbuches ist noch heute in Arbeit.

Während der Revolution haben dann die Jakobiner die Sprache der Pariser Bourgeoisie zur Norm erhoben; es war ein Mittel, erneut die Einheit des Landes zu erzielen und die Republik zu etablieren. Den Regionalsprachen wurde der Garaus gemacht, und bis vor nicht allzu langer Zeit noch wurde das Nutzen des Dialekts – ›schlechtes Französisch‹ – auf dem Schulhof bestraft.

Erst seit Ende der 1960er-Jahre spricht, bis auf wenige Ältere, die gesamte Bevölkerung Französisch.

Dass die Dialekte der ländlichen Gebiete, allen voran im Burgund, als minderwertig betrachtet werden, hat auch mit den Stücken des Dramatikers Molière (1622-1673) zu tun. Seine Mägde und Knechte sprechen diesen Dialekt, den es auf diese indirekte Weise auch ›schriftlich‹ gibt. Und später, im 19. Jahrhundert, kamen die Ammen aus dem Morvan (ärmerer, westlicher Teil Burgunds) hinzu, die nach Paris ›raufzogen‹, um die Kinder der dortigen Bourgeoisie zu stillen, oder in ihrem Dorf den unehelichen Nachwuchs derselben ernährten. Nebenbei trug das auch zur Modernisierung dieser abgeschiedenen Gegend bei.

Das Thema ›Regionalsprachen‹ bleibt eine offene Wunde. Frankreich tut sich schwer mit der 1992 vom Europarat verabschiedeten *Europäischen Charta der Regional- oder Minderheitensprachen*. Frankreich hat sie erst 1999 unterzeichnet (Deutschland gleich 1992). Präsident Hollande hatte zwar versucht, sie in französisches Recht umsetzen zu lassen, doch scheiterte sein Vorhaben 2015 am Widerstand des *Sénat*. Dieser fürchtete, dass die Anerkennung von Regionalsprachen den verschiedenen separatistischen Bestrebungen und Unabhängigkeitsforderungen auf Korsika, im Baskenland, in Katalonien oder in den Überseegebieten eine neue Rechtmäßigkeit verleihen und so die ›Zentrifugalkräfte fördern‹ könnte. Denn auch darum geht es: Sprache fungiert als Kitt für eine extrem heterogene Gesellschaft, die überdies über die Ozeane verstreut ist.

›Glottophobie‹

Das erklärt die zahlreichen Diskriminierungen oder gar Stigmatisierungen, denen sich diejenigen ausgesetzt sehen, die eine regionale Sprachfärbung haben. Ein Sprachwissenschaftler hat dafür sogar eigens einen Begriff geprägt: *Glottophobie* (BLANCHET 2016). Das Meinungsforschungsinstitut IFOP ist dem 2020 nachgegangen – eine Premiere in Frankreich. Das Ergebnis: Jeder zweite der Befragten gibt an, einen Akzent zu haben, und je nachdem wie stark dieser ist, geben ein bis zwei Drittel an, dass andere sich über sie lustig gemacht haben. Und jeder sechste berichtet, deswegen Opfer von Diskriminierungen bei einer Aufnahmeprüfung oder einem Vorstellungsgespräch gewesen zu sein.

Diese Erfahrung machen häufig auch Journalisten in den Bild- und Tonmedien – alle in Paris ansässig. Das bewog Jean-Michel Apathie, u. a. Kolumnist des Infokanals LCI, zusammen mit einem Kollegen der Printmedien, diese IFOP-Umfrage anzuregen

und ein Buch dazu zu veröffentlichen. Es trägt den provozieren-
den Titel *Ich habe einen Akzent, na und?* (APATHIE/FELTIN-PALAS
2020).

Apathie gehört zu der winzigen Handvoll von Persönlichkeiten, die in der Öffentlichkeit ihren regionalen Zungenschlag
(in diesem Fall Baskenland) behalten dürfen. Eine andere dieser
Ausnahmen ist Jean Castex, der zweite Premierminister Macrons, der seinerseits im Juli 2020 eine positive Diskriminierung
erfuhr: Er wurde gerade wegen seiner unüberhörbar okzitanisch
gerollten ›Rs‹ ernannt. Damit sollte die ›Erdung‹ der Regierung
zur Schau gestellt werden – Südwestfrankreich ist Rugby-Land.
In den Medien erntete er zunächst nur Spott, bei den Bürgern
hingegen unmittelbare Sympathie. Das Gleiche gilt auch für den
Abgeordneten und Präsidentschaftskandidaten Jean Lassalle
(2017, 2022), der mit seiner ausgeprägten okzitanischen Mundart
das ländliche Frankreich ›von unten‹ vertritt und mit dem viele
Wähler sich gern kurz auf ein kleines Bier einlassen würden.

Wie dem auch sei, im Mai 2021 wurde schließlich ein Gesetz
erlassen,[38] das zum ersten Mal das Bestehen einer sprachlichen
Vielfalt anerkennt. Dieses sprachliche Erbe (*patrimoine linguis-
tique*), das rund 20 Regionalsprachen in Kontinentalfrankreich
und über 50 in den Überseegebieten beinhaltet, ist nun rechtmä-
ßiger Bestandteil des kulturellen Erbes.

Dieses Gesetz hat jedoch eher Symbolfunktion, da die Regionalsprachen zumindest auf dem Kontinent allmählich aus-
sterben – sieht man von wenigen ab, die eine starke Identität
aufweisen: Bretonisch, Elsässisch, Katalanisch, Okzitanisch, Kor-
sisch. Oder versuchen, ihr Image aufzuwerten, wie es Dany Boon
2008 mit seiner Filmkomödie *Willkommen bei den Sch'tis* (*Bienvenue
chez les Ch'tis*) mit der nordfranzösischen Mundart tat. Sie dürfen

---

38 Loi N° 2021-641 du 21 mai 2021 relative à la protection patrimoniale des langues régionales et à leur promotion

heute von den Schulen als Wahlfach angeboten werden, aber der Unterricht in den Hauptfächern muss weiterhin auf Französisch erfolgen. Eine dritte Bestimmung erlaubt die Zweisprachigkeit im öffentlichen Raum, zum Beispiel bei Straßennamen oder auf den Websites der Ämter.

Nur eines bleibt strikt verboten: Die regional tradierten Vornamen der Kinder auf den Geburtsurkunden auch in der ortsüblichen Schreibweise aufzunehmen. Das würde gegen Art. 2 der Verfassung verstoßen, der besagt: »Die Sprache der Republik ist Französisch.«

Sprache als Schutzwall der République ...

»Die französischen Sprachhüter machen Druck: Weil auf den neuen französischen Personalausweisen eine englische Übersetzung ist, will die Académie Française vor das höchste Verwaltungsgericht ziehen. Ein Anwaltskabinett habe Premierminister Jean Castex geschrieben, um das Gesetz zu den neuen Personalausweisen abzuändern, berichtete die Zeitung *Le Figaro* am Donnerstag.« So beginnt eine AFP-Meldung, die zum Beispiel das Magazin *Stern* am 6. Januar 2022 übernahm.

Der neue Personalausweis im Format einer EC-Karte ersetzt die alte *Carte d'identité* seit August 2021. Eine EU-Verordnung schreibt vor, die Bezeichnung des Dokuments in zwei EU-Sprachen anzuführen; in Deutschland sind alle Angaben dreisprachig. Frankreich protestiert als einziges EU-Mitglied. Warum eigentlich? Der Reisepass aller EU-Bürger ist seit 1985 in elf Sprachen verfasst, was bisher auch in Frankreich niemanden gestört hat.

Die ›Unsterblichen‹ (*Immortels*), wie die Mitglieder der *Académie française* protokollarisch bezeichnet werden, handeln sich zunehmend den Ruf ein, sich gegen jegliche Entwicklung der Sprache zu sperren. Es geht um weit mehr als um das Gendern, das auch in Frankreich derzeit für heftige Kontroversen sorgt, wie der Aufschrei um die Aufnahme des geschlechstneutralen Pronomens *iel* (weder *il* noch *elle*) in die Online-Version des Lexikons *Le Robert* im November 2021 zeigt. Dieses Nachschlagewerk folgt einer dynamischen Vorstellung der Sprache, es nimmt alle neuerscheinenden Ausdrücke auf. Zur Debatte steht die Rolle der *Académie française* als Tempelhüterin einer als elitär und anachronistisch empfundenen Sprachauffassung, die alle Erkenntnisse der Linguistik Lügen straft.

2017 hatten über 70 Sprachwissenschaftler einen Brandbrief veröffentlicht, in dem sie die ›Inkompetenz‹ dieser 400-jährigen Institution beklagen und zu einer offenen, sachbezogenen öffentlichen Auseinandersetzung um die Sprachentwicklung aufrufen.[39] Dessen Überschrift enthält ein vielsagendes Wortspiel. *Que l'Académie tienne sa langue, pas la nôtre* bedeutet: *Möge die Académie ihre Zunge hüten – nicht die unsere. Langue* bedeutet Sprache und Zunge zugleich.

Der Protest der Académie gegen den zweisprachigen Personalausweis und einen Monat später gegen die Verbreitung des *Franglais* – der französischen Entsprechung des Denglisch – in der Kommunikation von Unternehmen und öffentlichen Einrichtungen zeigt, wie aufgeheizt die Stimmung ist. Das war sogar *Euronews* eine Meldung wert. In einer Mitteilung »warnten [ihre Mitglieder] vor der Gefahr, die Frankreich drohe, wenn das Gesetz nicht beachtet werde. Weil dann Französisch ›nicht mehr die lebendige und beliebte Sprache ist, die wir lieben‹«.

Sie pocht darauf, das Gesetz zum Gebrauch der französischen Sprache – ›Toubon-Gesetz‹[40] – aus dem Jahr 1994 rigoros anzuwenden. Dieses Gesetz, das den Gebrauch englischer Wörter unter Strafe zu stellen versucht, wurde im Ausland mit Spott aufgenommen. Dorothea Hahn hatte ihm damals in der *taz* eine Glosse gewid-

---

39 Que l'Académie tienne sa langue, pas la nôtre. In: *Revue Ballast*, 28. November 2017
40 Loi n° 94-665 du 4 août 1994 relative à l'emploi de la langue française

met (HAHN 1994). Sie schreibt darin: »Den Fundamentalisten der Recht-Sprache reicht das alles noch nicht. Sie empören sich schon jetzt darüber, dass auch in Zukunft die Ansagen auf Inlandsflügen ausländisch sein dürfen.« Der Kampf der ›Unsterblichen‹ gegen die neue zweisprachige *Carte d'identité* hat eine lange Vorgeschichte.

Vieles von dem Toubon-Gesetz ist umgesetzt worden. Die Medienaufsichtsbehörde CSA (heute Arcom) zum Beispiel wacht akribisch über das Vokabular der Journalisten und veröffentlicht sogar Wörterlisten, in denen sie eine französische Formulierung vorschreibt. Blog etwa soll durch *Bloc-notes* ersetzt werden, Crash durch *Ecrasement* oder Streaming durch *Diffusion en flux*. Nur wenige solcher Vorschläge haben sich durchgesetzt, oft weil sie zu lang sind. Aber sie folgen einer förmlichen Empfehlung der Behörde zum Sprachgebrauch in den audiovisuellen Medien.[41]

Eine ganze Reihe von Institutionen oder Persönlichkeiten ist aufgerufen, Ersatz zu suchen. Ein geglückter Versuch war die Erfindung des Wortes *Ordinateur* für Computer; es hat sich durchgesetzt. Nur wird hier aber auch deutlich, dass Frankreich sich mit dieser Praxis der Welt gegenüber abschottet.

Eine beim Kulturministerium angesiedelte Arbeitsstelle, die *Délégation générale à la langue française et aux langues de France* – DGLFLF, koordiniert interministeriell die Sprachpolitik Frankreichs. Sie setzt auch das Toubon-Gesetz um und hatte 2003 allen Behörden und öffentlichen Einrichtungen bis hin zu den Universitäten angeordnet, ›E-Mail‹ durch die Wortschöpfung *Courriel* auszutauschen. Diese stammt aus Québec, dem französischsprachigen Teil Kanadas, das oft als Vorbild herangezogen wird, wenn es um die Bekämpfung angloamerikanischer Begriffe geht. Das Problem mit *Courriel* ist nur, dass allein die frankophonen Länder

---

41 Recommandation n° 2005-2 du 18 janvier 2005 relative à l'emploi de la langue française par voie audiovisuelle

den Begriff verstehen. Für die internationale Zusammenarbeit ist er nicht geeignet.

… und als »Sonne, die aus dem Hexagon herausstrahlt«

Offenbar liefert die *Académie française* heute ein letztes Rückzugsgefecht. Denn in der Forschung ist weltweit Englisch gefragt. Ebenso wie ohnehin in der Finanzbranche und zunehmend auch in der Welt der Großkonzerne. Selbst Präsident Macron, der sich von 2008 bis 2012 bei der Bank Rothschild & Co. mit Financial Engineering vertraut gemacht hatte, scheut vor der englischen Sprache nicht zurück.

»Auch im Elysée-Palast wird jetzt Englisch gesprochen«, schrieb zum Beispiel Thomas Hanke in seinem Bericht über die Feier *France Digital Day* 2018 (HANKE 2018). Macron hatte führende französische Start-ups und Unicorns geladen. Er setzte damit sein Wahlversprechen um, aus Frankreich eine ›Start-up-Nation‹ zu machen. Der Einfluss der Digitalisierung ist nicht von der Hand zu weisen. »Das moderne Frankreich verzichtet auf sprachpolitische Verbissenheit, um besser gegen die Angelsachsen bestehen zu können«, so Hankes Fazit. *Le Monde* ging 2021 einen Schritt weiter und nannte die Start-up-Gründer Macrons »Schwertadel« (»*noblesse d'épée*«) (CHAPERON 2021).

Frankreich ist zwiegespalten. Es geht darum, wirtschaftlich an die Weltspitze zu gelangen, da ist Englisch gefragt, sei es um den Preis, dass sich im Inland auch ein Frenglisch verbreitet, das ohnehin nur Eingeweihte verstehen. Nach außen hin aber muss das *Rayonnement de la France* verteidigt werden, also das Image und die Ausstrahlung. Immerhin war spätestens seit Ludwig XIII. Französisch die Sprache aller Höfe auf dem europäischen Kontinent und ist bis heute dank der Diplomatie Weltsprache geblieben.

Das zeigt sehr anschaulich ein Bericht des *Tagesspiegel* im Vorfeld der Frankfurter Buchmesse 2017, als Frankreich Gastland

war. Demnach sprechen 274 Millionen Menschen Französisch
(die Regierung schätzt sie auf etwa 220, andere Quellen auf 130
oder gar 300 Millionen). Und in 29 Ländern ist Französisch
Amtssprache – das ist das Erbe der ehemaligen Kolonialmacht.
Frankreich sieht sich heute als sprachliche Supermacht. Ihr ide-
elles Hoheitsgebiet nennt sich Frankophonie.

Abbildung 10
Frankophonie

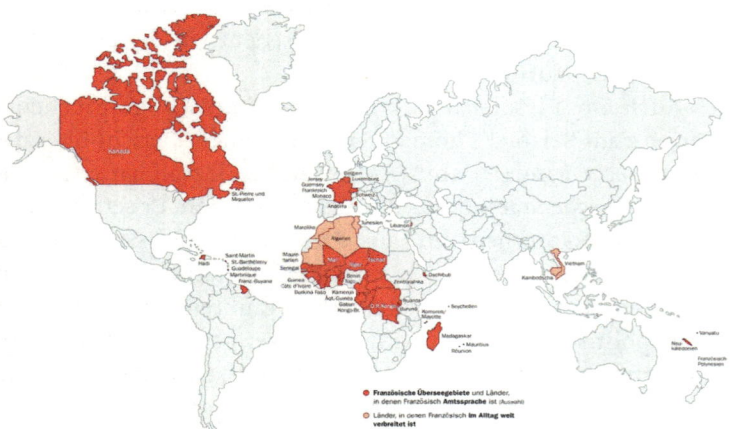

Quelle: *Der Tagesspiegel*; https://www.tagesspiegel.de/gesellschaft/frankfurter-buchmesse-zehn-fakten-
zur-frankophonie/20441390.html

Das Bewusstsein einer Gefahr des Prestigeverlusts für die französische
Sprache war nach dem Krieg entstanden, als Reaktion auf die ›Übermacht‹ der anglo-amerikanischen Siegersprachen. Nach der Entkolonialisierung und dem Ende des Algerienkrieges prägte Leopold Sédar Senghor den Begriff ›Francophonie‹. Der franco-senegalesische Schriftsteller,
der der erste Präsident der Republik Sénégal war und später als erster
Afrikaner der *Académie française* angehörte, hatte sich 1962 in einem Bei-

trag für die Zeitschrift *Esprit* für Französisch als Kultursprache eingesetzt (SÉDAR SENGHOR 1962).

Die »Frankophonie«, schrieb er, sei »jener ganzheitliche Humanismus, der die Erde umwebt« (*»cet humanisme intégral, qui se tisse autour de la terre«*). Und in seinem letzten Satz erklärte er poetisch, was unter »*Rayonnement de la France*« zu verstehen sei: »Französisch, die Sonne, die aus dem Hexagon herausstrahlt« (*»le français, Soleil qui brille hors de l'Hexagone«*). Hexagon oder Sechseck ist eine gängige Bezeichnung für Kontinentalfrankreich.

Allmählich entstand daraus eine Bewegung, bis sich 1970 in Niamey (Niger) eine internationale Organisation formierte: die *Organisation internationale de la Francophonie* (OIF) mit Sitz in Paris, der 88 Staaten bzw. Regierungen angehören. Sie rief 1988 den 20. März zum ›Internationalen Tag der Frankophonie‹ aus. 1993 bis 1995 hatte das Kulturministerium (unter Minister Toubon) eine Abteilung *Francophonie*; danach übernahm sie das Außenministerium.

»Donner une voix à la France dans le monde« – »Frankreich in der Welt eine Stimme geben«. So beginnt die Selbstdarstellung der OIF auf der Website der Regierung. Die Herausforderungen seien immens, gerade wirtschaftlich, denn der frankophone Sprachraum mache »16 Prozent der Weltwirtschaft« aus (Stand 2021).

Da ist es nur verständlich, dass nach dem Brexit Macron die französische EU-Ratspräsidentschaft (erstes Semester 2022) nutzte, um der französischen Sprache auch in den EU-Instanzen zu helfen, ihren »Adelsbrief zurückzuerobern« (*»retrouver ses lettres de noblesse«*), wie die Zeitung *La Croix* titelt (SCHOEN 2022) – diese Redewendung ist in der heutigen *République* immer noch gebräuchlich. Weit bürgerlicher formuliert es *Der Tagesspiegel* (MAIER 2022): »Parlez français! Frankreich will die Übermacht des Englischen in Brüssel brechen«.

10. Pyramidale Hierarchie in Politik und Arbeitswelt

Frankreich ist eine Republik. Aber sie hat, spätestens seit General de Gaulle 1958 die v. Republik ausrief und das Amt eines (fast) allmächtigen Präsidenten für sich selbst maßschneiderte, auch eindeutig monarchische Züge. ›Eine republikanische Monarchie‹ hatte sie in den 1970er-Jahren der große französische Staatsrechtler und Journalist Maurice Duverger (mitte-links) getauft (DUVERGER 1974). Damals hatte der Zuschnitt der Institutionen auf eine starke Führungspersönlichkeit, dem ein zahmes Parlament folgt, seine Berechtigung. Das Land musste in das Industriealter gehievt, die Institutionen stabilisiert werden, es war Entkolonialisierung angesagt und es herrschte Algerienkrieg. Heute ist dieses Modell weitgehend obsolet, es entspricht kaum noch den Erfordernissen einer modernen Demokratie.

Der Präsident als Oberbefehlshaber

Der *Président* ist qua Amt oberster Verfassungshüter; er ist es, der seine Regierung ernennt und sie als ›Kabinettsvorsitzender‹ auch leitet. Und, Erbe der Monarchie, er hat das Recht, Verurteilte zu begnadigen. Er ist ebenfalls Oberbefehlshaber der Streitkräfte und kann sie einsetzen, ohne das Parlament in die Entscheidung einzubeziehen. Den besonderen Stellenwert des Militärs kann man sehen, wenn es am Nationalfeiertag am 14. Juli in all seinen Komponenten auf den Champs Élysées aufmarschiert. Immer wieder zur großen Verwunderung deutscher Beobachter – das könnte sich jedoch mit dem neuen Bewusstsein, das im Ukrainekrieg erwachsen ist, ändern.

Diese Parade ist die symbolische Spitze eines geschichtlichen Kontinuums, aus dem Frankreich sein Selbstbewusstsein als Militärmacht schöpft. Erst wurde das Königreich durch Waffen geschaffen und erweitert (natürlich auch durch Anheirat), ebenso wie das Napoleonische Reich, dann wurde die Republik von der französischen Armee (zusammen mit den Alliierten Kräften) 1944 befreit, und diese stellte schließlich den ersten Präsidenten der v. Republik. Obwohl sich das Umfeld geändert hat und sich auch im Inland erhebliche Umwälzungen ergeben haben, baut vieles vom Selbstbild des heutigen Frankreichs als »*Puissance*« (Macht) noch auf dieses Erbe auf, zumal Frankreich ja auch Nuklearmacht ist. Dies alles bildet die Grundlage für das moderne Verständnis der »*Souveraineté*« – Hoheit, Autonomie –, sei es auf nationaler oder europäischer Ebene. Und genau hierin liegt im Zusammenhang mit der Ukrainekrise auch der Gegensatz zwischen dem französischen Verständnis von ›Europa als Zukunftsmacht‹ (Macron) und dem neuen deutschen Ansatz der ›Zeitenwende‹ (Scholz).

In seinem Morning Briefing von 22. Februar 2022 brachte Gabor Steingart *(The Pioneer)* mit kaum verhohlener Kritik auf den Punkt, wie selbstverständlich diese Machtvorstellung ist: »Im Schatten der Russlandkrise erwächst der Europäischen Union ein neuer Anführer: Emmanuel Macron. Geschickt weiß der französische Präsident die eigene Militärmacht, die geopolitische Unerfahrenheit der EU-Präsidentin und das Vakuum, das der Abgang von Angela Merkel in Deutschland hinterließ, für sich zu nutzen« (STEINGART 2022). Außen- wie Europapolitik werden unter geostrategischen Gesichtspunkten gesehen – militärisch und auch wirtschaftlich.

Davon zeugt zum Beispiel die 1997 im Kontext der fortschreitenden Globalisierung gegründete zivile *École de guerre économique*. In dieser weiterführenden Hochschuleinrichtung für Graduierte wird wirtschaftliche Kriegsführung gelehrt. Die Schule unterliegt indirekt dem Verteidigungsministerium und wird von den Geheimdiensten unterstützt. Die junge Materie, die dort gelehrt wird, nennt sich *intelligence économique* – ein Begriff, für den es im Deutschen keine Entsprechung gibt. Er umfasst mehr als Business Intelligence und meint Analysefähigkeiten, die bis an die Grenze der Wirtschaftsspionage gehen können (MARTRE 1994; HARBULOT 2012).

Der historisch geprägte, auf einer streng pyramidalen Hierarchie aufbauende Obrigkeitsbegriff stellt deutsche Beobachter vor große Herausforderungen. Was die Armee angeht, kann der Kontrast nicht größer sein: Dem deutschen ›Bürger in Uniform‹, der Befehle hinterfragen kann und soll, steht ein anonymes Element der ›Großen Stummen‹ (*la Grande Muette*) gegenüber, so der französische Spitzname dieser Einrichtung, der noch aus der III. Republik stammt. Soldaten dürfen zwar seit 1945 wählen gehen, aber nicht einer politischen Partei angehören. Eine armeeähnliche Befehlsordnung durchzieht die gesamte französische Kultur. Sie bestimmt die Funktionsweise der staatlichen Institutionen, der (Zentral-)Verwaltung, den Stil des Unternehmensmanagements bis hin zur Auffassung des Schulunterrichts. Wissen kann nur auf der Chefetage angesiedelt sein, denn Wissen steht für Macht (HOFSTEDE 1994). So erklärt sich auch, weshalb Kritik so unerwünscht ist, weil sie als Infragestellung der Macht gesehen wird. Das gleiche gilt für Mitsprache und noch mehr für Mitgestaltung, sei es durch die Bürger, die Arbeitnehmer oder die Schüler.

Das sorgt zunehmend für Konflikte. Die Gelbwestenbewegung, die mehr Mitwirkungsrechte für das ›gemeine Volk‹ forderte (BOURGEOIS 2018), war kein vereinzeltes Aufbegehren, es war auch kein ›Bauernaufstand‹ – entgegen der Darstellung der Pariser Meinungselite, die von vielen Korrespondenten übernommen wurde. Ähnliches gilt für die Protestaktionen gegen die Rentenreform im Frühjahr 2023, obwohl diese im Unterschied zu den Demonstrationen der Gelbwesten von den Gewerkschaften organisiert und getragen wurden: Der Protest richtete sich an sich weniger gegen die Anhebung des Renteneintrittsalters auf 64 als auf die als reinen Willkürakt empfundene Entscheidung des Präsidenten bzw. der Regierung. Es hatte keine öffentliche

Reformdebatte gegeben, und das Gesetz war ohne Abstimmung in der Nationalversammlung beschlossen worden. Der Stein des Anstoßes war die, obwohl von der Verfassung in einigen Fällen vorgesehene, heute zunehmend nicht mehr als tragbar empfundene alleinige Entscheidungsmacht der Exekutive. Die Bürger und eine einheitliche Gewerkschaftsfront forderten im Grunde genommen auch 2023 mehr Mitspracherechte ein. Und was diese Kultur, die teilweise zur Entmündigung der Bürger seit dem Kindesalter führt, im Unternehmen bedeutet, kann man an der schwindenden wirtschaftlichen Wettbewerbsfähigkeit des Landes ablesen, an der im EU-Vergleich geringen Innovationskraft – oder auch einfach an den Schwierigkeiten, unter denen die konkrete Zusammenarbeit mit Kollegen aus deutschen und nordeuropäischen Ländern oft leidet, in denen Selbstbewusstsein, Verantwortungsbewusstsein und Vertrauen selbstverständlich sind.

Ein entkräftetes Parlament

Vieles unterscheidet das deutsche und das französische Machtgefüge. Ein Bundespräsident ist kein ›Jupiter‹, wie Macron im Wahlkampf 2017 etwas überspitzt die Rolle des *Président* umschrieb. Zwar verfügt der *Président* über eine große Machtfülle, doch ist das französische Regierungssystem entgegen der gängigen Vorstellung keineswegs präsidentiell. Es kommt vielmehr als »eigenartiger Zwitter daher« (UTERWEDDE 2017). Der Präsident steht zwar über dem Parlament, kann es jedoch nicht übergehen.

Frankreich hat auch kein parlamentarisches System wie Deutschland, obwohl Frankreich zur Kategorie der parlamentarischen Demokratien gehört. Das französische Parlament darf man im Vergleich getrost als ›Registrierungskammer‹ bezeichnen. Das gilt ganz besonders für die Nationalversammlung *(Assemblée nationale)*, denn diese wird seit einer Verfassungsänderung im

Jahr 2000 erst gewählt, nachdem der Präsident gewählt wurde, und dies, um ihm für seine Amtszeit (fünf Jahre) die notwendige Regierungsmehrheit zu garantieren. Also genau umgekehrt zu Deutschland, wo der Bundestag die Exekutive wählt.

Auch sind die Befugnisse der *Assemblée nationale* weit geringer als die des Bundestags: Seine Tagesordnung bestimmt weitgehend die Regierung, die Zahl der Ausschüsse ist begrenzt, was die Kontrolle über die Exekutive erschwert, und die Regierung verfügt über einen großen Spielraum, um über Erlasse und Verordnungen zu entscheiden. Dieses System der v. Republik mit einem schwachen Parlament, dessen Mehrheit die Regierung stützt und so für stabile politische Verhältnisse sorgt, hatte de Gaulle eingeführt. Es zieht die Lehren aus der iv. Republik (1946-1958), dessen parlamentarische Parteiendemokratie durch eine extreme Instabilität gekennzeichnet war. In dieser kurzen Zeit wechselten sich 22 Regierungen ab, ein Drittel davon sogar nach nur fünf Wochen.

Diese negative Erfahrung macht es nicht leicht, sich in Frankreich eine Reform vorzustellen, die zumindest ansatzweise zu einem Mehrheitswahlrecht führen könnte, so wie es seit Langem alle Oppositionsparteien fordern und wie es sich auch viele Wähler wünschen. Unvorstellbar sind ebenfalls Koalitionsbildungen wie in Deutschland. Nur drei Ausnahmen gab es bisher, die alle zu einer Blockade führten. Daraufhin wurde im Jahr 2000 die Reihenfolge der Wahlen umgekehrt – seitdem gilt: erst die Wahl des Präsidenten, dann etwa sechs Wochen später die der Abgeordneten.

Solche Ausnahmesituationen, in denen sich Präsident und Nationalversammlung gegenseitig Opposition waren und dennoch zusammenarbeiten mussten – *Cohabitation* genannt –, gab es unter Mitterrand zweimal (1986-1988 und 1993-1995: sozialistischer Präsident und konservative Mehrheit) und einmal unter dem konservativen Chirac (1997-2002). Dieser hatte die Nationalversammlung vorzeitig aufgelöst und sah sich dann einer sozialistischen Mehrheit gegenüber. 2002 wurde die Amtszeit des Präsidenten daraufhin von sieben auf fünf Jahre reduziert, um auch die Amtsdauer in Einklang zu bringen.

Die zweite Kammer des Parlaments, der *Sénat*, ist keineswegs mit dem Bundesrat vergleichbar, durch den im föderalen Deutschland die Bundesländer am Entscheidungsprozess mitwirken. Anders als diese verfügen die *Régions* über keine Hoheitsrechte, weder was die Bereiche der Gesetzgebungskompetenz angeht, noch die Verwaltung. Diese unterliegt der zentralen Exekutive, somit kann es auch keine zustimmungspflichtigen Gesetze geben. Der *Sénat* wird als Vertreter aller Gebietskörperschaften indirekt über Wahlmänner gewählt, seien es Kommunen, *Départements* oder *Régions*. Er ist am Gesetzgebungsverfahren beteiligt, kann jedoch Gesetze nicht blockieren, da letztendlich die *Assemblée nationale* entscheidet.

Bei der Exekutive besteht eine weitere Besonderheit, was die Funktion des Premierministers angeht. Er wird vom Präsidenten ernannt, leitet die Regierung und ist das Oberhaupt der Zentralverwaltung. Er hat die Gesetzesinitiative und ihm obliegt es, die Parlamentsmehrheit dafür zu gewinnen. Gelingt ihm dies nicht, ›springt‹ er, was ihm den Spitznamen *Fusible* (wörtlich: Sicherung) einbrachte. In dieser Doppelspitze der Exekutive aus *Président* und *Premier Ministre* herrscht eine klare Hierarchie, die Nicolas Sarkozy 2007 deutlich aussprach, als er François Fillon abschätzig als seinen ›Mitarbeiter‹ (*collaborateur*) bezeichnete.

Parteien als ›Fanclubs‹

Frankreich ist auch keine Parteiendemokratie wie die deutsche, was für deutsche Wahlberichterstatter nicht immer leicht nachzuvollziehen ist. Die Funktionen der politischen Parteien unterscheiden sich nämlich erheblich. Wirken sie in Deutschland »bei der politischen Willensbildung des Volkes« mit (Art. 21, 1 GG), tun sie das in Frankreich »bei den Wahlentscheidungen« (Art. 4, 1 Verfassung von 1958). Im ersten Fall sind Parteien Grundpfeiler eines auf Stabilität ausgerichteten Systems, und es gibt sogar ein spezielles Parteiengesetz. Im zweiten Fall sind Parteien Gruppierungen, die oft ad hoc gegründet werden, um einen Kandidaten in den Élysée-Palast zu bringen. Sie unterliegen dem normalen Vereinsrecht (*droit des associations*) und haben keine besonderen Verpflichtungen, außer denen eines ›Rennstalls‹ (gängige französische Bezeichnung).

So entstanden zum Beispiel 2017 *La République en marche* (LREM) als ›Rennstall‹ für Macron oder 2021 *Reconquête!* für Zemmour. Oft werden auch bei älteren Parteien die Statuten und die Namen geändert. Die konservative Partei *Les Républicains* (LR) folgte 2015 auf die frühere *Union pour un mouvement populaire* (UMP). Und als Marine Le Pen ihr Programm im Vorlauf der Präsidentschaftswahl 2022 bürgerlicher gestaltete, taufte sie ihre Partei in *Rassemblement national* (RN) um. Allein die beiden ältesten Parteien *Parti communiste* (PC) und *Parti socialiste* (PS) sind ihren Namen treu geblieben – ihre Linie hat sich auch im Kern nur wenig geändert.

Für die Wähler bedeutet das, dass sie Persönlichkeiten wählen – nicht Parteiprogramme. Denn die werden jeweils für einen Kandidaten gestrickt, und dies peu à peu, entsprechend den laufenden Umfrageergebnissen, den Zuschauerreaktionen auf Fernsehduelle und -debatten sowie der Weiterentwicklung des Konkurrenzangebots. Daher die im Wahlkampf immer wieder vorgetragenen Vorwürfe, dieser oder jener Kandidat habe bei anderen ›abkopiert‹. Langlebige Grundsatzprogramme wie in Deutschland sucht man in Frankreich daher vergeblich. Worte sind die Waffen der Kandidaten, die sich damit bewerfen oder sie in die Wählerschaft streuen, um ihre Anhängerschaft zu binden bzw. sie zu vergrößern. Parteien sind daher auch kein Ort der Mitgliederentscheidungen, da sie ja auf eine Führungspersönlichkeit zentriert sind, deren charismatische Fähigkeiten bzw. die Wortgewalt ihrer Spindoktoren ausschlaggebend sind. Parteimitglieder würde man heute eher als ›Follower‹ bezeichnen.

An einem Ideenwettbewerb ist der Bürger in keiner Weise beteiligt. Das erklärt auch die Allgegenwart täglicher Meinungsumfragen, denn sie stehen als Ersatz für einen Austausch zwischen Spitzenpolitikern und Wählern, der in dieser Konfiguration, bei der vieles einem demokratischen Zentralismus ähnelt, nicht existieren kann. Die Macht des Bürgers reduziert sich darauf, als Wähler seinen Stimmzettel in die Urne zu werfen.

Darin liegt in Frankreich der Hauptgrund für die wachsende Wahlenthaltung – selbst bei der beliebten, weil direkten Präsidentenwahl: an den fehlenden Möglichkeiten der Teilhabe. Selbst Wahlmeetings bleiben One-Man-Shows. Eine französische Partei trägt auch keine Verantwortung für Nachwuchsbildung. Zumindest nicht in der gesellschaftlichen Breite. Nachwuchspolitiker gibt es schon, nur entstammen sie (fast) alle der oberen Mittelschicht, der ›Mediaklatura‹, dem öffentlichen Dienst oder seit jüngerer Zeit auch der Wirtschaftselite. Gemeinsam ist ihnen allen, dass sie die Sozialcodes beherrschen, die sie entweder aus dem Elternhaus mitbringen oder während ihres Studiums in Eliteeinrichtungen erworben haben. In der Politik herrscht soziale Endogamie. Für alle anderen Bürger bleibt sie eine verschlossene Welt – erst recht für diejenigen, die nicht in Paris oder einer Metropole leben.

Ausnahmen wie Pierre Bérégovoy zum Beispiel bestätigen die Regel. Er schaffte es als Sohn ukrainischer Flüchtlinge unter Mitterrand bis zum Premierminister. 1993 beging er Selbstmord, nachdem er von den Medien angeprangert worden war: Er hatte sich von einem dubiosen Geschäftsmann Geld geliehen bzw. schenken lassen. Er war damals längst nicht der Einzige in diesem Fall, doch dass ihm der öffentliche Spott derart zusetzte, hat auch mit seiner Sozialisation zu tun – ihm waren die Sozial-Codes nicht so geläufig wie den dickhäutigeren Kindern der Pariser Elite.

›Staatsadel‹

Frankreichs Elite stellt ihr Wohl über das des Landes. Unter dieser bitteren Überschrift beschrieb Berthold Seewald zu Beginn von Macrons Amtszeit für *Die Welt* die jahrhundertealte ›Mentalität des Ämterhandels‹ derjenigen, die zu der Gruppe zählen, die man auch heute noch als Amtsadel (*noblesse de robe*) bezeichnet (SEEWALD 2017). Sie hat eigene Ausbildungsstätten, darunter die École Nationale d'Administration (ENA). Fünf Jahre später berichtete die *Tagesschau*: »Macron will Elitehochschule ENA schließen« (9. April 2021). Er kündigte eine grundlegende Reform an. Es bleib ein Reförmchen. Die ENA wurde in ein Institut du Service Public (ISP) umgetauft, als Dachorganisation für einige weitere Eliteeinrichtungen – ansonsten änderte sich wenig.

Seewald, Leitender Redakteur ›Geschichte‹, hatte in seiner gut dokumentierten Analyse einleuchtend erklärt, warum es nicht anders sein kann. »Die existenzielle Bedeutung privilegierter Posten, die es gegen jede Erosion und besseres Wissen zu verteidigen gilt, hat sich seit Beginn der Neuzeit tief in die DNA der französischen Elite eingegraben.« Die ENA stellt nämlich nicht nur die Verwaltungsbeamten an der Spitze des Staatsapparats (*hauts fonctionnaires*, ein Sonderstatus im Zenit des öffentlichen Dienstes), sondern zunehmend auch die Vorsitzenden der Konzerne im CAC 40 und aller möglichen Unternehmen und Behörden, die sich im Staatsorbit befinden.

Macron hatte gleichzeitig ebenfalls angekündigt, damit auch das Ende der *Grands corps de l'Etat* einleiten zu wollen. Doch es regt sich ein derart heftiger Widerstand bei den Betroffenen, dass daraus in absehbarer Zeit wohl nichts werden wird. Gemeint sind alle großen Einrichtungen der Zentralverwaltung – vom Staatsrat bis zum Rechnungshof über allerlei Generalinspektionen (Finanzen, Soziales, Verwaltung). Einen Posten in den drei ersten Einrichtungen erhält nur, wer zu dem Dutzend der besten ENA-

Absolventen gehört. Alle anderen müssen sich mit den beiden letzten Generalinspektionen begnügen. Alle bilden die Kerngruppe des sogenannten ›Staatsadels‹ (*Noblesse d'Etat*), allen steht nach Ende des Studiums ein Prestigeposten zu. Die meisten seiner Mitglieder aber üben ihre Ämter nie sehr lange aus, da sie lieber in staatliche Großkonzerne oder gleich in die Privatwirtschaft bzw. in das Lobbying wechseln, wo sie ein weit höheres Einkommen erzielen können.

Pantouflage nennt man das, eine Bezeichnung, für die es keine deutsche Entsprechung gibt und die ein Verhalten mit hohem Potenzial für Interessenkollisionen meint. Man könnte versuchen, in Anlehnung an Kölner, Berliner oder Hannoveraner Verhältnisse, diese mit einer Neuschöpfung wie ›in den Filz schlüpfen‹ zu übersetzen. Es wurde zwar im Laufe der Zeit eine unabhängige Behörde gegründet, die solchen Risiken nachgeht: die *Haute Autorité pour la transparence de la vie publique* (Hohe Behörde für die Transparenz des öffentlichen Lebens). Sie soll für Lauterkeit sorgen. Aber sie bleibt ein zahnloser Tiger, nicht zuletzt, weil ihre Mitglieder selbst den *Grands Corps* angehören.

Ursprünglich stammt der Ausdruck *Pantouflage* aus dem Argot einer anderen Eliteeinrichtung – der École Polytechnique – und bezeichnete diejenigen, die nach ihrem Studium dort dem Beamtenstatus den Rücken kehrten. Die École Polytechnique (die Studenten tragen seit der Gründung 1794 Uniform) und noch einige andere wie zum Beispiel die École Centrale stellen auch die Vorsitzenden der Großkonzerne. Diese Posten stehen ihnen quasi zu. Ähnliches gilt, etwas weiter unten in der Hierarchie der Zentralverwaltung, auch für die Abgänger der Écoles Normales Supérieures (ENS).

In dieser Welt herrscht Endogamie, wie folgende Erinnerung von mir zeigt. Ich war Studentin der ENS Fontenay-aux-Roses; damals waren diese Einrichtungen noch strikt nach Geschlechtern getrennt. Beim Mittagstisch in der Kantine drehten sich die Gespräche meiner Kommilitoninnen stets um ›das Eine‹ – nach dem Muster: »Warst du auch neulich auf dem Tanzabend der [es folgt der Name einer männlichen Eliteeinrichtung]? Da habe ich X̄ kennengelernt, und wir werden uns verloben; er studiert an der École Centrale! [stolzes Kichern] Und was macht dein Freund so?«

Nicht nur die ENA gilt als ›Symbol für Seilschaften und lebensfremde Verwaltung‹, wie es Thomas Hanke 2021 für das *Handelsblatt* zusammenfasste (HANKE 2021). Das ist in Frankreich zwar ein offenes Geheimnis, jedoch ist diese Praxis derart verbreitet, dass sie als quasi naturgegeben gilt. In anderen Ländern gelten andere Gesetze. Diese Erfahrung musste die ENA-Abgängerin und ehemalige Europaabgeordnete Sylvie Goulard machen, als sie im Herbst 2019 auf Vorschlag von Macron vor dem EU-Parlament für das Amt der EU-Kommissarin kandidierte.

Unmittelbar vor ihrer zweiten Anhörung im Oktober 2019 berichtete dpa über die Bedenken gegen Goulard, die wegen einer Affäre wegen Scheinbeschäftigung kurz nach ihrer Ernennung als Verteidigungsministerin 2017 zurückgetreten war (DPA 2019). »Zudem wird im Europaparlament kritisch gesehen, dass Goulard in ihrer Zeit als Europaabgeordnete eine hochdotierte Beratertätigkeit für eine Denkfabrik des Investors Nicolas Berggruen ausübte.« Daran scheiterte schließlich ihre Wahl. In Frankreich ein Schock, denn zum ersten Mal wurde eine französische Kandidatur für einen Posten in der EU-Kommission abgelehnt. Macron erklärte, »nicht zu verstehen«, wie es dazu kommen konnte und welche Rolle dabei »Missgunst und Kleinlichkeit« gespielt haben könnten (*Le Monde*/AFP 2019). Französische Mitglieder der Partei Renew im EU-Parlament sahen darin eindeutig einen ›Racheakt‹ des CSU-Abgeordneten Manfred Weber, dessen Kandidatur Macron abgebremst hatte. Entscheidend waren wohl eher die offen gebliebenen Fragen zur »finanziellen Integrität«, wie sich eine grüne Europaabgeordnete dpa gegenüber äußerte.

›Republikanische Meritokratie‹? Das war einmal

Die Zusammensetzung des französischen Amtsadels ist bis auf wenige Ausnahmen sehr homogen. Es hat zwar seit der Jahrtausendwende mithilfe von positiver Diskriminierung und von Stipendien Demokratisierungsbestrebungen gegeben, aber ohne große Wirkung. Forscher des *Institut des Politiques publiques (IPP)*, das Politikfolgenabschätzung betreibt, haben 2021 eine vernichtende Bestandsaufnahme veröffentlicht (BONNEAU et al. 2016). Sie haben die Entwicklung in allen 234 registrierten *Grandes écoles* (ich habe hier nur die Spitze der Hierarchie genannt) untersucht. Ihr Fazit: Zwei Drittel der dort Studierenden gehören der sehr begünstigten und wohlhabenden Gesellschaftsschicht an, ein Drittel hat in Paris und Umgebung studiert und sogar 40 Prozent in einem der renommiertesten Gymnasien. Die anderen stammen ebenfalls aus betuchtem Elternhaus und haben die besten Provinzgymnasien besucht, bevor sie es ›nach Paris rauf‹ schafften.

Um sich auf die Aufnahmeprüfung vorzubereiten, die eher ein Wettbewerb ist und im Französischen auch so genannt wird *(Concours)*, weil es nur wenige Plätze zu verteilen gibt, besucht man nach dem Abitur nicht die Universität – die bietet ein Massenstudium an –, sondern eine sogenannte *Classe préparatoire* (kurz *prépa*). Sie sind meist in Gymnasien angesiedelt und bieten in zwei Jahren ein regelrechtes Intensivstudium nach tradierten Schulregeln. Das kann zuweilen denjenigen, die nicht innerhalb der Elite geboren sind, eine Einstiegsmöglichkeit bieten.

Die Zusammensetzung dieser Elitestudenten hat sich seit dem Jahr 2000 nicht verändert. Es bleibt eine homogene Gruppe, deren Eltern meist selbst Abgänger dieser Einrichtungen sind und daher über die notwendigen Codes verfügen, ohne die kaum einer die Aufnahmeprüfung schafft. Denn der Schlüssel zum Erfolg liegt weniger in guten Zeugnissen als im Habitus – in dem, was der Soziologe Pierre Bourdieu das »soziale Kapital«

nannte.[42] Das ist der Kern seiner Theorie, er bildet getreu die Struktur der französischen Klassen- oder gar Kastengesellschaft ab. Michaela Wiegel, politische Korrespondentin der *Frankfurter Allgemeinen Zeitung*, hatte 2013 für die Bundeszentrale für politische Bildung auf ihre journalistische Art beschrieben, wie es geht (WIEGEL 2013): *Und morgen bist du Präsident! Bildung und Struktur der politischen Elite in Frankreich* lautet ihre Überschrift. Allein durch schulische Verdienste oder auch Berufserfahrung und selbst eine gehörige Dosis ›Vitamin B‹ kann man in Frankreich nicht aufsteigen. Man muss schon ›gut geboren‹ sein.

Aber es geht noch darüber hinaus. Die Homogenität der so ausgebildeten Eliten geht mit einer Angleichung nicht allein des Verhaltens einher, sondern weit mehr noch mit einer Uniformisierung des Denkens. Das ist der Hintergrund für Hollandes gescheiterten Versuch, sich das Image eines normalen Präsidenten (*président normal*) zu geben. Seine Lebenswelt, sein Habitus allein machen es unmöglich – alle ›Enarchen‹, wie man die Abgänger eben dieser Einrichtung nennt, sind wie aus demselben Holz geschnitzt und nach Belieben austauschbar. Solch eine ›Formatierung‹ bedauerte selbst 2017 die Vorsitzende des Prüfungsausschusses in ihrem Bericht (KIRRY 2017).

Was das konkret bedeutet, muss man selbst erlebt haben, um es zu glauben. Für mich war es die bitterste Erfahrung in den zehn Jahren, in denen ich am Pariser Institut d'Etudes Politiques eine Lehrtätigkeit hatte. Die Studenten dort kann man als den Traum einer jeden Lehrkraft beschreiben: gebildet, intelligent und vor allem von einer riesigen Neugier getrieben. Mitten in ihrem zweiten Studienjahr müssen sie eine Entscheidung über ihr weiteres Studium treffen: entweder Wissenschaft, Journalismus oder eben ENA. Diejenigen, die sich für die ENA-*Prépa* entschieden,

---

42 BOURDIEU, PIERRE: *La distinction*. Paris 1979. Deutsche Übersetzung: *Die feinen Unterschiede*, 1982

waren von heute auf morgen nicht wiederzuerkennen. Von Neugier, Eigeninitiative, Selbstdenken keine Spur mehr. Ihnen ging es nur noch darum, brav das wiederzugeben, wovon sie meinten, dass man es von ihnen erwarte. Sie eigneten sich nicht nur das Kaderwelsch an, sondern auch die geforderten Denkschablonen. Für ihr ganzes Leben. Die vielbeschworene republikanische Meritokratie (*méritocratie républicaine*), der zufolge Leistung zum Erfolg führt, ist ein Mythos. Status geht über Kompetenz.

›Société civile‹ bedeutet nicht Zivilgesellschaft

Nicht der *Citoyen* ist in Frankreich die tragende Säule der Gemeinschaft, sondern der *Etat* als Symbiose aus Zentralregierung und -verwaltung. In Deutschland ist das Volk der Staat, beide bilden eine andere Art der Symbiose. In Frankreich steht der Staat mit seinen Organen hierarchisch über dem Volk.

Die deutsche Demokratie ist auf dem Prinzip der Autonomie der Gesellschaft aufgebaut – getreu dem Subsidiaritätsprinzip, das Roman Herzog wie folgt definiert: »Die Gemeinden, die Zivilgesellschaft und ihre Formationen und vor allem die Bürgerinnen und Bürger selbst sollen primärer ›Sitz‹ von Entscheidungskompetenz sein. In einer demokratischen Gesellschaft wird Entscheidungsmacht von unten nach oben delegiert, niemals anders« (HERZOG 2006). Mandatsträger der diversen in der Gesellschaft präsenten Interessen, die man ›gesellschaftlich relevante Gruppen‹ nennt, kann es im zentralistischen Frankreich nicht geben. Sie würden ja nur ihre Partikularinteressen verteidigen, was gegen die Einheit der Republik verstoßen würde. Der *Citoyen* hat keine Interessenvertreter, die Mitverantwortung für ordnungspolitische Entscheidungen übernehmen könnten. Auch das erklärt, warum er seine Interessen lauthals auf der Straße verteidigt.

Zum falschen Freund ›Zivilgesellschaft‹

Der Begriff *société civile* tauchte in Frankreich nach 1968 auf, als sich im linken Meinungsspektrum in Opposition zur Staatslenkung der Gedanke der kollektiven Selbstverwaltung verbreitete. Das berühmteste Beispiel ist der soziale Konflikt beim Uhrenhersteller LIP (Besançon), der sich von 1973 bis 1980 hinzog und zur Gründung einer Genossenschaft führte. Erst Michel Rocard, der zur Linken der Sozialisten gehörte und später eine Art ›Sozialdemokratisierung‹ der Sozialisten förderte, machte den Begriff *société civile* in der breiten Öffentlichkeit geläufig, als er unter Mitterrand Premierminister war (1988-1991).

Der Begriff ist ein falscher Freund, denn er bezeichnet die Masse derjenigen, die nicht dem Staatsapparat und auch nicht dem Militär angehören.[43] Er grenzt das Volk vom übergeordnete ›Etat‹ ab. Diese Bedeutung ähnelt der, die in den Ostblockstaaten und der DDR ebenfalls Anfang der 1970er-Jahre als Reaktion auf den Etatismus entstand.

›Zivilgesellschaft‹ bezeichnet in Deutschland heute einfach die Gesellschaft bzw. die Selbstorganisation der Bürger. Deren institutionalisierte Interessenvertreter sind mehr oder minder gleichberechtigte Partner der politischen Mandatsträger. Diese Definition wurzelt historisch in der Entstehung der ›sozialen Frage‹ und des Wohlfahrtstaates Ende des 19. Jahrhunderts. In dieser Zeit entstanden gesellschaftliche Organisationen wie zum Beispiel Gewerkschaften. Die Arbeiterklasse wurde so in das Kaiserreich als dessen Bestandteil integriert. Umgekehrt in Frankreich, wo es dem *Etat* seit jeher obliegt, der *Société civile* einen Rahmen zu geben bzw. sie zu regeln oder zu reglementieren – im Interesse des Gemeinwohls.

Verbände gibt es in Frankreich sehr wohl, doch leisten sie als Berufsorganisation allein Lobbyarbeit. Eine institutionelle Beteiligung an politischen Entscheidungen bleibt selbst den

---

43 Siehe hierzu: DUJIN 2015

Spitzenorganisationen unter ihnen, wie zum Beispiel dem Unternehmerverband MEDEF (*Mouvement des entreprises de France*), verwehrt. Sie äußern sich in den Medien, veröffentlichen gegebenenfalls Essays oder Gutachten und veranstalten Foren. Anders als die deutschen Spitzenverbände sind sie jedoch nicht als Partner in politische Entscheidungsprozesse miteinbezogen. Treffen zwischen führenden Verantwortlichen und Politikern, auch Regierungsmitgliedern, gibt es im Pariser Mikrokosmos selbstverständlich – stets jedoch nur in feinen und geschlossenen Zirkeln. Und wenn sie hin und wieder von der Regierung zu Verhandlungen eingeladen werden, dann meist im Nachhinein, um ein Reformprojekt abzusegnen, selten aber im Voraus, um eine Gesetzesänderung gemeinsam auszuhandeln.

Während der deutsche Begriff ›Gesellschaft‹ die Wirtschaft mit einschließt – also Unternehmen, ihre Beschäftigten und ihre Interessenvertreter –, meint der französische Begriff *Economie* allein die Volkswirtschaft. Sie ist kein Bestandteil der Gesellschaft. Entsprechend tragen auch, anders als DGB, BDI und BDA, die Vertreter der Arbeitnehmer und -geber keine Mitverantwortung auf politischer Ebene. Besonders deutlich wird das, wenn man von der deutschen Tarifautonomie ausgeht, die durch das Grundrecht der Koalitionsfreiheit (Art. 9, 3 GG) gewährleistet ist; ausgestaltet wird sie durch das Tarifvertragsgesetz. Diese Tarifautonomie verkörpert in Deutschland die eigenverantwortliche sozialpolitische Ordnungskompetenz der Gesellschaft an sich (LASSERRE/KISSLER 1988). Die auf dieser Ebene abgeschlossenen Verträge haben Gesetzeskraft.

Die deutsche Sozialpartnerschaft, in der die jeweiligen legitimen Interessen vertreten sind, ist in Frankreich unbekannt. Gewerkschaften gibt es sehr wohl, nur sind es keine Einheitsgewerkschaften, die die Interessen aller Arbeitnehmer ihrer Branche verteidigen, sich allein über Mitgliederbeiträge finanzieren und die keine ideologischen Ziele verfolgen. Die französischen

Gewerkschaften sind fast ausschließlich Berufsverbände (wie Cockpit oder GDL in Deutschland), werden vom Staat weitgehend mitfinanziert, vertreten nur sich selbst und verteidigen einen ideologischen Kurs – es sind quasi Miniparteien. Die CGT ist kommunistisch, FO und Sud sind trotzkistisch geprägt – nur die sozialdemokratisch orientierte CFDT bildet eine Ausnahme. Sie kennen allein Tarifkonflikt. Sie betrachten den Unternehmer (*Patron*) als ihren Klassenfeind. Auch gegen den Staat führen sie einen Klassenkampf, sofern dieser eine wirtschaftsfreundliche Politik betreibt, sprich ›Sozialabbau‹. Somit gehört auch der Begriff ›Gewerkschaft‹ zur Kategorie der ›falschen Freunde‹. Die gewerkschaftliche Einheitsfront, die in der ersten Jahreshälfte 2023 gegen die Rentenreform entstand, darf nicht darüber hinwegtäuschen, dass es sich dabei vornehmlich um eine politisch-ideologische Oppositionsbekundung handelte, und zwar gegen die Anhebung des Renteneintrittsalters um zwei Jahre, die als willkürlicher Abbau sozialer Errungenschaften durch eine ›ultraliberale‹ – sprich wirtschaftsfreundliche – Regierung empfunden bzw. dargestellt wurde. Obwohl sich die Gewerkschaften 2023 zusammenschlossen – zum ersten Mal wieder seit einem Dutzend Jahren –, unterscheidet sie weiterhin fast alles. Einen französischen DGB wird es nie geben, auch keine Kultur der Einheitsgewerkschaft wie in Deutschland.

Jeder Fünfte arbeitet ›beim‹ Staat

In Frankreich wird die Arbeitswelt zentral ›von oben‹ geregelt, und zwar über das Arbeitsgesetzbuch (*Code du Travail*). Es umfasst über 3.000 Seiten, weil es sowohl gesetzliche Bestimmungen, etliche Einzelbestimmungen, als auch deren Interpretation durch die Gerichte beinhaltet. Für jedes Unternehmen, das sich keine juristisch bewandte Personalabteilung leisten kann, ein Graus.

Das *Code du travail* gilt jedoch nicht für das Handwerk, den Handel, unabhängige Berufe, Ehrenamtliche oder für Geschäftsführer. Sie haben alle ihre speziellen Arbeitsrechte. Es gilt ohnehin nicht für Beamte und Beschäftigte des öffentlichen Dienstes, sie unterliegen einem spezifischen Sonderrecht. Arbeitsrecht ist in Frankreich eine extrem komplexe Materie.

›Falsche Freunde‹: ›Beamter‹ und ›öffentlicher Dienst‹

Der französische öffentliche Dienst *(fonction publique)* kennt keine Arbeitnehmer, allein Bedienstete *(agents)*. Das zuständige Ministerium *(Ministère de la Transformation et de la Fonction publiques)* schätzte ihre Zahl Ende 2019 auf 5,61 Millionen.

Nicht miteingerechnet sind Richter (knapp 9.000) und Beschäftigte des Verteidigungsministeriums (knapp 300.000), sie unterliegen jeweils einem eigenen Recht. Ebenfalls nicht einbezogen sind die 1,6 Millionen Angestellten, die ein staatlich gefördertes Arbeitsverhältnis im öffentlichen Dienst haben *(emplois aidés)*.

In Deutschland gibt es fünf Millionen Beschäftigte im öffentlichen Dienst, darunter 1,7 Millionen Beamte, die Mehrheit sind Angestellte. In Frankreich haben alle Beschäftigte der *Fonction publique* Beamtenstatus. Anders als in Deutschland ist dieser national, also zentral in Paris geregelt.

Es gibt drei Kategorien mit entsprechenden Statuten und Graden (von A bis C): die *Fonction publique d'Etat* (Zentralverwaltung, ausgelagerte Verwaltungseinheiten, Bildungssystem; knapp die Hälfte), die *territoriale* (Gebietskörperschaften; ein Drittel) und die *hospitalière* (Gesundheitssystem; etwa 20 %). Besonders die *territoriale* ist im Laufe der Dezentralisierung rasant gestiegen: Sie hat sich ab 1985, je dichter das ›Verwaltungsdickicht‹ wurde, fast verdoppelt und belastet den öffentlichen Haushalt wie das Rentensystem.

Jeder fünfte Beschäftigte arbeitet also heute in Frankreich in der *Fonction publique*: vom Abteilungsleiter in einem Ministerium über die Professorin bis hin zum Sekretär, zur Krankenpflegerin oder zum Dorfpolizisten oder Feldhüter. Zwei Drittel davon sind Frauen (im Gesundheitsdienst sogar über drei Viertel). Das ist zum Beispiel, zusammen mit der gesetzlichen 35-Stunden-Woche und den zahlreichen Möglichkeiten von Teilzeitarbeit, ein Grund für den im EU-Vergleich hohen Anteil der Frauenbeschäftigung in Frankreich. Fast die Hälfte aller Erwerbstätigen in Frankreich sind Frauen.

Der öffentliche Sektor *(secteur public)* ist in Frankreich ausschlaggebend. Von den 25 Millionen abhängig Beschäftigten arbeiten ein Fünftel in der *Fonction publique*. In den Überseegebieten steigt deren Anteil sogar auf ein Drittel. Hinzu kommen staatliche Unternehmen bzw. solche mit Staatsbeteiligung sowie eine Reihe von Dienstleistungen der Daseinsvorsorge. Eine weitere knappe Million von Arbeitskräften ist also beschäftigt in Konzernen wie EDF, SNCF, La Poste, RATP, Airbus, Renault oder France Télévisions. Wie viel es insgesamt sind, ist schwer zu eruieren, das statistische Amt INSEE zum Beispiel schätzt die Anzahl der Stellen im öffentlichen Sektor auf knapp acht Millionen.

Auch lassen sich kaum verlässliche Vergleiche mit der deutschen Statistik herstellen, weil je nach Perspektive andere Kriterien gelten. Fakt ist jedenfalls, dass dieser *Secteur public* nicht nur für die Beschäftigung, sondern auch für das Verständnis von Arbeit, das Unternehmensbild und die kulturelle Einstellung prägend ist. Nicht zu vergessen ist, dass nicht nur die staatlichen Konzerne selbst, sondern auch diejenigen, die im staatlichen Orbit angesiedelt sind, von Abgängern der Eliteeinrichtungen geleitet werden. Sie alle agieren auf dem Markt. Somit färbt die öffentliche Verwaltungskultur auf die Privatwirtschaft ab.

Wer als Deutscher mit französischen Verwaltungsangestellten zu tun hat, muss zum Beispiel wie der *Handelsblatt*-Korrespondent Thomas Hanke feststellen, dass dies alles zu einer Haltung führt, »die davon ausgeht,

dass Dienstleistung etwas Unwürdiges sei und am besten mit Arbeitsver-
weigerung beantwortet werde« (HANKE 2021).

Und er erinnert an den Fall einer Spitzenbeamtin der *Fonction publique
territoriale*, die unter dem Pseudonym Zoé Shepard einen Roman veröffentlicht hatte, in dem sie sehr kritisch die Arbeitspraxis der Verwaltung
beschreibt. Sie wurde daraufhin mit der Begründung entlassen, sie habe
ihre Schweigepflicht gebrochen und Betriebsgeheimnisse verraten. Nun
gibt es in der *Fonction publique* zwar eine Verschwiegenheits- und sogar
eine Geheimhaltungspflicht, aber sie gilt hauptsächlich dem Schutz der
Privatsphäre oder betrifft laufende Verhandlungen. Ein typischer Fall
von Omertà.

Der Titel ihres Romans: *Total überlastet!: Das Paradoxon des Beamten* (SHE-
PARD 2010). Die Buchwerbung fasste den Inhalt so zusammen:[44] »Wie
man seine 35 Stunden abarbeitet ... in einem Monat«.

Die im öffentlichen Dienst herrschende Hierarchie der Statuten, die das Kriterium für Beförderung stellen, wirken sich auch
auf das Arbeitsklima sowie das Selbstbild der Beschäftigten aus.
Nicht die erworbene berufliche Kompetenz ist entscheidend, sondern das Dienstalter. Das ist in Deutschland nicht anders, genauso
wenig wie das damit einhergehende Anspruchsdenken. Einen wesentlichen Unterschied gibt es dennoch: Die Macht der Gewerkschaften, die in Frankreich dort über die Beförderung entscheiden
und jeden Versuch persönlicher Initiative oder exzellenter Arbeit
im Keim ersticken. Auch behindert der sehr hierarchisch gestaltete
Status jegliches meritokratische Bestreben.

Eine zentral reglementierte, pyramidale Arbeitswelt

Da es keine Tarifpartner wie in Deutschland gibt, setzt die Regierung die allgemeingültige, gesetzliche Wochenarbeitszeit

---

44 »Comment faire 35 heures ... en un mois«.

fest: Sie liegt seit dem Jahr 2000 bei 35 Stunden. Sie setzt auch die Lohnskala für alle Branchen fest. Angefangen mit dem flächendeckenden gesetzlichen Mindestlohn, den es seit 1950 gibt und der mindestens einmal im Jahr per Regierungserlass angehoben wird. Er bestimmt die Lohnskala für alle Branchen.

Es gibt zwar auch in Deutschland seit 2014 einen gesetzlichen Mindestlohn, doch ist er eine Sondermaßnahme, die ergriffen wurde, weil sich einige Bereiche im Dienstleistungssektor unfähig zeigten, sich als Branche zu organisieren und als Tarifpartner zu agieren. Um zu verhindern, dass das Mindestlohngesetz gegen die Tarifautonomie (also das Grundgesetz) verstößt, wurde eigens eine Kommission errichtet, in der Vertreter der Sozialpartner sitzen und die von einem unabhängigen Vorsitzenden geleitet wird. Der Gesetzgeber darf diesen Schutzwall nicht umgehen.

Der französische Mindestlohn *SMIC*

Der *Salaire minimum interprofessionnel de croissance* – SMIC richtet sich allein nach der Kaufkraft bzw. der Inflation, er berücksichtigt nicht die Produktivitätsentwicklung.

Im Januar 2023 lag er bei 11,27 Euro brutto pro Stunde, d. h. vor Abzug von Sozialabgaben und Steuern. Seit 1990 liegt sein Anstieg deutlich über der Entwicklung des Preisindexes.

Den SMIC beziehen etwa zwölf Prozent der Beschäftigten in der Privatwirtschaft (der Medianlohn liegt dort bei knapp 2.000 Euro/Monat). Er ist oft ein Einstiegslohn für geringer Qualifizierte: jeder vierte der 20-Jährigen ist ein *Smicard*, ab dem Alter von 30 Jahren betrifft er nur noch jeden zehnten, ab 60 nur noch jeden zwölften.[45] Er ist auch ein ›Frauenlohn‹: 15 Prozent der weiblichen Beschäftigten beziehen den SMIC und nur neun Prozent der männlichen, was sich wie in Deutschland auch dadurch er-

45 »Les salariés rémunérés au salaire minimum: une minorité le reste durablement«, Dares, 14. März 2019

klärt, dass Frauen mehr minderqualifizierte Dienstleistungstätigkeiten ausüben.

Die regelmäßige Anhebung des SMIC hat wesentliche Auswirkungen für die Volkswirtschaft. Sie führt zur Anpassung aller anderen Löhne, treibt also regelmäßig die gesamte Lohnskala in die Höhe (Lohnspirale). Und, da die Anhebung des SMIC sich allein an der Inflation orientiert und stets etwas darüber liegt, gleichzeitig aber die Produktivität der Unternehmen nicht berücksichtigt, schadet sie deren Wettbewerbsfähigkeit. Die Folgen sind Werkschließungen, Auslagerungen sowie Anstieg der Arbeitslosigkeit.

Der SMIC ist einer der Gründe für die chronisch hohe Jugendarbeitslosigkeit (im Schnitt 20 % der unter 25-Jährigen): Als Einstiegslohn für einen jungen Menschen, der zwar einen Abschluss hat, aber wegen der allgemeinbildenden Ausrichtung des Bildungswesens völlig ›ungelernt‹ und daher kaum effizient ist, ist dieser Mindestlohn ungeeignet. Es hat zwar Reformbestrebungen gegeben, einen jugendspezifischen, niedrigeren SMIC zu schaffen, die Proteste waren jedoch so heftig, dass es bei der Absicht geblieben ist. Der SMIC ist eine heilige Kuh.

Da die Löhne unmittelbar über dem SMIC weniger schnell steigen als der Mindestlohn, flacht sich der ›Mittelstandsbauch‹ nach unten ab. Das Arbeitseinkommen der unteren Mittelschicht schwindet. Diese Nivellierung war einer der Beweggründe der Gelbwesten, von denen die meisten aus dieser unteren Schicht der Leistungsträger stammen. Das ist auch der Hintergrund für die in Frankreich heftig debattierte Frage der Kaufkraft (*pouvoir d'achat*).

Selbst die Beziehungen zwischen Arbeitgeber und Arbeitnehmer im Betrieb sind staatlich reglementiert. Eine verfassungsrechtlich garantierte und gesetzlich geregelte Mitbestimmung am Arbeitsplatz gibt es in Frankreich nicht (LASSERRE 1996). Entsprechend keine mit der deutschen vergleichbaren Balance aus gegenseitigen Rechten und Pflichten, wie sie sich aus Art. 14 GG (»Eigentum verpflichtet«) ergibt. Kapital und Arbeit sind allein in Deutschland gleichberechtigt, dort findet das Demokratieprinzip auch im Betrieb Anwendung.

Anders in Frankreich, wo allein der *Patron* verfügt. Somit kann es auch keinen Betriebsrat geben. Es gibt dennoch Arbeitnehmervertretungen im Betrieb. Die *Délégués du personnel* (Belegschaftsvertreter), für personelle Angelegenheiten zuständig, haben jedoch allein konsultative Befugnisse. Die *Comités d'entreprise* (Betriebsausschüsse) müssen sich mit sozialer Fürsorge und dem Zugang der Belegschaft zu Kulturangeboten begnügen. Mit anderen Worten, Arbeitsregulierung und selbst die Unternehmenskultur lassen keinen Raum für eine gestaltende Initiative der Arbeitnehmer. Dem steht die staatliche Einflussnahme im Arbeits- und Tarifrecht entgegen; und im Hintergrund die Vorherrschaft einer tayloristisch geprägten Verwaltungskultur. Das senkt die Wettbewerbsfähigkeit Frankreichs und weist gleichzeitig auf ein wesentliches Demokratiedefizit hin, wie aus einem Gutachten hervorgeht, das der linksliberale Think Tank ›Terra Nova‹ 2019 veröffentlicht hatte (RAYSSAC/KAISERGRUBER/RICHER 2019).

Zwischen den deutschen und französischen Managementkulturen besteht ein eindeutiger Gegensatz zwischen einerseits flachen, horizontalen (Deutschland) und pyramidalen, vertikalen (Frankreich) Hierarchien. Dies gilt für Unternehmen genauso wie für die Regierungen. Ein deutscher Kanzler oder Geschäftsführer hat eine Moderatorenrolle; in seinem Kabinett bzw. Vorstand sitzen eigenverantwortlich Handelnde (Ressortprinzip bzw. Zuständigkeitsprinzip). In Frankreich konzentriert sich alle Macht an der Spitze, die unteren Ebenen haben die Anweisungen des *Président* oder des *Patron* auszuführen. Eigeninitiative oder gar Eigenverantwortung stehen ihnen nicht zu.

Dieser Mangel an Mitgestaltung, der spätestens seit den Corona-Lockdowns überdeutlich zutage trat, nährt allgemeinen Frust über die Arbeit und warf 2023 bei vielen Menschen in Frankreich die Frage auf, warum solch ein als sinnlos empfundenes Erwerbsleben noch zwei Jahre länger ausgehalten werden solle. Dieses Demokratiedefizit, verbunden mit der Tatsache, dass es keine öffentliche Debatte gab und die Frage der Rentenfinanzierung nie angegangen wurde, gab der einheitlichen Protestfront gegen die Rentenreform ihren Halt und erklärt die breite Unterstützung der Bewegung in der Öffentlichkeit. Arbeit wird kaum noch als sinnstiftend empfunden. Nur noch ein Fünftel der Beschäftigten meint heute, dass ihre Arbeit in ihrem Leben eine zentrale Rolle spielt; 1990 waren es noch knapp zwei Drittel.[46] So lautet auch der Vorwurf einer breiten Öffentlichkeit an die Regierung und Macron, dass sie das Pferd falsch herum aufgezäumt haben: Zuerst hätte das Thema ›Arbeit‹ (Löhne, Arbeitsbedingungen usw.) auf der Tagesordnung stehen sollen, dann erst die Frage nach einer Erhöhung des Renteneintrittsalters. Keine zwei Wochen nach Veröffentlichung des Rentenreformgesetzes stellte die Premierministerin Elisabeth Borne der Öffentlichkeit eine Roadmap vor, um zusammen mit den Sozialpartnern bis zum Nationalfeiertag (14. Juli) einen Pakt über das Leben in Arbeit (*Pacte sur la vie au travail*) auszuhandeln.

Dem Mangel an Eigenverantwortung oder Eigeninitiative entsprechend ist der Begriff ›Kompetenz‹ anders besetzt. Im Deutschen ist damit alles gemeint, was im Beruf gebraucht wird: Qualifikation, Erfahrung, Fertigkeiten, Know-how usw. Das Wort ›Beruf‹ kann man übrigens nicht übersetzen – es gibt zwar *Métier*, aber das bezeichnet vor allem Erfahrung. *Compétences* bezieht sich dagegen auf das Diplom *(diplôme)* und bedeutet Status – mit einhergehender Hierarchie – bzw. Rang in der wirtschaftlichen wie gesellschaftlichen Ordnung. Persönliches Können ist daher auch kein ausreichendes Kriterium für den beruflichen Aufstieg.

---

46 YANN VERDO: Le rapport au travail a profondément changé selon Jérôme Fourquet. In: *Le Figaro*, 1. Mai 2023. https://www.lesechos.fr/politique-societe/politique/le-rapport-au-travail-a-profondement-change-depuis-quarante-ans-selon-jerome-fourquet-1939590 [05.05.2023]

11. Lebenswelten

»Alle Menschen sind frei und gleich an Rechten geboren, aber einige sind gleicher als andere.«[47] Diesen Satz des populären Komikers Coluche (1944-1986), der kurz vor seinem Tod die ›Restaurants du Coeur‹ gründete, um Bedürftigen über den Winter zu helfen, kennt in Frankreich jedes Kind.

Der spottlustige Coluche, der der linksextremen Szene nahestand und in den Radios EUROPE 1 und RMC seine Sendungen hatte, war zur Präsidentschaftswahl 1981 angetreten. Seine Kandidatur, erst als Witz konzipiert, hatte ihm Ende Dezember 1980 in den Umfragen immerhin einen Anteil von 16 Prozent der Wahlabsichten gebracht. Als seine Sender und auch das Fernsehen ihm Redeverbot erteilten, die Medien nicht mehr über ihn berichteten und er es nicht schaffte, die 500 Unterschriften von gewählten Volksvertretern zu sammeln, die ein Kandidat für den Élysée-Palast braucht, und er sich auch noch Morddrohungen ausgesetzt sah, zog er seine Kandidatur zurück.

Sein Wahlprogramm? Die Stimme aller derjenigen sein, die sich enthalten, weil sie nicht das Gefühl haben, von den etablierten Politikern repräsentiert oder gar erhört zu werden. Aus heutiger Sicht ein humorvoller Vorreiter der Gelbwesten. Da er vom Staatsapparat als gefährlich eingestuft worden war – er machte sich ja über Wahlen und führende Politiker lustig –, stand er unter genauer Beobachtung durch die Inlandsgeheimdienste, was damals in größerem Umfang gang und gäbe war. Bis heute bestehen auch Zweifel an den genauen Umständen seines tödlichen Motorradunfalls in den Alpen der Provence.

Coluches Satz zur Gleichheit steht für die konkrete Hilfsbereitschaft der Menschen, sagt viel über das soziale Gefüge aus und noch mehr über die Distanzierung eines großen Teils der

---

47 »Les hommes naissent libres et égaux, mais certains sont plus égaux que d'autres.«

Bürgerinnen und Bürger gegenüber den hehren Prinzipien der Republik – just den Prinzipien, auf die sie gleichzeitig stolz sind oder die sie gern im Munde führen. Anspruch und Wirklichkeit – dieser Widerspruch kann in Frankreich nur mit Humor überwunden werden. Die französische Gesellschaftskultur baut immer noch auf dem Gegensatz von Adel bzw. Geblüt und ›gemeinem‹ Volk auf. *Égalité* bedeutet allein gleiche Rechte vor dem Gesetz. Die Wirklichkeit ist auch in Frankreich eine andere Welt.

Schule als Projektionsfläche der Republik

Frankreichs Schulen – Von wegen ›Liberté, Égalité, Fraternité‹. So nannte sich eine Sendung des DEUTSCHLANDFUNKS vom 5. Oktober 2016 (KAPS 2016). Die Bestandsaufnahme ist gültiger denn je. Das Motto der *République* ziert die Front eines jeden Schulgebäudes – von der Grundschule bis zum Gymnasium. Doch *Égalité* meint das Gegenteil von Chancengleichheit oder -gerechtigkeit. *Fraternité* reduziert sich auf das Recht auf Bildung, genauer Schulpflicht. Und *Liberté* verweist auf zweierlei: auf die im Rahmen der *Révolution* eingeführte allgemeine Schulpflicht, um den Menschen die Kenntnisse zu vermitteln, die sie als angehende *Citoyens* brauchen, sowie auf die Trennung von Staat und Kirche im Jahr 1905, die den Nachwuchs vom Obskurantismus der katholischen Kirche befreite.

Schule und das Bildungssystem insgesamt sind die Projektionsfläche der Republik. In ihm herrscht die gleiche hierarchisch strukturierte Kultur wie in Unternehmen. Auch wird es zentral von Paris aus gesteuert und verwaltet – von den Lehrinhalten über den Haushalt bis hin zum Lehrpersonal. Es ist genau das Bild, das deutschen Kritikern des Bildungsföderalismus als Ideal vorschwebt. Der Bildungsauftrag gestaltet sich entgegengesetzt zum deutschen: Schule verkörpert das Prinzip des republikanischen Universalismus *(universalisme républicain)*, der besagt, dass der Staat undifferenziert zu handeln hat. Das bedeutet, dass regionale, soziale, kulturelle sowie individuelle Unterschiede nicht berücksichtigt werden dürfen.

Égalité meint Gleichbehandlung – also das Gegenteil der deutschen Auffassung, in der das Kind mit seinen Eigenheiten im Mittelpunkt steht und die Pädagogik jedes einzelne Kind quasi ›an die Hand nimmt‹, damit es sich frei entfalten kann. In Frankreich haben die Schüler wie jeder Bürger dagegen eine Art Recht auf Gleichgültigkeit. Und dieses Recht verkehrt sich in Ungleichheit. Diese existiert längst nicht nur in den *Banlieues*, wie deutsche Beobachter oft meinen, sondern sie ist ein frankreichspezifisches Strukturmerkmal. Die soziale Herkunft der Eltern, der Wohnsitz des Schülers oder Studenten entscheiden über seine Bildungs- und Integrationschancen. Trotz aller Maßnahmen und Reformen heute mehr denn je.

Soziale Ungleichheiten stellte die erste PISA-Studie 2000 auch in Deutschland fest, was in der Öffentlichkeit eine heftige Debatte und einen immensen Reformeifer anstieß. In derselben Studie schnitt auch Frankreich bei den Basic Skills (Lesen, Schreiben, Rechnen) der 15-Jährigen mittelmäßig ab. Die Studie verschwand erst in einer Schublade, später dann wurde ihre Methodologie infrage gestellt, die keine internationalen Vergleiche zulasse. Eine Mischung aus Omertà und Vogel-Strauß-Politik.

Diskret wurde daraufhin jedoch ein nationales Gutachten angeregt, dessen Ergebnisse 2004 veröffentlicht wurden. Ihr ernüchterndes Fazit: Das französische Schulsystem erfüllt seinen ureigenen Auftrag kaum bzw. nicht. Es vermittelt kaum Wissen (französische Lesart von Ausbildung) und trägt auch nicht zur sozialen Integration bei. Ein folgender, vernichtender Bericht des Rechnungshofes aus dem Jahr 2010 wurde schnell unter den Teppich gekehrt, ein Jahr später legte die dritte Kammer des Parlaments – *Conseil économique, social et environnemental* (CESE) – die theoretisch die Zivilgesellschaft repräsentiert, ein eigenes, ebenso vernichtendes Gutachten vor (NAU 2011).

Die Kernergebnisse: Mit 16 Jahren (Ende der Schulpflicht) kann jeder Fünfte kaum lesen, schreiben oder rechnen, und die Schulabbrecherquote liegt bei 20 Prozent – gut dreimal höher als in Deutschland. Das anvisierte Basiswissen in Geografie, Geschichte, Mathematik und Bürgerkunde beherrschen zwei Drittel der Kinder am Ende der Grundschule und drei Viertel der Jugendlichen am Ende des *Collège* (Mittelstufe) nicht. Seitdem hat sich die Lage noch verschlechtert. Das Versagen der Schule ist evident – aber in der Öffentlichkeit weitgehend tabu. Einige Praktiker hatten zwar Warnzeichen gesendet, aber sie wurden als ›Nestbeschmutzer‹ abgetan. Einer der bekanntesten Essays, 2005 erschienen, trägt den einprägsamen Titel *Die Trottelfabrik* (BRIGHELLI 2005).

Die Ursachen liegen im Bildungssystem[48] selbst. Auf die Demokratisierung des Schulwesens, die in den 1960er- bis 1990er-Jahren in Gang war und damals für sozialen Aufstieg und Wohlstand sorgte, folgte seine Vermassung, die seitdem für Nivellierung, soziale Stagnation und meist auch soziale wie ethnische Segregation sorgt.[49] Die Umkehr begann 1985, als der damalige den Sozialisten nahestehende Bildungsminister Jean-Pierre Chevènement die Parole der neuen Bildungspolitik ausgab: »80 Prozent einer Altersgruppe bis zum Abitur bringen«[50].

Baccalauréat nennt sich dieses Examen, das anders als das deutsche Abitur auch keine Abschlussprüfung ist, sondern der erste akademische Grad. Das Ziel ist mehr als erreicht – mit etwa 85 Prozent seit 2012, Tendenz steigend. Wie das geht? Augen zu und Zensuren rauf. Jedes Jahr erlässt das Bildungsministerium entsprechende Richtlinien für diejenigen, die die Abiturarbeiten korrigieren. Es sind nie die Lehrer, die die Schüler hatten, denn

48 Zum Bildungssystem siehe: ZETTELMEIER 2012
49 Siehe hierzu: LE BRAS/WARNANT 2020
50 »Amener 80 % d'une classe d'âge au niveau du baccalauréat«

das würde nicht die Anonymität des Examens gewährleisten. Die konkrete Ausgestaltung des Gleichheitsprinzips.

Auch der Zentralismus trägt seinen Teil dazu bei. Das *Ministère de l'Education nationale* in Paris bzw. seine ausgelagerten Verwaltungseinheiten in der Provinz sind allein für die Personalverwaltung zuständig. Die Schulen können nicht selbst ihre Lehrkräfte einstellen. Eine Lehrkraft wird als Budgetposten verstanden, der beliebig über das ganze Land hin- und hergeschoben werden kann. Die Geringschätzung durch die Zentralverwaltung (auch, was das Gehalt angeht) wertet die Lehrer in den Augen der Eltern und der Gesellschaft ab (das gleiche Schema gilt für Polizeibeamten). Als Kriterien für die Versetzung gelten allein der Status sowie das Dienstalter. Im Klartext: Die Erfahrensten bzw. Dienstältesten erhalten einen Posten in Paris oder an der Côte d'Azur, die Anfänger, d.h. die Unerfahrensten, in den sozialen Brennpunkten und bestenfalls im ›Sonstwo‹. Dieses Verfahren verschärft ebenfalls erheblich die sozialen Disparitäten.

Gut gebildet, aber ungelernt in den Arbeitsmarkt

Das Massenabitur führt zur Massenuniversität, was alle Diplome abwertet. Rein rechnerisch erhöht sich so das akademische Bildungsniveau, was die OECD mehrmals dazu animierte, das deutsche Berufsbildungssystem infrage zu stellen, weil dessen Abschlüsse in der Hierarchie unterhalb der an einer Hochschule erworbenen Diplome rangieren. Diese Lesart und die entsprechende Politikempfehlung wird in Deutschland als ›Überakademisierung‹ kritisiert. In Frankreich führt sie zu einer hohen Jugendarbeitslosigkeit (im Schnitt etwa 30 %), aus der es die Studenten erst mit 30 Jahren schaffen, sich herauszuhangeln – von Praktikum zu Praktikum und mithilfe von Kurzzeitjobs. So lässt sich, nebenbei bemerkt, auch der Mindestlohn umgehen, der für ›ungelernte‹ Arbeitsmarkteinsteiger zu hoch angesetzt ist.

Denn das Bildungssystem verlassen sie zwar gut gebildet, aber ungelernt, da allgemeinbildende Lehrinhalte Vorrang haben. Es gibt zwar auch in Frankreich Berufsbildung, aber sie hat ein sehr schlechtes Image: Lehrling werden nur schlechte Schüler. Und handwerkliche Fähigkeiten gelten ohnehin als minderwertig im Vergleich zur Allgemeinbildung. Hinzu kommt die zum großen Teil immer noch starke marxistische Prägung der Bildungspolitik und Pädagogik, die den Unternehmer und selbst den Ausbilder verdächtigt, Lehrlinge ausbeuten zu wollen. Das gesamte Bildungssystem ist ein Planet Marx.

Keine Sozialisation im Betrieb, es gibt ja keinen Mittelstand

Das französische duale System kann sich kaum so entwickeln wie in Deutschland, zum einen, weil es kaum vergleichbare mittelständische Unternehmen gibt. Die überwiegende Mehrheit besteht aus kleinen Unternehmen (sowie Ich-AGs), nur wenige größere ragen heraus. Da die Mehrzahl in Abhängigkeit zu anderen Unternehmen und Konzernen steht, fehlt den französischen KMUs auch die geschäftliche Eigenständigkeit, die den deutschen Mittelstand kennzeichnet.

Zum anderen unterscheiden sich auch die Unternehmenskulturen. Das deutsche Unternehmermodell ist wertegebunden; Unternehmer tragen eine nachhaltige gesellschaftliche Verantwortung, die ständige Suche nach gegenseitigem Interessensausgleich leistet einen wesentlichen Beitrag zur Organisation der Gesellschaft. Dieses Modell ist in Frankreich unbekannt, sieht man von den kleinen Handwerksbetrieben ab sowie von einigen wenigen Ausnahmen paternalistisch geführter Großunternehmen, wie zum Beispiel der Reifenhersteller Michelin. Die Konsequenz ist, dass sich die Mitarbeiter mit ihrem Betrieb kaum identifizieren und der Betrieb für die Azubis auch kein Ort ist, wo sie lernen könnten, eigenverantwortlich mitzugestalten. Sie werden quasi zum Anspruchsdenken sozialisiert.

Die Ausbildung im Betrieb bis hin zu den Curricula wird vom Staat gesteuert. Der Abschluss – ein staatliches Diplom – bescheinigt allein, dass der Abgänger über praktische Fähigkeiten (Ausbildungsbetrieb) und entsprechendes theoretisches Wissen (Schule oder Universität) verfügt, kaum jedoch über bereichsübergreifendes Know-how, geschweige denn über eigenständige Handlungsfähigkeit. Vor allem letztere kann jedoch allein in einem Lern- oder Berufsumfeld erworben werden, das auch Mitspracherechte fördert.

Ein *Diplôme* ist also kein identitätsstiftender ›Beruf‹ wie in Deutschland, bei dem die erworbenen Kompetenzen für alle lesbar sind und deren Kern die Fähigkeit ist, eigenverantwortlich zu handeln. Das Diplom befähigt allein zu ausführenden Tätigkeiten. Im Vergleich mit Deutschland sozialisieren Schule und Betrieb zur Unmündigkeit.

Das fehlende bereichsübergreifende Know-how vergrößert auch die schon in der Schule eklatante Wissenslücke um wirtschaftliche wie soziale Zusammenhänge. Auch in Deutschland wird oft beklagt, dass es nur allzu selten ein Schulfach ›Wirtschaftskunde‹ gibt. Das gilt auch für Frankreich. Wenn aber das Thema doch behandelt wird, dann fast ausschließlich anhand einer einzigen Quelle: der neokeynesianischen bis marxistischen Monatszeitschrift *Alternatives économiques*. Man stelle sich vor, in Deutschland hätte Die Linke das Monopol für das entsprechende Schulwissen.

Es gab zwar vor einigen Jahren ein leichtes Umschwenken. Die berufsbildenden Gymnasien, die nach dem Abitur in zwei Jahren zum *Brevet de Technicien supérieur* (BTS) führen, werden heute besonders gefördert. Zugang zu diesem berufsbildenden Studium erhalten jedoch nur die besseren Abiturienten, die danach auch relativ schnell ins Berufsleben einsteigen. Verstärkt werden auch duale berufsbildende Masterstudiengänge gegründet, die ebenfalls einen raschen Einstieg ermöglichen. Und eine der wichtigsten Reformen Macrons, welche die duale Ausbildung aufwertet und die Unternehmer stärker einbezieht, trägt allmählich ihre

Früchte: Ende 2019 gab es in Frankreich eine halbe Million Azubis – ein Drittel weniger als in Deutschland, aber die Zahl ist immerhin in einem Jahr um zehn Prozent gestiegen.

Privateinrichtungen als Korrektiv für das Staatsversagen

Gleichbehandlung, Massenuniversitäten, ein (noch) schwaches Berufsbildungsangebot, geringe Aufstiegsperspektiven. Dies alles vertieft die Kluft zwischen der Elite und dem ›Rest‹. Oberflächlich betrachtet, liegt die Zahl der Studierenden in Frankreich und Deutschland etwa gleich hoch bei knapp drei Millionen. Die Statistiken muss man jedoch genau lesen. In Deutschland sind davon laut Destatis nur knapp zwei Drittel an Universitäten und vergleichbaren Hochschulen eingeschrieben und ein Drittel in Fachhochschulen.

In Frankreich ist das entscheidende Kriterium nicht der Unterschied zwischen allgemein- und berufsbildend, sondern der zwischen staatlich und privat. So besucht fast ein Viertel der Studierenden eine private Einrichtung, im Schulsystem ist es jeder Fünfte, Tendenz steigend. Fast alle dieser Einrichtungen stehen unter Vertrag mit dem zentralen Unterrichtsministerium, und die überwiegende Mehrheit ist katholisch. Eine Ausnahme bildet die École Alsacienne in Paris, die evangelisch geprägt ist. In Frankreich bedeutet evangelisch mehr als eine Glaubensgemeinschaft, nämlich die Zugehörigkeit zur einer Elite in Wirtschaft und Politik. Wer es sich leisten kann, steckt seine Kinder entweder in eine der zahlreichen staatlich geförderten Nachhilfeeinrichtungen – der Markt boomt – oder eben in eine Privatschule. Sie bietet im Vergleich zum staatlichen Bildungswesen Qualitätsunterricht, was dreierlei bedeutet: die Garantie, dass das Wissen effektiv vermittelt wird, dass Disziplin herrscht und dass das Abitur als sicher gilt.

Das sozioökonomische Umfeld der Einrichtungen entscheidet in Frankreich über die Erfolgsquote. Die Kinder der höheren Einkommensschichten und der höher Qualifizierten besuchen die Schulen oder Gymnasien in den ›besseren‹, sozial homogenen, Stadtvierteln, auch wenn dies für die Familien einen Umzug bedeutet; die anderen bleiben in den Vororten oder ›ärmeren‹ Vierteln mit entsprechender ethnokultureller Zusammensetzung und niedrigem Qualifikationsniveau sowie höheren Durchfallquoten. Das Ergebnis ist eine ausgeprägte soziale Segregation.[51] Sie fördert einerseits die Gentrifizierung der Großstädte, andererseits die soziale Ausgrenzung und Gettoisierung eines immer größeren Teils der Bevölkerung. Das Ergebnis ist eine schulische wie ethnische ›Apartheid‹[52] – Schulen, in denen fast ausschließlich Kinder und Jugendliche mit Migrationshintergrund lernen.

Zwar gibt es auch in Deutschland einen Trend zur sozialen und zuweilen ethnischen Segregation, verstärkt seit der ›Flüchtlingswelle‹ von 2015. Doch erreicht er bei Weitem nicht das Ausmaß, das in Frankreich zu beobachten ist. Er betrifft ›nur‹ einige soziale Brennpunkte innerhalb des jeweiligen Stadtgebiets (im Westen; im Osten eher in den Trabantenstädten). Das Prinzip der Chancengleichheit und die Unabhängigkeit der Schulleitung wie des Kollegiums setzen dem strukturelle Grenzen. *Egal oder Égal* nennt sich eine Reportage von Charlotte Jawurek, die 2015 in der Zeitschrift *Fluter* erschien (JAWUREK 2015). Eine Anmerkung der Redaktion fasst ihre Rechercheergebnisse wie folgt zusammen: »Dabei hat sie festgestellt, dass die Debatte um das deutsche Schulsystem stellenweise mit genau den Argumenten geführt werden, die in Frankreich in der Kritik stehen.«

Und die frühkindliche Bildung, die aus Deutschland betrachtet als vorbildlich gilt? Die *École maternelle*, die französische Entsprechung des Kindergartens, die für alle Kinder ab drei Jahren Pflicht ist und in die sie ab zwei Jahren eingeschult werden

---

51 Siehe hierzu etwa: LE BRAS/WARNANT 2020
52 Siehe hierzu: FELOUZIS 2005

können, sofern sie windelfrei sind, ist die Vorstufe zur Grundschule (ab 6 Jahren). »Die Bildungsziele von Kindergarten und Grundschule sind in Frankreich stark aufeinander abgestimmt. So erwerben schon die jüngsten Kinder die Kernkompetenzen, auf denen dann die Grundschule, die École primaire, aufbaut«, so Lea-Verena Meingast treffend in einem Beitrag für die *taz* 2015 (MEINGAST 2015). »Keiner ist zu klein, Schüler zu sein.«

Erklärend fügt Meingast hinzu: »Bildung ist in Frankreich in erster Linie Aufgabe des Staates und nicht der Eltern. Das bedeutet: der Staat erzieht die Kinder zu Bürgern der Republik.« Der Staat entlastet die Familien bei der Bildung, die Erziehung bleibt ihre einzige Aufgabe – auch das verstärkt die sozialen Ungleichheiten, da der Bildungsstand der Eltern für den schulischen Erfolg ausschlaggebend ist.

Die *École maternelle* hat aber noch eine weitere Funktion, die überdeutlich in der Coronakrise zutage trat und erklärt, warum Schulschließungen in Frankreich nur zögernd als Maßnahme eingesetzt wurden: Sie ermöglicht den jungen Müttern die Teilhabe am Arbeitsmarkt. Denn auch die Kitas sind Ganztagsschulen. Nur der Mittwoch ist schulfrei – ab der Grundschule dann allein am Nachmittag.

Die hehren Werte der *République,* die das Bildungswesen verkörpern soll, grenzen an Heuchelei. Überlassen wir das Schlusswort einem Journalisten der *Neuen Zürcher Zeitung*: »Die soziale Mobilität in Frankreich ist gering, gerade die Kinder der Vorstädte haben kaum Aufstiegschancen. Dies führt zu Frust und fördert die Abwendung von der Gesellschaft. Es braucht eine Reform des Bildungssystems auf allen Ebenen« (VON SCHWERIN 2021). Nicht nur in der *Banlieue* um Paris. In ganz Frankreich.

Wie weit der Anspruch, mündige *Citoyens* heranzubilden, von der Wirklichkeit entfernt ist, zeigt eine Schulreform vom Sommer 2015, über die Jürg Altwegg in der *Frankfurter Allgemeinen Zeitung* am 2. September 2015 berichtete (ALTWEGG 2015) – einen Tag nach der *Rentrée*, dem einheitlich im ganzen Land geltenden Schulbeginn. Seine bitterironische Überschrift: *Laizismus und Moral statt Latein und Deutsch.*

Bitter ist in der Tat die drastische Reduzierung des Fremdsprachenunterrichts, die die damalige Unterrichtsministerin Najat Vallaud-Belkacem (PS) damit begründete, Deutsch und Latein seien zu ›elitär‹. Von der Masse bevorzugt werden neben Englisch Italienisch und vor allem Spanisch, sie gelten als leicht zu erlernen. Deutsch und Latein hingegen bleiben den besten Schülern vorbehalten. Und Deutsch hat als Selektionskriterium heute den Stellenwert, den bis vor nicht allzu langer Zeit noch Mathematik innehatte: ein *Sesam, öffne dich!* für den Einstieg in eine Elitehochschule. Allerdings besteht so manches offizielle Austauschprogramm von angehenden hohen Verwaltungsbeamten fast nur noch auf dem Papier, allen voran das zwischen der Bayerischen Staatskanzlei und der ENA – mangels Deutschkenntnissen der französischen Partner.

Das Entscheidende für Altweggs Ironie aber ist ein anderer Punkt: »Das schon vor drei Jahren angekündigte Fach ›Laizismus und Moral‹ wird nun gestartet: im Rahmen eines Programms zur staatsbürgerlichen Erziehung, dessen Einführung nach den Attentaten von Islamisten und den Zwischenfällen in den Schulen beschlossen wurde.« Die Wortwahl »staatsbürgerliche Erziehung« klingt nach ›Ertüchtigung‹, ist aber in Wahrheit die wörtliche Übersetzung von *Education civique.*

In der Schule gibt es bis hin zum Gymnasium seit fast jeher eine Entsprechung der deutschen Gemeinschaftskunde, für die meist der Geschichts- und Geografielehrer zuständig ist: *Education morale et civique* (EMC) – eine Bezeichnung, die sich im Laufe der Jahrzehnte ebenso häufig geändert hat wie deren Inhalte. Sie soll heute zum gemeinsamen Leben (*vivre ensemble*) befähigen, indem sie Werte vermittelt. Die EMC bleibt kontrovers. Denn *Education* meint sowohl Erziehung als auch Bildung; doch Erziehung ist ureigentlich Aufgabe der Eltern.

Der zwiespältige Begriff zeugt von der historischen Schwierigkeit, die Institution ›Schule‹ und Laizismus in Einklang zu bringen. Ursprünglich, d.h. bei der Einführung der ›allgemeinen, laizistischen und kostenlosen Schulpflicht‹ unter Jules Ferry im Jahr 1882, ging es darum, die katholische Moral und den Religionsunterricht durch eine staatsbürgerliche Bildung (*instruction civique*), d.h. die Vermittlung der Werte und Normen der Republik, zu ersetzen. Schüler galten als angehende *Citoyens*. Das war der Vorläufer zur Trennung von Kirche und Staat (1905).

Bis heute ist deshalb Religionsunterricht in den staatlichen Schulen rechtlich ausgeschlossen – im Gegensatz zu Deutschland. Heute bietet die EMC im besten Fall ein Basiswissen zur Geschichte der Religionen, lehrt Toleranz, Höflichkeit und Respekt den Älteren gegenüber und die Einhaltung von Regeln. Erst kurz vor dem Abitur stehen Demokratie an sich und die Institutionen der Republik auf dem Programm.

Die Schule verkörpert die laizistische Republik

Laïcité (Art. 1 der Verfassung) ist mehr als nur die Anwendung des Prinzips *Égalité* auf die Glaubensfreiheit des Einzelnen. Der Begriff meint Neutralität durch Selbstrestriktion aller staatlichen Institutionen und Einrichtungen jeglichem Glaubensbekenntnis gegenüber. So kann es zum Beispiel auch keine vom Staat im Auftrag der Kirchen eingetriebene Kirchensteuer geben, außer im Elsass (Konkordat).

1905 waren per Gesetz Schule und Religion getrennt worden. An die Stelle des katholischen Glaubenskanons traten die laizistischen Werte der Republik. Die Trennung Frankreichs, der ›ältesten Tochter der katholischen Kirche‹, von eben dieser Kirche offizialisierte die Abkehr von der Monarchie, die ihren Ausdruck in der *République* und ihren Werten und Normen fand. Dem Obskurantismus des Katholizismus trat damals die Bildung im Sinne von Aufklärung als Grundstein der laizistischen Republik entgegen.

Das ist die historische Tragweite des Prinzips ›Laizismus‹. Es gewährleistet Gewissensfreiheit im weitesten Sinn. Das Gesetz aus dem Jahr 1905 legt nämlich auch das Fundament der Koalitionsfreiheit. Diese Funktion ist heute nur noch reine Projektion, die Wirklichkeit stimmt mit den Grundprinzipien nicht mehr überein.

Glaubensfreiheit und Schule hatten im demokratischen Gefüge Frankreichs lange die Funktion, die in Deutschland den Medien nach dem Krieg zukam: Aufklärung, Informationsvermittlung zur Meinungsbildung und zur Bürgerbildung in einer entstehenden Demokratie. Deren Symbol war lange die Figur des *Instituteur* (Volks- bzw. Grundschullehrer) – in Literatur, Film und Fernsehen. Ähnliches konnte man in Deutschland bei den ›Pfarrerserien‹ im Fernsehen beobachten, obwohl vor einem anderen kulturgeschichtlichen Hintergrund.

Trotzdem bleibt die Symbolkraft der Schule als Verkörperung der laizistischen *République* im kollektiven Bewusstsein fest verankert, wie das in der Öffentlichkeit weit geteilte Entsetzen nach der Enthauptung des Lehrers Samuel Paty in einem Pariser Vorort beweist. Paty lehrte insbesondere *Education morale et civique.* Dass ein Attentäter im Namen des Djihad einen Vertreter dieser *République* hinrichtet, kann nur als offene Kriegserklärung des Obskurantismus gedeutet werden.

Diese Neutralität aller staatlichen Einrichtungen drückt sich in mehr aus als nur dem Kopftuchverbot. Alle religiösen Zeichen sind verboten, auch die Kippa und das Kreuz. Eine Vorstellung dessen, was dies konkret bedeutet, gab das Kruzifixurteil des

Bundesverfassungsgerichts 1995 im Fall Bayerischer Schulen. Religion ist (im Prinzip) in Frankreich reine Privatsache, und viele muslimische Mädchen gehen auch sehr pragmatisch mit dem Kopftuchverbot um.

Diese Gelassenheit gilt jedoch spätestens seit der Ermordung Samuel Patys nur noch in begrenztem Umfang. Denn der radikale Islam breitet sich aus, zunächst in Problemvierteln und selbst in der Schule. In einer im Januar 2021 durchgeführten Umfrage des Meinungsforschungsinstituts IFOP meinten 40 Prozent aller befragten Gymnasiasten, dass »die Normen und Regeln ihrer Religion wichtiger sind als die Gesetze der Republik« (IFOP 2021). Bei den Schülern muslimischen Glaubens lag der Anteil bei 70 Prozent (30 % bei den Katholiken). Diese Meinung vertreten jedoch nur 23 Prozent der Gesamtbevölkerung.

Im Sommer 2021 wurde ein Gesetz zur Stärkung der Prinzipien der Republik (*Loi confortant les principes de la République*) verabschiedet. Alle Staatsbeamten werden zu einer Fortbildung in Laizismus aufgerufen; alle religiösen ›Separatismen‹ sollen bekämpft werden und generell alles, was die *Citoyenneté* bedroht – im Sinne von gesellschaftlicher Zusammengehörigkeit.

Das Ende von Don Camillo und Peppone

In Frankreich besteht heute eine tiefe Kluft zwischen einem großen entchristlichten und einem kleineren stark religiös geprägten Teil der Gesellschaft. Auf diesem Gebiet gibt es gewisse Ähnlichkeiten mit den neuen Bundesländern. Betrachtet man Deutschland insgesamt, bekennen sich etwa zwei Drittel der Deutschen zu einer christlichen Glaubensgemeinschaft, darunter ein knappes Drittel zum Katholizismus, ein gutes Viertel zum Protestantismus. Gut drei Prozent bezeichnen sich als Muslime, weniger als ein Prozent als Juden und 27 Prozent als Atheisten oder Agnostiker. In den ostdeutschen Bundesländern haben viele

Jahre des Staatsatheismus der DDR eindeutige Spuren hinterlassen. Dort bezeichnen sich nur ein Viertel als Christen (gegenüber drei Viertel der Westdeutschen), aber über zwei Drittel als Atheisten oder Agnostiker (im Westen knapp 17 %).[53]

In Frankreich ist die Frage nach der Religionszugehörigkeit tabu. Sie würde gegen zwei Gesetze (aus den Jahren 1872 und 1978) verstoßen, die es verbieten, Daten zur Religionszugehörigkeit, zur politischen Einstellung oder zum Migrationshintergrund zu erheben, da dies die Meinungsfreiheit und das Prinzip der Gleichbehandlung verletzen würde. Folglich sind allein solche Umfragen möglich, die ein allgemeines Zugehörigkeitsgefühl zu einer Religion untersuchen. So gibt nur ein gutes Drittel der Bevölkerung an, sich eher als gläubig zu fühlen, fast die Hälfte eher als Atheisten bzw. Agnostiker, und jeden Zehnten lässt diese Gretchenfrage gleichgültig (RAPPORT 2022).

Ein erheblicher Teil der französischen Gesellschaft hat keinen Bezug zu den gemeinschaftsstiftenden Codices eines Glaubens oder einer Weltanschauung.

Betroffen ist einerseits der Katholizismus, der ja bis 1905 in Frankreich das Leben bestimmte. Die massive Abkehr von der Kirche begann Anfang der 1960er-Jahre in der Generation des Babybooms. Entscheidender Auslöser war das II. Vatikanische Konzil, das die Pflicht zur Teilnahme an den Ritualen aufhob. Die 68er-Bewegung und der Wandel der Gesellschaft beschleunigten die Abkehr. Die praktizierenden Katholiken bilden heute eine kleine, oft erzkonservative Minderheit, die sich zunehmend von einer Gesellschaft abschottet, deren freizügige Werte sie nicht anerkennt.

Neben dem starken Katholizismus bot von den 1930er-Jahren bis zu den späten 1970er-Jahren eine »rote Kirche« (FOURQUET 2019) der Gesellschaft ebenfalls Rahmen und Halt: der Kommunismus. 1936 hatte die Volksfront (*Front populaire*) das Ende der

---

53 Alle Angaben aus Eurobaromer (EUROPÄISCHE KOMMISSION 2018).

III. Republik besiegelt. Die mächtige Parti communiste betrachtete sich als die einzig wahre Erbin der Französischen Revolution und bot ein gesellschaftliches Gegenmodell zum ›Opium für das Volk‹ (Lenin in Anlehnung an Marx) der katholischen Kirche. Diesen Glaubenskonflikt kann man lebendig nachvollziehen, wenn man die Filme mit den Figuren von Don Camillo und Peppone betrachtet – übrigens eine französisch-italienische Koproduktion. Der wirkliche französische Peppone war kein Bürgermeister, sondern der Instituteur.

Die Partei hatte nicht nur ihre eigene Presse, ihre Intellektuellen (in den Geisteswissenschaften ist diese Tradition bis heute stark ausgeprägt), ihre Jugendorganisationen, Gewerkschaften und Wohlfahrtsverbände. Dieses Gegenmodell, das für bis zu ein Viertel der französischen Gesellschaft identitätsstiftend war, brach mit dem Ende der Sowjetunion und dem Schwinden des ›Konfliktpartners‹ ›Katholizismus‹ zusammen. Auch die Kommunisten bilden heute eine geschlossene Minderheit mit kleinen Hochburgen in einigen Kommunen und vor allem in den Gewerkschaften der öffentlichen Daseinsvorsorge (Stromversorgung, Bahn) oder des Druckergewerbes.

Diese doppelte Leitkultur Katholizismus/Kommunismus, klammerte lange die französische Gesellschaft zusammen. Sie gab allen ein Identifikationsgerüst, sei es individuell (viele Kommunisten waren als Kinder Ministranten), sei es im jeweiligen kollektiven Feindbild. Sie ist heute Geschichte, prägt jedoch nicht nur unterschwellig den weiterhin bestehenden Links-rechts-Gegensatz. Denn in ihr liegt die Autoritätshörigkeit begründet, die der Zentralismus und das Universalprinzip ihrerseits fördern. Und sie erklärt auch, warum es in Frankreich kein vergleichbares Paradigma wie die soziale Marktwirtschaft geben kann – denn in beiden ›Kirchen‹ ist Geld tabu bzw. gottgegeben. Dass man es erst erwirtschaften muss, um es dann verteilen zu können, ist kaum vorstellbar.

Auch wenn 30 Jahre nach der Einheit noch große Unterschiede zwischen Ost- und Westdeutschen bestehen, so ist die deutsche Gesellschaft heute doch weitgehend zusammengewachsen. Ein Indiz dafür ist die Tatsache, dass 82 Prozent der Deutschen der Aussage voll und ganz bzw. eher zustimmen, »dass die Menschen in ihrem Land viele Gemeinsamkeiten haben« (EUROPÄISCHE KOMMISSION 2018); 16 Prozent sind gegensätzlicher Meinung. Frankreich bildet das Schlusslicht dieser im Frühjahr 2018 durchgeführten Umfrage (Eurobarometer): Nur 61 Prozent der befragten Franzosen sehen Gemeinsamkeiten im eigenen Land, 35 Prozent keine.

Das soziale Gefälle verteilt sich räumlich

Die französische Gesellschaft ist zersplittert. Zur klassischen Trennlinie ›Volk‹ versus ›Elite‹ kommt ein starkes soziales Gefälle hinzu, was Einkommen, Arbeits- oder Bildungsperspektiven, Wohnsituationen, Lebensweisen und Mobilität angeht. Dieses soziale Gefälle ist räumlich angelegt.

Im Gegensatz zu Deutschland ist Frankreich nur in wenigen Gegenden eng besiedelt. Von Südwesten nach Nordosten zieht sich ein breiter Korridor, in dem die Bevölkerungsdichte bei 30 Einwohnern pro Quadratmeter liegt und den die Geografen die *Diagonale du Vide* (Diagonale der Leere) nennen. Das macht Frankreich zum idealen Urlaubsziel für deutsche (und noch mehr niederländische) Touristen.

Der deutsche Stauatlas zum Beispiel im Vergleich zum französischen Infrastrukturnetz zeigt die Unterschiede deutlich. In Deutschland gibt es 40 Städte mit mehr als 200.000 Einwohnern – über das ganze Bundesgebiet verstreut, und sie sind eng miteinander vernetzt. Die vielen Verkehrsknotenpunkte, wo sich im Lauf der Zeit wettbewerbsfähige Wirtschaftsstandorte und sogar Cluster entwickelt haben, bilden ein enges Geflecht, das

Abbildung 11
Die *Diagonale du vide*

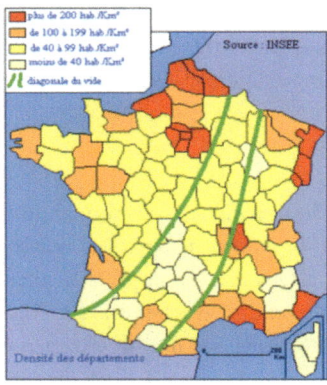

Quelle: http://www.cartesfrance.fr/geographie/cartes-population/carte-densite-population.html
Legende: Von Dunkelrot = Bevölkerungsdichte über 200 Einwohner/km² bis Hellgelb = weniger
als 40/km²

auch Bildungs-, Kultureinrichtungen und Freizeitangebote an-
zieht. In Frankreich gibt es nur elf solcher Metropolen, und alle
liegen an den wenigen großen Verkehrsknotenpunkten entlang
den Hauptverkehrsadern. Querverbindungen gibt es kaum.

Unter diesen elf Städten befinden sich nur sechs mit mehr als
300.000 Einwohnern, allen voran Paris (2,2 Millionen), gefolgt
von Marseille (über 800.000) und Lyon, der stolzen Hauptstadt
der Gallier (*la capitale des Gaules*), mit einer halben Million. Nimmt
man den Ballungsraum Paris, eine spezifisch französische Ausnahme, dann leben dort über 12 Millionen Menschen. Die überwiegende Mehrheit der Bevölkerung jedoch lebt in dem *Désert
français*, also in Dörfern und Kleinstädten mit weniger als 20.000
Einwohnern. Sie bilden den Großteil der über 35.000 Kommunen – dreimal mehr als in Deutschland. Davon zählen gut zwei
Drittel weniger als 500 Einwohner. Zur ländlichen Bevölkerung

gesellen sich dort Rentner, Pendler und seit der Coronakrise zunehmend abgewanderte Städter. In diesen Gebieten weitab von den modernen Verkehrs- und Kommunikationsstrukturen gibt es kaum dynamische Industrie- und Gewerbezonen, geschweige denn hochqualifizierte Dienstleistungsbetriebe.

Désert médical français

Meistens ist auch die Gesundheitsversorgung dürftig, wofür eigens ein Begriff geprägt wurde: *le désert médical* (medizinische Öde). Auf einen Termin beim Hausarzt, falls es überhaupt noch einen in der näheren Umgebung gibt, muss man dort Wochen warten. Ansonsten bleibt nur die Fahrt in die Notaufnahme des nächstgelegenen Krankenhauses, doch das liegt mindestens eine Autostunde entfernt. Und Unikliniken gibt es ohnehin nur in den Metropolen, was einige Autostunden mehr bedeutet. Diese strukturelle Misere der öffentlichen Gesundheitsversorgung wie die entsprechende Überlastung der Intensivmedizin geht weit über das hinaus, was die *Tagesschau* 2022 unter dem Titel *Warten, bis (k)ein Arzt kommt* über Brandenburg berichtete (KARTSCHALL/FRIEDRICH 2022).
Sie war einer der Hauptgründe für die im Vergleich zu Deutschland extrem freiheitsberaubenden Coronamaßnahmen. Die Pandemie hat auch bestätigt, wie sehr das öffentliche Krankenhaussystem kurz vor dem Kollaps steht. Die Notaufnahmen sind chronisch überlastet, weil es an ambulanter Medizin fehlt. Ein weiterer Grund ist die Bürokratie: Der Aufwand für die Verwaltung schluckt zwei Drittel des Haushalts, der Pflege bleibt allein ein Drittel − in Deutschland ist es genau umgekehrt.

In der Hauptstadt nebst Speckgürtel und im Zentrum der florierenden und international wettbewerbsfähigen Metropolen lebt eine kosmopolitische und ökoliberale Oberschicht, die sich zu den Gewinnern der Globalisierung und Europäisierung zählt (sie ist auch Macrons Stammwählerschaft). In kleineren Städten und im ländlichen Raum, wo es kaum noch Industrie gibt, leben die Verlierer: die darunterliegenden Kategorien der Mittelschicht. Sie fühlen sich von der ›Politik in Paris‹ nicht vertreten und wählen eher eine der links- oder rechtsextremen Parteien.

Wer die Auswirkungen der Deindustrialisierung mit eigenen Augen sehen möchte, sollte zum Beispiel in die Stadt Thiers fahren, die noch vor der Zeit der Merowinger erbaut wurde. Dieses französische Solingen, Hauptstadt der Messerschmiedekunst, liegt in der Region Auvergne-Rhône-Alpes vor einer für Touristen attraktiven Kulisse: die Vulkankette der Auvergne. Das historische Stadtzentrum ist wie ausgestorben, das Geschäftsleben ist in die Gewerbeflächen in den Vororten abgewandert, die fast nur mit dem Auto zu erreichen sind. Dort stehen gigantische ›Supermärkte‹ mit riesigen Parkplätzen: *Hypermarchés*, wie sie genannt werden. Dieses ›Format‹ gibt es in Deutschland nur spärlich und ausschließlich in den neuen Bundesländern; die Kette Carrefour war die erste, die sich dort niederließ. In Frankreich ist es überall zu finden. Es strukturiert die Landschaft rund um die Städte, die Verkehrsinfrastruktur sowie die Zusammensetzung der Bevölkerung.

Hypermarché und eine deutsche Fehlinterpretation

Ein *Hypermarché* ist kein Supermarkt. Ein deutscher Supermarkt ist im Vergleich klein, befindet sich mitten im Stadtviertel und bedient vorwiegend das Segment ›Food‹. Der *Hypermarché* hat eine Verkaufsfläche von mindestens 5.000 Quadratmetern, steht außerhalb der Stadt und bietet unter einem Dach alles, was man braucht: Lebensmittel, Kleidung, weiße und braune Ware, Drogerieartikel, Bücher, Möbel usw. Man fährt einmal in der Woche oder im Monat hin und packt den Kofferraum voll.

Dieses Konzept des Massenkonsums, das aus den 1960er-Jahren stammt und den sozialen Aufstieg der Mittelschicht begleitete, steht vor neuen Herausforderungen. Das »Erfolgsrezept zieht nicht mehr. Es sind nicht nur die Internethändler, die das Konzept ins Wanken bringen«, berichtete 2017 Gesche Wüpper in *Die Welt* (WÜPPER 2017). Sie benennt darin klar die Zielgruppen, die ihre Konsumgewohnheiten ändern: vor allem die jüngere und die wohlhabendere Kundschaft. Auch der Boom der Lebensmittelhändler Aldi und Lidl in Frankreich (sie haben heute einen Marktanteil von gut 10 %) trägt dazu bei, weil deren niedrigere Preise die untere Mittelschicht anziehen. Und bei Amazon ist das Angebot an Waschmaschinen ohnehin breiter und günstiger.

ARTE sendete im Oktober 2021 eine französische Dokumentation, in der Rémi Delescluse eingehend den Niedergang dieses Modells beleuchtet. Er bezeichnet es als Imperium: *Hypermarchés, la chute de l'empire.* Die deutschsprachige Fassung des Films lief unter dem Titel *Auslaufmodell Supermarkt?* Diese Übersetzung betreibt Downsizing, wohl einfach, weil es in Deutschland keine Entsprechung und somit auch keinen Begriff für *Hypermarché* gibt. In den Einkaufszentren, die es auch in Frankreich gibt, ranken sich allerlei Boutiquen, darunter mindestens eine Apotheke, stets um den Mittelpunkt: den *Hypermarché.* Dadurch verschiebt sich aber die Perspektive, auf die Gefahr hin, dass Fehlinterpretationen entstehen.

So erschien in der *Frankfurter Allgemeinen Zeitung* eine Kritik von Melanie Mühl mit der Überschrift: *Brisante Dokumentation. Amazon frisst uns mit Haut und Haar* (MÜHL 2021). In der Unterzeile stellt sie die Problematik dar, um die es im Film auch ging: »Überwachung, Knebelverträge, Erpressung« und dass der Film zeige, »wie erbarmungslos Konzerne den Lebensmittelhandel prägen«. Lebensmittelhandel ist nur ein Bruchteil des Geschäftsmodells von Carrefour, Casino oder Auchan, die hier mit Supermarktketten verwechselt werden.

Die Arbeitsbedingungen in einem *Hypermarché* sind in der Tat hart, besonders für die Kassierer*innen. Sie arbeiten meist in Teilzeit, die Arbeitszeit ändert sich jede Woche, oft am Vortag. Samstags und an vielen Feiertagen wird gearbeitet, und Feierabend ist meistens erst um 20 Uhr oder gar 21:30 Uhr. Der Einstiegslohn entspricht dem SMIC. Qualifizierung wird nicht verlangt. Diesen Job üben knapp 300.000 Frauen aus – oft in solchen Gegenden, in denen das Arbeitsplatzangebot für Frauen rar ist. Auch Studenten (in diesem Fall auch männliche) finanzieren so ihr Studium.

Was aber in der Formulierung aufhorchen lässt, ist die Fokussierung auf Amazon. Sie liest sich, als würde Mühl über eine Reportage des HESSISCHEN RUNDFUNKS schreiben, die im Februar 2013 im Ersten Programm der ARD lief: *Ausgeliefert! Leiharbeiter bei Amazon*. Dieses filmische Flugblatt, das von der Gewerkschaft Verdi im Rahmen ihrer Campaigning-Strategie gesteuert wurde und auch in Frankreich für Aufruhr sorgte (und sorgen sollte), hat sich tief in die Erinnerung eingeprägt. Auch in Frankreich gilt im linken Meinungsspektrum Amazon als der Böse. Aus sozialer Sicht, und weil der Konzern dem kleindimensionierten Einzelhandel schadet. Doch Amazon auch noch den Niedergang der ›Hypermärkte‹ zuzuschreiben, geht ein Stück zu weit. Es haben sich einfach die Erwartungen sowie die Lebensverhältnisse der Konsumenten geändert. Ganz zu schweigen von steigenden Spritpreisen.

Diese Randgebiete um die Kleinstädte, welche die Industrie verlassen hat und wo die *Hypermarchés* wie der öffentliche Dienst oftmals die einzigen Arbeitgeber sind, sind die Heimat der Gelbwesten (*gilets jaunes*). Sie waren nicht – zumindest solange nicht, bis die professionellen Krawallmacher sich daruntermischten – jene »Klassenkämpfer und Wutbürger«, die Margit Hillmann 2019 in einer Reportage für DEUTSCHLANDFUNK KULTUR beschrieb (HILLMANN 2019). Was sie antrieb, waren vor allem Abstiegsängste.

Wer waren/sind die *Gilets jaunes*?

Dieser »unsichtbare Teil der sozialen Krise Frankreichs«[54] gehört mehrheitlich der unteren Mittelschicht an, mit einem Monatseinkommen von knapp 1.500 Euro im Jahr 2018, also unter dem damaligen Durchschnitt von 1.777 Euro. Zwei Drittel von ihnen kommen am Monatsende nur

---

54 *Les Gilets jaunes: la partie immergée de la crise sociale française?*, Institut Montaigne, 20. März 2019

schwer über die Runden und haben deswegen in den zurückliegenden zwölf Monaten auf einen Arztbesuch oder eine Brille verzichtet (im nationalen Durschnitt nur jeder zweite).

Über die Hälfte von ihnen sind beschäftigt, davon etwa die Hälfte je als Arbeiter und Angestellte. Jeder Sechste ist Bezieher einer niedrigen Rente. Gut drei Viertel von ihnen sind Geringqualifizierte, sie haben höchstens ein *Baccalauréat*.

Ihre Hauptsorge ist die Kaufkraft. Sie kaufen bei Aldi und Lidl ein sowie in den großen Billigketten, die sich zum Beispiel auf Schuhe, Kleidung (Chaussea, La Halle) oder Haushaltswaren (Gifi) spezialisiert haben, oder suchen die besten Angebote im Internet bzw. auf Online-Marktplätzen wie Paru Vendu und vor allem Le Bon Coin. Viele von ihnen sind auch herausragende Heimwerker und Tüftler.

Durch Macrons Steuererhöhungspolitik zur ökologischen Umwandlung (*transition écologique*) sahen und sehen sie sich einem beschleunigten Verarmungsrisiko ausgesetzt. Ein Auslöser der Bewegung war eine damals geplante (und wieder aufgegebene) Anhebung der Spritsteuern. Im ›peripheren‹ Frankreich sind die Löhne niedriger (sie liegen maximal beim zweifachen SMIC), es mangelt an hochqualifizierten und besser bezahlten Arbeitsplätzen. Dieser Teil der Bevölkerung ist zwar knapp bei Kasse, aber insgesamt mit dem Leben zufrieden und auch stolz auf die eigene Leistung. Nur ist er auf das eigene Auto angewiesen, öffentliche Verkehrsmittel gibt es kaum außerhalb größerer Städte. Eine Politik ›weg vom Auto‹ kann frankreichweit nicht greifen.

Die *Banlieue* ist vor allem Wohngebiet

Zumal der Raum auch anders unterteilt ist als in Deutschland, was die soziale Mischung bestimmt. Eine *Ville* kennt, anders als (noch) eine deutsche Stadt, keine soziale Mischung im Zentrum. Je größer die Stadt, desto höher der Grad der Gentrifizierung.

Ihre Vororte (*Banlieue*) sind in mehrere Kategorien unterteilt: Die unmittelbar im Westen angrenzenden sind wohlhabend, die steigenden Immobilienpreise verschärfen den Trend. Die östlichen und nördlichen waren meist Industriegebiete und Arbeitersiedlungen, bevor auch sie allmählich von der Gentrifizierung erfasst wurden. Diese Entwicklung kann man in Saint-Denis (im Norden von Paris), das oft als Problemviertel beschrieben wird, sehr gut beobachten.

Und im Laufe der Urbanisierung wurden Jahrzehnt für Jahrzehnt immer weiter ab von den historischen Vororten neue Siedlungen oder gar Städte aus dem Boden gestampft. *Villes nouvelles* nennt man sie. Als Beispiele aus dem Pariser Ballungsraum wären Evry im Süden oder Cergy-Pontoise im Nordwesten (fast an der Grenze zur Normandie) zu nennen. In jeder dieser Einheiten ist das klassische soziale Gefälle zu sehen, im Nebeneinander von Villenvierteln bis hin zu Siedlungen des sozialen Wohnungsbaus. In dieser *Grande banlieue* herrscht eine hohe Fluktuation der Bevölkerung. Je älter die Einwohner werden, je weiter sie sozial aufsteigen, desto eher verlassen sie ihre Viertel, Jüngere, Ärmere rücken nach, bis sie ihrerseits aufsteigen und umziehen.

Die *Banlieue* ist nur in seltenen Extremfällen ein Problemviertel

Das Wort *Banlieue* hat denselben Ursprung wie Bannmeile. Es bezeichnete im Mittelalter das Gebiet – eine Meile von den Stadtmauern entfernt –, das einem anderen Herren unterlag. Heute bedeutet es schlicht Vorort.
Im politischen wie im journalistischen Diskurs wird der Begriff *Banlieue* fast immer mit ›Problemviertel‹ gleichgesetzt. Es stimmt zwar, dass sich in Frankreich (wie im Osten Deutschlands) die meisten Problemviertel in einem Vorort befinden, weil dort diejenigen leben, die sich die Stadtmitte nicht leisten können, sei es weil ihr Einkommen zu gering oder weil die Familie zu groß ist. Soziale Vielfalt ist allein in manchen deutschen Innenstädten noch gegeben.

Doch nur wenige *Banlieues* sind Problemviertel. Der Unterschied zu Deutschland ist, dass es die sozialen Brennpunkte nicht mitten in der Stadt gibt (klassisches Beispiel ist Neukölln), sondern dass sie ausschließlich in einer Plattenbausiedlung am Rand eines Vororts zu finden sind – und dort nur ein HLM (s. Seite 170) oder einen Straßenzug betreffen (wie etwa in Les Mureaux im Südwesten von Paris). Dort herrscht eine überdurchschnittliche Arbeitslosigkeit von bis zu 50 Prozent, infrastrukturelle Unterentwicklung, Drogen- und Waffenhandel und eine hohe Kriminalität (ECKART 2007). In einigen Fällen bestehen dort auch ›Nogo-Areas‹ für Feuerwehr, Polizei und sogar Ärzte. Dies sind Hotspots, die man keineswegs mit der *Banlieue*, also den Vororten an sich, verwechseln darf, was allzu häufig geschieht. Neukölln ist auch nicht Berlin.

Die *Banlieue* besteht zunehmend aus Wohngebieten mit Einfamilienhäusern, in denen die mittlere bis höhere Mittelschicht lebt und die sich seit den 1980er-Jahren stark ausgebreitet haben. Es ist das, was als Frankreich der Verkehrskreisel *(la France des ronds-points)* bezeichnet wird. Einfamilienhäuser stellen heute weit über die Hälfte des Gebäudebestands. Ein Haus mit Garten und Garage abseits der Stadt und möglichst in der Nähe einer alten Dorfkirche ist für neun von zehn Franzosen die Idealvorstellung des Wohnens. In Frankreich sind zwei Drittel der Hausbewohner auch Besitzer ihrer Immobilie (in Deutschland nur ein Drittel). In diesen Siedlungen ist man auf das Auto angewiesen, um ins nächstgelegene Restaurant zu fahren oder eben im *Hypermarché* einzukaufen. In diesen Siedlungen herrscht ein großer sozialer Zusammenhalt innerhalb der unmittelbaren Nachbarschaft. Auch dort sind Gelbwesten beheimatet – ihr ›Kampfgebiet‹ waren die Verkehrskreisel.

Lange lernten die Kinder in der Schule die Geschichte Frankreichs und seiner Bevölkerung unter dem Motto: *Nos ancêtres, les Gaulois*. Selbst die Kinder in den afrikanischen Kolonien. Dieses Narrativ war Ende des 19. Jahrhunderts geschrieben worden und begründete den erwachenden Nationalismus. Die Gallier wurden zum identitätsstiftenden Symbol erhoben und vereinten so die vielfältigen Kulturen und Ursprünge der Bevölkerung. Besonders in den drei letzten Kriegen (1870-1871, 1914-1918 und 1939-1945) galt Vercingetorix auch als die Figur des Widerstandskämpfers an sich. Einen kleinen Hauch davon findet man in den Asterix-Bänden mit seinen aufmüpfigen Galliern. Und auf den Gauloises-Päckchen, auf denen bis vor einigen Jahren noch ein geflügelter Helm zu sehen war.

Diesem Narrativ entsprang der Begriff des *Français de souche*, also des gebürtigen Franzosen, der heute fast nur noch im rechtsextremen Lager verwendet wird – im Sinne von ›Urfranzose‹ (oder ›Bio-Franzose‹) im Gegensatz zu Ausländer. Auch in der Wissenschaft findet der Begriff Anwendung; dann bezeichnet er allerdings Menschen, deren Vorfahren über mehrere Generationen in Frankreich geboren sind. Doch auch das ist kontrovers, weil viele Franzosen im Ausland geboren sind oder weil die Kolonialgeschichte die Grenzen der Staatsangehörigkeit hin- und hergeschoben hat. Die französische Bevölkerung ist genauso wie die deutsche eine bunte, geschichtlich gewachsene Mischung. Aber ihr Integrationsgrad ist geringer, wie ein vergleichender Bericht der OECD (2018) feststellt.

2021 zählte Frankreich 67,4 Millionen Einwohner, darunter sieben Millionen Einwanderer (*immigré*) (INSEE 2022). Die Zahl der Ausländer (*étrangers*) und ihrer in Frankreich geborenen Kinder liegt bei 5,2 Millionen. Beide Gruppen sind zu einem kleinen Teil deckungsgleich, da von den Einwanderern 2,5 Millionen eingebürgert wurden; die Hälfte davon hat eine doppelte Staatsangehörigkeit. Von den Einwanderern stammt knapp die Hälfte aus Afrika, ein Drittel aus Europa, der Rest aus Asien sowie Amerika bzw. Ozeanien. Fast die Hälfte der zwischen 2017 und 2018 in Frankreich geborenen Kinder waren *immigrés* – Tendenz steigend.

Diese Unterscheidung zwischen Ausländern und Einwanderern nutzt die Statistik erst seit den 1990er-Jahren. Zuvor bezeichnete *immigré* hauptsächlich die französische Entsprechung der deutschen Gastarbeiter. Ähnlich wie in Deutschland kamen bis Mitte der 1970er-Jahre vor allem männliche Arbeitskräfte; nach dem Einwanderungsstopp in der Ölkrise gab es dann die Stunde der Familienzusammenführung. Mit dem Ende des Algerienkrieges kamen außerdem massenweise französische Siedler zurück (*pieds noirs:* Schwarzfüßler) und zahlreiche pro-französische Algerier. Diejenigen unter ihnen, die vor 1960 geboren sind, haben die französische Staatsangehörigkeit.

Das Statistische Bundesamt hatte 2006 den Begriff ›Bevölkerung mit Migrationshintergrund‹ geschaffen. Er umfasst die beiden französischen Kategorien *immigrés* und *étrangers*. Etwa ein Viertel der deutschen Bevölkerung hat demnach einen Migrationshintergrund. Vergleichbares trifft auch auf Frankreich zu – jedoch nur geschätzt. Genaueres ist nicht bekannt. Es gibt keine einheitliche statistische Quelle: Innenministerium, INSEE oder das nationale demografische Institut INED verfolgen je einen anderen Ansatz. Das hatte das INED bewogen, ab 2008 eine frankreichweite Studie durchzuführen – *Trajectoires et origines* –, um diverse Kriterien wie Herkunft, Alter, Religion, Diskriminierung usw. zu kreuzen. Zweck dieser Initiative ist es, einen tieferen Einblick in die Prozesse zu gewinnen, die die französische Identität gestalten.

Es bleibt eine reine Forschungsinitiative, da es seit 1978 allen Interessenten außer Forschern gesetzlich verboten ist, Daten zur Region, Ethnie, Herkunft oder Religionszugehörigkeit zu erheben. In regelmäßigen Abständen werden jedoch Forderungen laut, dieses Verbot aufzuheben, zuletzt im Sommer 2020, als die dunkelhäutige Regierungssprecherin Sibeth Ndiaye sich dafür einsetzte. Ihre Gegner befürchteten dadurch eine Förderung des Kommunitarismus, also eine verstärkte Identitätsbestimmung einzelner Gruppen über Herkunft oder Religion, was eine weitere Bedrohung für den Laizismus und den gesellschaftlichen Zusammenhalt bedeuten würde. Sie bangten vor allem auch um ihre Positionen in der Öffentlichkeit als etablierte Ankläger gegen Diskriminierungen aller Art, allen voran SOS Racisme.

Und die in Frankreich im linken Meinungsspektrum breit angesiedelte, aus den USA importierte Woke-Kultur trägt ihren Teil dazu bei. Sie konnte sich gut etablieren, weil eben die Prinzipien der Republik die Vielfalt nicht anerkennen (können), andererseits das heikle, nicht nur linke Thema der Diskriminierungen (Geschlecht, Hautfarbe usw.) die Agenda besetzt. So mehren sich in jüngerer Zeit aggressive Minderheiten, die sich als diskriminiert empfinden, weil sie eine andere Hautfarbe als die weiße Mehrheit haben, ihre Eltern aus Algerien stammen, sie sich der LSBTTIQ-Community zugehörig fühlen oder weil sie die Kolonialgeschichte und die damalige Sklaverei wie wegzaubern wollen u.v.a.m. Die Palette reicht von Forderungen nach positiver Diskriminierung bis hin zur Political Correctness und natürlich dem Anrufen von Gerichten. Nicht nur Problemviertel oder die Universitäten sind betroffen, auch die Arbeitswelt. Für sie ist es ohnehin schon länger herausfordernd, unterschiedliche religiöse Feiertage mit der Planung in Einklang zu bringen, die Zeit des Ramadans gebührend zu berücksichtigen oder in der Betriebskantine koscher, halal, vegan usw. unter einen Hut zu bekommen.

So bleibt das Thema einer detaillierteren statistischen Erhebung tabu. Das macht es zum Beispiel den rechtsextremen Kandidaten in der Präsidentschaftswahl leicht, mit dem schwammigen Begriff *Immigré* heute Theorien eines Bevölkerungsaustauschs heraufzubeschwören.

Die Zusammensetzung der französischen Bevölkerung bleibt bis heute weitgehend unbekannt. Nur eines ist sicher: Sie ist farblich bunter als die deutsche. Erst die Fußball-WM 1998 und die Euphorie nach dem Sieg der französischen Nationalmannschaft in ihrer damaligen Zusammensetzung *Black-Blanc-Beur* hievte das Thema auf die politische Agenda. *Beur* ist ein Wort der Jugendsprache *Verlan*, die die Reihenfolge der Silben umdreht, bedeutet also *Arabe*, *Verlan* steht für *à l'envers*. 1998 entstand der Begriff *France plurielle*, etwas später die ebenso politisch korrekte Bezeichnung *Minorités visibles* (sichtbare Minderheiten) für Andersfarbige und dann der heute gängige Begriff *Diversité* (Vielfältigkeit).

Ein neues religiös geprägtes Gesellschaftsbild entsteht

Diversité beschränkt sich auf nur einen Teil der Bevölkerung: Franzosen aus den Übersseegebieten und vor allem Einwanderer und Migrantenkinder aus Subsahara-Afrika sowie dem arabisch-muslimischen Raum. Dieser Teil der französischen Bevölkerung setzt sich keinesfalls einheitlich zusammen. Auch ihn durchzieht die Trennlinie oben-unten, ein starkes soziales wie regionales Gefälle. Und die diversen ethnischen Gruppen, deren Anzahl wie Vielfalt mit der weltweiten Migrationsbewegung steigen, bilden Gettos wie ethnische oder religiöse Communities; ein ähnlicher Trend zeichnet sich auch in Deutschland ab.

Er geht nicht nur mit Segregation oder Diskriminierung einher, sondern es bilden sich ebenfalls Eliten, die sich in Frankreich stark mit den Werten der *République* identifizieren. Aufstiegschancen bietet vor allem der öffentliche Dienst: von der Schule über die Armee bis zur Bahngesellschaft SNCF. Kandidaten aus der *Diversité* sind auch im politischen Leben immer zahlreicher sowie im Fernsehen.

Innerhalb dieser *Diversité* bildet eine Gruppe (etwa 10 % der Bevölkerung) heute zunehmend eine geschlossene Gemeinschaft, nämlich diejenigen, die einen Bezug zu einer islamisch geprägten Kultur (1., 2. oder 3. Generation) haben bzw. sich der Religion ›Islam‹ zugehörig fühlen. Sie kennzeichnet eine ausgeprägte Endogamie und vor allem eine neue, erstarkende Religiosität; mindestens zwei Drittel innerhalb dieser Gruppe befolgen heute den Ramadan. Im stark säkularisierten Frankreich entwickelt sich hier ein neues religiös geprägtes Gesellschaftsbild als Gegenmodell zur weit entchristlichten Gesellschaft.

Schule im Bann des politischen Islam

In einer Umfrage des Meinungsforschungsinstituts IFOP 2020 kurz nach der Ermordung des Lehrers Paty gab über die Hälfte der Jugendlichen islamischen Glaubens an, die Scharia sei »wichtiger als die Gesetze der Republik« (IFOP 2020). Sehr deutlich tritt dies in der Schule zutage, wo sich seit Beginn des Jahrtausends der politische Islam zunehmend verbreitet. 2004 hatte Jean-Pierre Obin, Generalinspektor des Unterrichtsministeriums, ein Gutachten erstellt, in dem er Alarm schlug.[55] Es verschwand sofort in einer Schublade – zu brisant. Zwei Jahre zuvor hatte eine Gruppe von Lehrern einen Warnruf veröffentlicht, in dem sie ihre Erfahrungen mit dem Anstieg des Antisemitismus, Rassismus sowie Sexismus in der Schule darstellten und vor allem die Vogel-Strauß-Politik des Ministeriums anprangerten (BRENNER 2002). Dieses Buch, *Die verlorenen Territorien der Republik*, fiel der Omertà zum Opfer.

Erst nach dem Mord an Samuel Paty wurden dieses Buch und das Gutachten von Obin einer breiteren Öffentlichkeit bekannt. Ein neuer Obskurantismus mit seinem eigenen Verhaltenskodex gefährdet heute die Laizität als Grundwert des gesellschaftlichen Zusammenhalts.

»Multikulti ist gescheitert«, hatte Kanzlerin Merkel im Oktober 2010 erklärt. Frankreich thematisiert diese Problematik

---

55   OBIN 2004. Siehe ebenfalls seinen Essay, der die Daten aktualisiert: OBIN 2020

auf eine andere Weise. Die französische Bevölkerung ist – weit mehr als die deutsche – in vielerlei Hinsicht ›multikulturell‹, ob es sich dabei um Glaube, Werte, soziale Stellung oder Weltanschauungen handelt. Um diese Vielfalt zu erfassen, die als solche mit der Idee der einheitlichen *République* nicht vereinbar ist, kann es nur einen Begriff geben: *Laïcité*. Nur reicht die Neutralität des Staates heute nicht mehr als Gegenmittel gegen das Auseinanderdriften der Gesellschaft, das die Demokratie gefährdet.

Deshalb werden auch vermehrt Gedenkzeremonien oder stark symbolträchtige und einheitsstiftende Ereignisse veranstaltet – von Gedenktagen an Ereignisse des Algerienkrieges bis zum Einzug von Joséphine Baker in den Panthéon in Paris. Selbst die 2017 quasi als Staatsbegräbnis gestaltete Trauerfeier für das Rockidol Johnny Halliday gehörte dazu, denn es zog nicht nur Biker an – ganz Frankreich saß betroffen vor dem Fernseher. Was Frankreich heute händeringend sucht, ist ein neues Narrativ, das Gemeinsamkeit schafft.

Fazit und Ausblick

Frankreich, ein Paradies auf Erden? So sehen es Touristen oder betuchte Deutsche mit Zweitwohnsitz in der Provence: Die ›Lubéron-Fraktion‹ hat die ›Toskana-Fraktion‹ abgelöst. Auch französische Restaurants in Deutschland pflegen dieses *Art de vivre*. Es ist mehr als Marketing, es gibt dieses Flair in Frankreich tatsächlich. Nur eben nicht überall. Gutes Essen ist allen wichtig, aber es geht auch ohne das Zeremoniell, das mit diesem Image in Deutschland verbunden ist. Es darf auch mal ein Pappteller sein, Hauptsache, das, was auf dem Teller liegt, schmeckt. Und dreigängig sollte das *Déjeûner* oder *Dîner* ohnehin sein, am besten viergängig.

Was das bedeutet, beschreibt bewundernd ein Eintrag zu den Kitas und zur französischen Erziehung im *Frankreich Webazine*:

Zweimal täglich warmes Essen (= 2 x pro Tag Gemüse!) (BOUWMEES-TER/GRAFBERGER/GÖLITZ 2017). Die Autoren fügen auch gleich hinzu, wie praktisch es für die Eltern sei. Nun sind auch Kitas Ganztagsschulen, und die meisten Kinder oder Jugendlichen essen in der Kantine. Für viele aus ärmeren Verhältnissen bedeutet das wenigstens eine ausgeglichene Mahlzeit am Tag, oft sogar die einzige.

Aber wer in Frankreich – außer Starkochs – beherrscht noch die Kochkunst? Seit der 68er-Bewegung gilt es für Frauen zunehmend als diskriminierend, für die Familie zu kochen, sodass viele diese Kunst verlernt haben und sie auch nicht an ihre Kinder weitergeben können. So gibt es heute zwei Frankreichs: das der Mikrowellenherde oder des Street-Foods in den höheren Einkommensklassen sowie in den Städten bzw. der *Banlieue* und im Rest des Landes das der Familienköchinnen, die sich noch die Mühe geben, einen *Boeuf bourguignon* oder eine *Blanquette de veau* zuzubereiten. Sie sind das, was man in Deutschland ›bürgerliche Küche‹ nennt.

Die Lieblingsgerichte der Bevölkerung sind keineswegs mehr das Steak mit Pommes, sondern spiegelbildlich zu ihrer Zusammensetzung erstens der *Couscous* (Maghreb), dann der Hamburger und schließlich die Pizza. Anstelle des Couscous, der zur Kategorie der bürgerlichen Küche gehört, steht in Deutschland der Döner an der Spitze. Der Hamburger jedoch hat in Frankreich ein Image-Problem. Er ist einerseits beliebt, besonders bei Kindern und Jugendlichen und in städtischen Gebieten. Andererseits haftet ihm an, der Inbegriff der *Malbouffe* zu sein, des ›schlechten‹ oder minderwertigen Essens – also des Gegenteils der Idealvorstellung nicht nur der Ernährungsberater oder der Konsum- und Globalisierungsgegner. Das Gesundheitsministerium fährt seit vielen Jahren Kampagnen, in denen für gesunde Ernährung geworben wird. Das bekannteste Beispiel: mindestens fünf Portionen Obst oder Gemüse pro Tag (*manger cinq fruits et légumes par jour*). Auch deswegen wird in der Kita so viel Gemüse serviert. Hinter der staatlichen Fürsorge und Vorsorge verbirgt sich auch eine gezielte Unterstützung der heimischen Agrarwirtschaft.

Die französische Gesellschaft ist zwar sozial wie räumlich tief gespalten, doch eines hält sie eng zusammen, wenn auch in ihren jeweiligen Blasen: Familie und Freunde sind heilig. Sie bilden ein Refugium in einer von tiefem Misstrauen geprägten Gesellschaft. Familie bedeutet mehr als nur Eltern und Kind, gemeint ist das Modell die Großfamilie, das noch aus der Zeit stammt, als Frankreich ein Agrarland war, und das für Zusammenhalt bürgt. Das erklärt auch den Erfolg der französischen Familienpolitik, die in Deutschland bewundert wird: Nicht das Geld oder der Elternurlaub sind ausschlaggebend, sondern die Tatsache, dass viele Frauen im öffentlichen Dienst arbeiten und dort meist Teilzeit. Und auch, dass sich in der Familie (ob Patchwork oder nicht) immer jemand um die Kinder kümmern kann – zumindest im peripheren Frankreich. In der Stadt ist das die Aufgabe der Kitas. Wie wichtig das Familienverständnis ist, kann man an zwei Wochenenden im Jahr ablesen: Pfingsten und Allerheiligen. Dann ist ganz Frankreich für Familientreffen (inklusive Friedhof) unterwegs.

Familie und Freundeskreis sind eine heile Welt, in der Konfliktthemen wie Politik oder Covidimpfungen meist vermieden werden, um den Zusammenhalt nicht zu gefährden. Die Familie ist es auch, die den Kindern bis zum späten Einstieg ins Berufsleben finanziell unter die Arme greift – das ist einer der wichtigsten Beweggründe für das ausgeprägte Sparverhalten der Franzosen. Diese heile Welt weitab von Staat und Hierarchien, von Querelen und Anfeindungen, von den Schwierigkeiten in Alltag und Berufsleben und wo auch das Thema ›Kaufkraft‹ zumindest zeitweise ausgeklammert werden kann, ist der Hauptgrund, weshalb sich die französische Bevölkerung insgesamt glücklich fühlt. Sie liegt in der Ausgabe 2020 des World Happiness-Reports zwar nur auf Platz 24 (Deutschland auf Platz 17), doch immerhin weit oben unter den 153 teilnehmenden Ländern. In einer anderen weltweiten Umfrage (Global Advisor), die 2019 vom Meinungsforschungsinstitut Ipsos durchgeführt wurde, sagten 80 Prozent der Befragten, sie seien glücklich. Bei den Gründen, die sie angeben, kommen unmittelbar nach der Gesundheit die Kinder. Also die Familie als Hort der Freiheit.

Schluss

Macron wurde Ende April 2022 mit einer haushohen Mehrheit (58,5 % der Stimmen) wiedergewählt. Ähnlich wie bei der Stichwahl Chirac versus Jean-Marie Le Pen 20 Jahre zuvor war dieses Wahlergebnis zum Großteil ein Votum gegen Marine Le Pen. Doch anders als damals ihr Vater konnte Marine in der Wählergunst kräftig aufsteigen: Sie erhielt 41,5 Prozent der Stimmen. Aufschlussreicher als der jeweilige Anteil der gültigen Stimmen ist 2022 die Tatsache, dass ein Drittel der Wähler sich enthielt bzw. eine ungültige Stimme abgab – ein Rekord, der nur 1969 höher lag. Viele von ihnen hatten im ersten Wahlgang den linksextremen Kandidaten Mélenchon gewählt und weigerten sich, zwischen ›Pest und Cholera‹ entscheiden zu sollen. Der ›republikanische Monarch‹ wurde zwar wiedergewählt, doch fehlt ihm in der Nationalversammlung, die im Juni neu gewählt wurde, die notwendige Regierungsmehrheit. Denn die Präsidentschaftswahl 2022 hat ein neues bipolares Frankreich offenbart. Es ist nicht mehr wie noch 2012 allein in links und rechts gespalten, sondern – entscheidender – in ein wirtschaftsliberales, europafreundliches Lager und eines, das sich als Verlierer der Europäisierung und der Globalisierung betrachtet. Das erste Lager wählt Macron oder die Grünen, das zweite die beiden extremen Populisten Le Pen (alternativ Zemmour) bzw. Mélenchon. Kommunisten und Sozialisten sowie die Gaullisten, die zuvor die Parteienlandschaft prägten, führen heute ein Schattendasein. Das hatte schon die Präsidentschaftswahl 2017 verdeutlicht. Diese neue Bipolarität kann man regelrecht sehen, sie entspricht dem Gefälle zwischen den florierenden Metropolen, die an das Infrastrukturnetz angebunden sind und in denen sich Wirtschaftswachstum und ein entsprechendes Arbeitsangebot konzentrieren, und auf der anderen Seite dem strukturschwachen, ›peripheren‹ Teil des Landes, in dem die Mehrheit der Bevölkerung lebt.

Frankreich ist heute der ›kranke Mann Europas‹. Darüber konnte noch im ersten Halbjahr 2022 die französische EU-Ratspräsidentschaft hinwegtäuschen, die mit dem Beginn des Ukrainekriegs zusammenfiel. Die Rolle der Atommacht in der EU wertet Frankreichs internationales Image und auch sein Selbstbild auf. Doch im inneren schwelen schwere Krisenherde, die sich im Laufe der Jahrzehnte angehäuft haben und Frankreich als ein Land der tiefen Widersprüche dastehen lassen. Sie prägten den Wahlkampf entscheidend. Sie erklären die stark populistische Prägung des Wahlkampfes sowie die hohe Wahlenthaltung. Wie sehr Frankreich seinen politischen Kompass verloren hat, kann man an einem Begriff ablesen, der sich seit 2017 in der Sprache der Politiker etabliert hat. Keiner von ihnen gebraucht mehr das Wort *Programme* oder *Politique,* wenn es darum geht, seine Position in der Öffentlichkeit darzustellen. Stattdessen wird heute *Posture* gebraucht, was soviel bedeutet wie Positur bzw. Attitüde. Programme, wie man sie von deutschen Parteien kennt, gibt es ja in Frankreich nicht; es geht allein darum, die Mehrheit der Wähler zum gegebenen Zeitpunkt für sich zu gewinnen. So war der gesamte Wahlkampf, quer durch alle ›Parteien‹, von demagogischen Phrasen geprägt. Inhalte hatten keine Konjunktur.

»Selten wirkte Frankreich so uneinig und gesellschaftlich zersplittert wie jetzt [...] Frankreich erlebt eine Identitätskrise ungekannten Ausmaßes.« Dieses Fazit zog die Frankreichkennerin Michaela Wiegel im November 2016. Ihr Essay in der Zeitschrift *Aus Politik und Zeitgeschichte* (WIEGEL 2016), der die Lage nach den Terroranschlägen von 2015 und 2016 analysierte, zeigte ein gesellschaftlich zersplittertes Land in einer Phase des wirtschaftlichen und politischen Stillstands. Diese Identitätskrise hat sich seitdem verschärft, was man zum Beispiel an den verzweifelten Versuchen der Regierung ablesen kann, ein neues Gemeinschaftsgefühl zu erwecken – sei es durch den Einzug von Joséphine Bakers Sarg in den Panthéon oder das Quasistaatsbegräbnis für den Rockstar Johnny Halliday. Auch das Fernsehen versucht es auf seine Weise durch ›Postkarten‹ am Ende der Nachrichtensendungen, mit denen schöne Landschaften oder gastronomische Spezialitäten im Land gezeigt werden. Dazu gehört auch die Sendereihe *Secrets d'histoire,* die seit 2007 im öffentlichen Fernsehprogramm FRANCE 3 das kulturelle Erbe der vielen schönen Schlösser und ihrer Fürsten pflegt.

Erst die Gelbwestenbewegung förderte 2018 das Ausmaß der innenpolitischen Krise an das Tageslicht. Ihre Proteste, die eine Mehrheit der Bevölkerung unterstützte, brachten keine Erneuerung. Insbesondere keine, was die Forderung nach mehr direkter Demokratie angeht – gemeint war und ist mit diesem Begriff immer noch vor allem mehr Teilhabe. Nicht nur in der Politik, auch im Betrieb. Die Gelbwesten waren und sind *Citoyens*, die als mündige Bürger betrachtet werden wollen. Nur fehlt ihnen die notwendige Reife, wie ihre Unfähigkeit zeigte, sich als nachhaltige Bewegung zu strukturieren, und ihr Unwillen, Leader zu benennen. Dem stand ihr Verständnis von *Égalité* entgegen bzw. ihr Frust über die strenge pyramidale Hierarchie, die ein Markenzeichen Frankreichs ist. Sie geht einher mit der Erziehung zur Unmündigkeit – in Schule und Betrieb. Forderungen und Ansprüche anmelden, ist ein Aspekt. Die Geschicke selbst in die Hand nehmen, würde zusätzlich einen Begriff der *Liberté* erfordern, der auf Eigenverantwortung aufbaut.

Die gewerkschaftliche Einheitsfront gegen die Rentenreform 2023 hat an dieser Tatsache nichts geändert. Sie konnte nur entstehen, weil einerseits einige Gewerkschaften (CGT, CFDT) ihre Muskeln zeigen mussten; es stand jeweils ein Kongress an, der über eine neue Führung zu entscheiden hatte und entsprechend über ihre ideologischen Standpunkte. Und andererseits, weil die Gewerkschaften im weitreichenden Unmut wie Misstrauen der Bürger eine Chance sahen, durch ihre demonstrierte Einheit gegen die Reform komplementär zur medienwirksamen parlamentarischen Blockadepolitik der linken Oppositionsabgeordneten der NUPES (unter der Egide von Mélenchons La France insoumise) eine Art außerparlamentarische Opposition bilden zu können. Es ging in diesem Fall kaum um konstruktive Gegenvorschläge zur Rentenreform, sondern allein um quasi parteipolitische Muskelspiele gegenüber einer extrem schwachen Regierungsmehrheit in der Nationalversammlung. Die Medienberichterstattung, die sich gern auf die Seite der ›Straße‹ stellt, trug ihrerseits zur Stärkung der Proteste bei.

Frankreichs Demokratieverständnis muss dringend modernisiert werden, angefangen beim Zentralismus und der Struktur der Institutionen. Manche wünschen sich gar eine VI. Republik, d. h. eine neue Verfassung. Wie hoch der Modernisierungsbedarf ist, zeigen nicht nur die Gelbwesten, sondern auch die bürgerkriegsähnlichen Zustände auf Korsika oder in den Überseegebieten und selbst die Krawallmacher in den Problemzonen. Diese Gewaltausschreitungen haben zwar meist einen kriminellen Hintergrund, sie sind jedoch zum Großteil ›hausgemacht‹ – durch das Versagen des Bildungssystems, des ausufernden Städtebaus, des Negierens jeglicher Unterschiede. Der Universalismus der Prinzipien schürt Krisenherde, weil er Vielfalt nicht anerkennen kann und diese sich auf andere Weise Ausdruck verschaffen muss. Auch der Zentralismus trägt dazu bei.

Das Misstrauen der Wähler gegenüber den politischen Institutionen ist groß. Es ist der Ausdruck einer tiefen Kluft zwischen Elite und Volk. Nicht nur ›die Provinz‹ fühlt sich verachtet, sondern die überwiegende Mehrheit der Bevölkerung, die in dem ›Sonstwo‹ außerhalb der Metropolen lebt. Denn *Province*, ein Wort, das politisch nicht mehr korrekt ist und durch ein nichtssagendes *en régions* (in den Regionen) ersetzt wurde, meint alle Gebiete, die nicht Paris sind. Diese ›Provinz‹ wird von den etablierten Pariser Machtzirkeln kaum wahrgenommen, und selbst die Statistiker des INSEE tun sich schwer damit, es genauer zu definieren. Sie setzt sich aus ländlichem Raum, Gegenden, die einen tiefen Strukturwandel erleben, oder Kleinstädten zusammen. In diesem in der Fläche strukturschwachen Frankreich, in dem es kaum noch Industrie gibt, bietet fast nur noch der öffentliche Dienst Arbeit. In der Bevölkerung, dessen Einkommen meist unter dem Median liegt, herrschen tiefe Abstiegsängste. Sie nehmen zwei Formen an, die sich oft überlagern: Xenophobie bzw. Islamfeindlichkeit und die Fokussierung auf die Kaufkraft.

Um nach der Coronakrise und kurz darauf dem Ukrainekrieg (Inflation, steigende Spritpreise) das Wiederaufflammen von Bewegungen wie der der Gelbwesten zu verhindern, hatte die Regierung unter Macron massenhaft Maßnahmen ergriffen, um den Konsumenten wie den Unternehmen unter die Arme zu greifen. Je näher der Wahltermin rückte, desto großzügiger wurden die Wahlgeschenke. *Quoi qu'il en coûte* war ihr Motto – in Anlehnung an Draghis *Whatever it takes* im Rahmen der Finanzkrise. Die Staatsschuldenquote, die schon 2019 fast 100 Prozent erreichte, lag 2022 schon bei 114 Prozent. Ohne drastische Reformen droht Frankreich eine schwere Schuldenkrise.

Im Wahlkampf 2022 bestimmte das Thema des Abstiegs oder Niedergangs (*le déclin de la France*) die Agenda. Zwei Drittel der Franzosen teilen diese Sichtweise – seit 2005, als ihnen die Frage vom Meinungsforschungsinstitut Ifop zum ersten Mal gestellt wurde. Nicht populistische Wahlparolen führten dazu, sondern die sich verschlechternden Lebensumstände und der Immobilismus der Regierenden, die die Bevölkerung pessimistisch stimmen. Vieles erinnert an die Zeit, als Deutschland ›der kranke Mann Europas‹ war und Bundespräsident Roman Herzog im April 1997 in Berlin seine ›Ruckrede‹ hielt: »Was ist los mit unserem Land? Im Klartext: Der Verlust wirtschaftlicher Dynamik, die Erstarrung der Gesellschaft, eine unglaubliche mentale Depression – das sind die Stichworte der Krise«, so seine Worte damals zu Deutschland. Es dauerte noch ein gutes Dutzend Jahre, bis tatsächlich der ›Ruck‹ kam und Kanzler Schröder mit seiner *Agenda 2010* schließlich die nötigen Strukturreformen anging. Die ersten Anzeichen einer Krise aber waren schon in der Ölkrise und noch unter Kanzler Schmidt deutlich geworden. Deutschland hat immerhin über 30 Jahre gebraucht, um zu erkennen, dass Reformen notwendig waren.

Was ist los mit Frankreich? titelte Wiegels Essay aus dem Jahr 2016 (WIEGEL 2016) – in Anlehnung an Herzogs Rede. Das Fazit ist 2022 gültiger denn je. Ähnlich wie in Deutschland hat die heutige Krise ihren Ursprung auch in den 1970er-Jahren, als die Ölkrise plötzlich zu Massenarbeitslosigkeit führte. Der Sozialstaat wurde immer großzügiger ausgebaut und ebenfalls über Schulden finanziert: aktive Arbeitsmarktpolitik, Rente mit 60, 35-Stunden-Woche, ein von der Produktivität abgekoppelter Mindestlohn usw. In Frankreich arbeiten heute nur eineinhalb Generationen (in Deutschland drei): die Altersgruppe der 30- bis 55-Jährigen. Jeder zweite 55- bis 64-Jährige ist nicht beschäftigt oder arbeitslos. Der öffentliche Dienst stellte massiv ein, der Bereich der primären Dienstleistungen (einfache Tätigkeiten, niedrige Qualifikation) wurde ausgebaut – als Gegengewicht zur zunehmenden Deindustrialisierung im Laufe der fortschreitenden Globalisierung. Die Unternehmer hatten diese kaum wahrgenommen und keine Initiativen ergriffen, um sich zu modernisieren; auch sie scheuen vor Eigeninitiative zurück und erwarten vom Staat, dass er ihnen Vorgaben macht. Als Reaktion auf das Versagen der Schule wurde eine ›Qualifizierungsoffensive‹ gestartet, die zur Vermassung der Universität führte und den Einstieg in das Arbeitsleben erst mit 30 Jahren möglich macht. Die Auswirkungen auf das System der Sozialversicherung – und besonders der Rentenversicherung kann man sich leicht ausmalen.

Grundlegende Strukturreformen sind dringender denn je, wenn Frankreich nicht noch weiter abdriften will. Auch Deutschland hatte lange gebraucht, um sie anzugehen. Doch – und das ist der fundamentale Unterschied zu Frankreich – der Reformbedarf wurde erkannt. Bundestagsdebatten, Stellungnahmen der Verbände, der Gewerkschaften, Jahresgutachten des Sachverständigenrates, Frühjahrs- und Herbstgutachten der Wirtschaftsinstitute, selbst die Monatsberichte der Bundesbank – alle Analysen lagen der Öffentlichkeit vor und wurden von den Medien ausgiebig kommentiert. Die Debatte um den Reformbedarf und Reformvorschläge war eine, die von der Zivilgesellschaft geführt wurde und jeden einband, der teilnehmen wollte, sodass im Endeffekt der Reformstau kollektiv aufgebrochen werden konnte.

Dem ist in Frankreich nicht so. Die Medien berichten im Vergleich wenig über solche ›harte‹ Daten. Auch sind die Gutachten oder Stellungnahmen, die es durchaus gibt, nicht leicht zugänglich, aus zwei Gründen: zum einen, weil man sich schon die Mühe geben muss, sie selbst zu suchen, und zum anderen, weil sie sprachlich im spezifischen Jargon ihrer jeweiligen Urheber verfasst sind (weit mehr als in Deutschland), und weil man sie stets ›orten‹ muss. Die Gutachten und Berichte des Rechnungshofes (*Cour des Comptes*) sind wahre Fundgruben, jedoch haftet ihnen das Image an, in Opposition zur Regierung zu stehen. Die verschiedenen Einrichtungen der ›Wirtschaftsweisen‹ unterstehen sämtlich der Regierung, was die Unabhängigkeit ihrer Analysen infrage stellt. Das relativ staatsunabhängige Konjunkturforschungsinstitut OFCE verfolgt einen eindeutigen neo-keynesianischen Kurs. Die Unabhängigkeit der *Commissions*, die vom *Sénat* oder der *Assemblée Nationale* auf Initiative des Premierministers einberufen werden, hängt von ihrer Besetzung ab. Und die zahlreichen Think Tanks verfolgen ohnehin ihren ideologischen Kurs.

Kurzum: Es gibt zahlreiche Daten, Analysen und Reformvorschläge, doch muss jeder sich seinen eigenen Strauß zusammenstellen und seine Schlussfolgerungen selbst daraus ziehen. Der Kernpunkt ist aber – noch ein Unterschied zu Deutschland –, dass es sich um Werke der Elite handelt, die sie unter sich im geschlossenen Kreis diskutiert oder auch nicht. Die breite Öffentlichkeit erfährt davon nur am Rande, die Medien versagen bei der Wahrnehmung ihrer Informations- und Kritikfunktion, und die *Citoyens* verfügen kaum über die Kenntnisse und den Bildungsgrad, der es ihnen ermöglichen könnte, mitzudenken oder gar mitzugestalten. Reformen können nur ›von oben‹ kommen, sie können in Frankreich kein Gemeinschaftswerk sein. Beim geringsten Reformgedanken entflammen heftige Proteste. Das ist der wesentliche Grund für den anhaltenden Stillstand.

Ein spanischer Journalist, Manuel Chaves Nogales, der zu Beginn des Spanienkrieges nach Frankreich geflüchtet war, hatte 1940 ein Buch veröffentlicht, in dem er zu verstehen versuchte, wie es dazu kommen konnte, dass Frankreich vor der Wehrmacht kapitulierte. *Die Agonie Frankreichs* (NOGALES 2013) wurde 2013 neu aufgelegt und bleibt aufschlussreich, auch wenn der Kontext heute ein anderer ist. In ihrem Essay zitierte ihn Wiegel wie folgt (WIEGEL 2016): »Noch nie hat sich ein Volk mit so viel Entschlossenheit selbst getäuscht. Nicht nur die Politiker gefielen sich in einer Vogel-Strauß-Politik, das Volk erwartete das und applaudierte noch dazu.« Diese Selbsttäuschung ist immer noch lebendig.

Sie ist mit ein Grund für den Vertrauensverlust der Bevölkerung oder Wähler in die Institutionen (bzw. Eliten). Zwei Wirtschaftsforscher hatten 2007 eine Studie verfasst, die dieser Problematik auf den Grund geht: *Die Gesellschaft des Misstrauens. Wie sich das französische Sozialmodell selbst zerstört* (ALGAN/CAHUC 2007). Sie untersuchen die Ursachen der Spirale, die sich seit den 1950er-Jahren in Frankreich abzeichnet und in internationalen Vergleichen regelmäßig für Verwunderung sorgt, weil die französische Bevölkerung den Mitbürgern, den Institutionen wie dem Markt mehr als alle anderen misstraut. Die Ursachen sind nicht an sich ideologischer und auch nicht kultureller Natur, es sind Strukturmerkmale eines Systems. Auf Korporatismus wie Etatismus reagiert die Gesellschaft mit *incivisme*, also Ungehorsam, Aufbegehren, Ausnutzung, Umgehung bis hin zu Delikten und Gewaltaktionen. Die Antwort der Obrigkeit lautet: ein noch größeres Misstrauen der Gesellschaft gegenüber, mehr Reglementierung bis ins kleinste Detail – auf dem Arbeitsmarkt, in der Wirtschaft usw. Oder in der Coronapandemie mit ihren kafkaesken Verboten. Dieses tiefe gegenseitige Misstrauen treibt eine Abwärtsspirale an, die die wirtschaftliche Leistungsfähigkeit ebenso wie die gesellschaftliche Zusammengehörigkeit gefährdet. Weil sie sich von ›korrupten Privilegierten‹ übergangen fühlen, protestieren die Bürger, woraufhin die ›Angeklagten‹ versuchen, sich besser gegen die Protestierenden und das Volk zu schützen usw. Das Gesellschaftsmodell selbst nährt das Misstrauen.

Betrachtet man außerdem die Rechtsprinzipien und ihre Ausgestaltung in der Wirklichkeit, dann wird deutlich, dass die Spirale auch mit der Nichtexistenz des Subsidiaritätsprinzips zu tun hat. Der Vergleich mit Deutschland macht dies besonders klar. Der *Citoyen* ist kein mündiger Bürger, auch der Arbeitnehmer hat keine Mitgestaltungsrechte im Betrieb, er trägt keine Eigenverantwortung – weder individuell noch gesellschaftlich. Er wird auch zur Unmündigkeit erzogen.

Frankreich besser verstehen

Wie nähert man sich einem fremden Land an? Und wie nähert man sich insbesondere einem solchen an, von dem man meint, es zu kennen? In beiden Fällen lauern Fallstricke, im zweiten aber verstellen zusätzlich Klischees oder Idealvorstellungen die Sicht.

Der erste Suchreflex ist ein Blick auf Websites wie Statista oder Laenderdaten.info. Die Daten, die man dort findet, haben etwas Beruhigendes, da man ihnen kaum unterstellen kann, wissenschaftlichen Kriterien nicht zu genügen. Das Bruttoinlandsprodukt Frankreichs erreicht etwa zwei Drittel des deutschen, Frankreich hat ein Handelsdefizit, während Deutschland Exportweltmeister ist, das Haushaltsdefizit und die Verschuldung liegen in Frankreich weit höher als in Deutschland, die Arbeitslosenquote ist doppelt so hoch, der Anteil der Industrie ist weit niedriger. Genaue und aktuelle Zahlen kann man jeweils der Tagespresse entnehmen. Solche Angaben sind für internationale Vergleiche praktisch, sagen aber über die tatsächlichen Verhältnisse wenig aus. Was sie nicht beantworten können, sind Fragen nach dem Warum.

Die Bevölkerungsdichte ist in Deutschland fast doppelt so hoch, was wohl damit zusammenhängt, dass die Fläche wesentlich kleiner und die Einwohnerzahl größer ist. Das Straßennetz Frankreichs scheint mit seinen eine Million Kilometern riesig im Vergleich zum deutschen, das nur zwei Drittel davon bietet. Aber das deutsche Schienennetz ist etwas größer. Was fängt man mit solchen groben Vergleichen an? Nicht viel, denn es fehlen alle jene feineren Daten, mit denen man jene Fragen mit Antworten versehen könnte, die es ermöglichen würden, die Wirklichkeit zu erschließen, die sich dahinter verbirgt – quantitativ wie qualitativ. Also etwa, wie hoch der Anteil der Autobahnstrecken oder der Landstraßen ist, wie diese Verkehrswege miteinander verbunden sind, wo und wie Gewerbe und Arbeitsplätze angesiedelt sind, welche das sind usw.

Erst so kann man sich allmählich an die andere Wirklichkeit heranpirschen, indem man über den jeweiligen Tellerrand schaut und Informationen aus anderen Bereichen hinzuzieht. Nehmen wir als Beispiel den Urbanisierungsgrad. Auf Statista erfahren wir, dass in Frankreich wie in Deutschland die überwiegende Mehrheit der Bevölkerung in Städten lebt: 81 bzw. 77 Prozent. Frankreich, ein dichtbesiedeltes Land? Nur im Ballungsraum Paris, denn allein dort lebt ein Fünftel der Gesamtbevölkerung. Das treibt auch die durchschnittliche Bevölkerungsdichte in die Höhe, obwohl sie außerhalb der wenigen Stadtgebiete und Metropolen weit darunterliegt, wie die ›Diagonale der Leere‹ zeigt.

Ein letzter Versuch noch: Auf Laenderdaten.info findet man gleich zu Beginn des Vergleichs, in der Rubrik ›Allgemein‹, eine Angabe »Unabhängig seit«. Das Datum für Frankreich ist das Jahr 843, das für Deutschland 1955. Wieso das denn? Jetzt muss das Geschichtswissen bemüht werden. Wikipedia tut es zur Not auch – aber nur als Stichwortgeber; nachrecherchieren muss man ohnehin. 1955: Pariser Verträge, die Bundesrepublik (West) wird souverän (mit wenigen Ausnahmen). Und 843? Vertrag von Verdun: Die drei Enkel Karls des Großen teilten sich sein Karolingerreich auf, der westliche Teil – Gallien bzw. Westfrankenreich – ging an Karl den Kahlen und entwickelte sich später zu Frankreich. Der östlichste Teil, das spätere Heilige Römische Reich (Bayern gehörte dazu), ging an Ludwig den Deutschen; der mittlere Teil ging an Lothar und nannte sich Lotharii Regnum. Über das heutige Deutschland oder Frankreich ist damit nicht viel gesagt. Anscheinend.

Denn wenn man jetzt dieses Geschichtswissen mit anderen Kenntnissen kreuzt, etwa aus Politik und Kultur bis hin zu Schulbüchern oder dem Selbsterlebten, dann ergibt es durchaus einen Sinn. Deutschland, das es in der Ausgestaltung, die wir heute kennen, erst seit 1990 gibt, ist ein Land, dessen Geschichte durch eine Kette von Brüchen gezeichnet ist (darunter der Dreißigjährige Krieg). Die Einheit von 1990 bedeutete gleichzeitig auch den Transfer eines Großteils der erst 35 Jahre zuvor erlangten Souveränität an die EU. Das Staatsziel der Bundesrepublik ist seitdem, an der »Verwirklichung eines vereinten Europas [...] bei der Entwicklung der Europäischen Union [mitzuwirken]«. So beginnt § 1 des nach der Einheit neugefassten Art. 23 GG. Ein solches Europaengagement sucht man in der französischen Verfassung vergeblich.

Das Selbstbild Frankreichs ist auf eine über tausendjährige Kontinuität aufgebaut, die eben im Jahr 843 beginnt – mit dem Narrativ der Gallier als Urahnen, der Monarchie, die laut Geschichtsschreibung ihre Geburtsstunde in derselben Zeit findet, der Revolution, welche die Könige durch das Volk ersetzt und die bis heute in Form einer ›monarchischen Republik‹ weiterlebt. So betrachtet bedeuten alle Verträge, die Frankreich als Mitglied der EU unterzeichnet, einen weiteren Bruch mit diesem historischen Selbstverständnis der Souveränität bzw. Unabhängigkeit, die im Grunde genommen bis zu Charlemagne zurückreicht. Das erklärt auch die Unterschiede in der Wahrnehmung als EU-Bürger. Im Sommer 2022 zum Beispiel fühlten sich 60 Prozent der französischen Befragten als Bürger der EU (38 % nicht); in Deutschland waren es 84 Prozent respektive 15 Prozent (EUROPÄISCHE KOMMISSION 2022). Deutschlands Identität scheint im Vergleich relativ zukunftsgerichtet, Frankreichs verharrt in zahlreichen Narrativen der Vergangenheit.

Was uns diese beiden Jahreszahlen 843 und 1955 also in Wirklichkeit sagen, ist, dass sie sich (auch) auf die jeweilige nationale Kultur beziehen. Im Fall Frankreichs tritt hier ein deutlicher Widerspruch zutage: Das Land ist Gründungsmitglied der EU, seine Politik ist europäisch ausgerichtet, gleichzeitig jedoch hindern es seine nationalen Narrative daran, sich dieser Tatsache zu stellen. Ein französischer Journalist hatte 2010 ein Buch veröffentlicht, in dem er in Zusammenarbeit mit Historikern die tausendjährige Geschichte ›Frankreichs‹ (von der Zeit vor Christus bis heute) neu schreibt und mit einer Reihe dieser Narrative aufräumt. Es trägt den schönen Titel: *Unsere Vorfahren die Gallier und noch mehr Unsinn. Die Geschichte Frankreichs ohne die Klischees*[56]. In der Geschichtswissenschaft entsteht derzeit eine neue Schule.

Wie nähert man sich einem Land, das man zu kennen glaubt? Und wie lassen sich Klischees identifizieren, um sie dann zu vermeiden (oder bewusst einzusetzen)? Ein Universalrezept gibt es leider nicht. Das einzige ›Mittel‹ liegt in der persönlichen Einstellung, mit der man auf alles Fremde eingeht: mit Offenheit, Neugier und dem ständigen Reflex, alles zu hinterfragen. Es ist mühsam und zeitaufwendig, aber es lohnt sich. Ganz besonders bei dem, was einem bekannt vorkommt, und noch mehr bei Widersprüchen sollte man sich unmittelbar fragen: Ja, gut, aber was steckt dahinter?

Auf der Website Länderdaten.info zum Beispiel gibt es vergleichende Indikatoren zur Lebensqualität. Dort liest man, die Lebenshaltungskosten seien weit niedriger als in Deutschland; in der Rubrik ›Wirtschaft‹ kurz darunter liegen sie aber höher. Was ist gemeint? Liegt im ersten Fall der Unterschied im Einbezug des neuen Mercedes oder des alten Peugeot Diesel? Werden im zweiten Fall die Immobilien- oder Lebensmittelpreise mitberücksichtigt? Wie sind die einzelnen Posten jeweils gewichtet? Es sind unterschiedliche Quellen. Apropos Quellen: Laenderdaten. info zitiert leider keine, also ist Vorsicht geboten. Und wie immer bei internationalen Vergleichen muss man beachten, dass jeweils andere Kriterien oder Zählweisen gelten, sodass Vergleiche oftmals grundsätzlich infrage zu stellen sind. Die statistischen

---

56 REYNART 2010. Besonders empfehlenswert ist die 2019 erschienene bebilderte Neuausgabe.

Ämter innerhalb der EU haben das Problem erkannt und arbeiten daran, die Unsicherheiten zu verringern.

Die erwähnten Indikatoren zur Lebensqualität geben auch Einblicke in die ›politische Stabilität‹, die in Deutschland höher sei als in Frankreich. Angela Merkel war 16 Jahre Kanzlerin; ist das gemeint? Mitterrand war 14 Jahre Präsident. Das kann also nicht gemeint sein. Also was? Es gilt weiterzusuchen.

Oder nehmen wir den Indikator ›Bürgerrechte‹: Auch hier rangiert Frankreich hinter Deutschland. Wie, ausgerechnet die ›Wiege der Menschenrechte‹? Das sollte man sich fragen und der Sache auf den Grund gehen. Sicherlich gab es bei der Umfrage ein Sprach-Bias, wie immer bei internationalen Umfragen, da Wörter je in einen kulturellen oder systemischen Kontext eingebettet sind. Handelt es sich hier um die ›Eindeutschung‹ einer im französischen Original vielleicht mit dem Wort *libertés publiques* gestellten Frage? Ein Bürgerrecht ist keine Bürgerfreiheit. Es drohen ›falsche Freunde‹, und die führen immer auf einen Holzweg.

Bei ›Popularität‹ liegt Frankreich weit über Deutschland. Das liegt vermutlich an der südlicheren Sonnenlage, wie der Indikator ›Klima‹ zu beweisen scheint: Frankreich liegt noch in ›gut‹, Deutschland schneidet fast schon schlecht ab. Ach ja, Deutschland ist für viele Franzosen schon ein ›Klein-Sibirien‹. Liegen Paris oder Lille etwa an der Mittelmeerküste? Frankreich als ›Club Med‹-Staat? In der internationalen Vorstellungswelt von Geschäft und Tourismus verläuft die Trennlinie Nord-Süd an der Grenze zu Deutschland und Benelux. Diese Linie besteht jedoch selbst innerhalb Frankreichs und bildet somit ein Strukturmerkmal: sprachlich (*langue d'oc* versus *langue d'oïl*), in den Familienstrukturen (Großfamilien eher im Süden), in den Werten (industriegeprägt im Norden) und bis hin zu den Essgewohnheiten. In Frankreich bestehen Nord und Süd nebeneinander; in der Selbstdarstellung aber ist es ein mediterranes Land. Anspruch und Wirklichkeit klaffen auch hier auseinander.

Oder meint ›Popularität‹ Attraktivität in den Augen von Investoren? Dann sollte man sich fragen, um welche es sich handelt und mit welchen Mitteln die Regierung sie anzuziehen versucht. »Few countries have such a strong global brand as France«, schrieb etwa der Schweizer Joseph de Weck, Kolumnist bei *Internationale Politik Quarterly's* im Oktober 2021 (DE WECK 2021). Die Überschrift seines Beitrags, in dem er auf den Einfluss der Auslandskorrespondenten (besonders der angelsächsischen) auf das nationale ›Branding‹ eingeht, lautet: *It's Fun to Be a Foreign Correspondent in France*. Ein gutes Image bürgt für Macht in Wirtschaft und Außenpolitik.

Oder ist die herausragende Verkehrsinfrastruktur gemeint, die in Unternehmerumfragen regelmäßig an erster Stelle genannt wird? Diese Antwort beweist einzig, dass sich die befragten Unternehmer in oder um Paris herum ansiedeln oder entlang der Autobahnen bzw. Trassen des TGV. Denn die befragten sind keine kleinen Mittelständler, die sich in das ›periphere‹ Frankreich wagen würden. Oder verbirgt sich nicht hinter ›Popularität‹ vielmehr eine gewisse Idealisierung? Wegen der Sonne, des guten Weins, der malerischen Provence, des romantischen Paris, des eigenen Traums von *Révolution*? Alles sollte hinterfragt werden, angefangen bei den eigenen Gewissheiten.

Extreme kulturelle Unterschiede

»Hochmütig und irrational, Künstler der Utopie und Verfechter des Immobilismus, diskussionsverliebt aber wenig geneigt, ihre Meinung zu ändern – die Franzosen, dieser mediterrane Menschenschlag im Norden, der vor keinem Widerspruch haltmacht, sind wahrlich unmögliche Menschen. Und gerade deshalb unersetzlich« (ROBITAILLE 2010). Diese humorvolle Beschreibung entstammt der spitzen Feder eines kanadischen Korrespondenten und Publizisten: Louis-Bernard Robitaille. Er stammt aus

Québec, lebt in Paris und hat mit scharfem Humor eine Reihe von Essays über Frankreich veröffentlicht, darunter *Diese unmöglichen Franzosen* (ROBITAILLE 2010). Seine Sicht ist durch die spezifische Kultur dieses bikulturellen, zweisprachigen Teils von Kanada geprägt, und er setzt in seinen Portraits gezielt die eigenen Klischees ein, um sie dann auseinanderzunehmen.

Klischees kann man auch enttarnen, indem man in Randgebiete eindringt, die man wegen der Berichterstattung für ein spezifisches Ressort normalerweise außer Acht lässt. Und Blicke von außen bringen darüber hinaus den notwendigen Verfremdungseffekt, der Aha-Erlebnisse fördert. Sehr aufschlussreich ist hier die Literatur zum interkulturellen Management, die sich seit Anfang der 1980er-Jahre entwickelt. Durch Europäisierung und Globalisierung treffen immer mehr Menschen unterschiedlicher Kulturen zusammen, und oft sind Konflikte programmiert, weil kulturelle Gegebenheiten nicht beachtet werden. Es überwiegt die Illusion von Gemeinsamkeit, was im Fall der engen Beziehungen zwischen Frankreich und Deutschland – zwei Gegenpole in der EU – besonders problematisch ist.

Wegweisend für ein besseres Verständnis der kulturellen Unterschiede sind die Arbeiten des niederländischen Sozialpsychologen Geert Hofstede[57]. Wer sie und andere liest, versteht plötzlich, warum die AHA-Regeln in der Coronapandemie in beiden Ländern andere gesellschaftliche Konsequenzen hatten: Je südlicher das Land, desto wichtiger ist für den sozialen Zusammenhalt der Körperkontakt. In Frankreich gingen viele zwischenmenschliche Beziehungen daran zugrunde, dass keine *Bises* (Küßchen) mehr verteilt werden durften. »Mehr Infektionen in Frankreich. Ein Küßchen auf die Wange trotz Corona«, wunderte sich zum Beispiel im August 2020 die *Frankfurter Allgemeine Zeitung*. Die *Bise*

---

57 Zum Beispiel HOFSTEDE 1980

ist mehr als der angelsächsische Handschlag. Corona hin oder her, eine *Bise* ist ein Zeichen des gegenseitigen Vertrauens.

In Deutschland hatte 1983 der Stern-Verlag zum Beispiel ein kleines Taschenbuch des amerikanischen Anthropologenpaars Edward T. und Mildred Hall veröffentlicht, unter dem Titel *Verborgene Signale. Über den Umgang mit Franzosen.* Es ist zu einem der Standardwerke geworden. Es beschreibt sehr konkret und anschaulich die wesentlichen Unterschiede, die zum Beispiel die Zeitauffassung betreffen. In monochromen Kulturen wie der deutschen wird die Zeit linear betrachtet, gehandelt wird nach dem Motto ›Eins nach dem anderen‹. Zu beobachten bei Lufthansaflügen, wo an Bord Essen und Trinken getrennt serviert werden. In polychromen Kulturen wie Frankreich wird alles Mögliche gleichzeitig getan: Bei Air France steht beides auf einem Wägelchen. Diese Polychromie bringt deutsche Partner regelmäßig in Rage, weil sie sie aus dem Konzept bringt oder ihren Terminkalender durcheinanderwirft. Der persönliche Kontakt, auch zufällig oder spontan, hat Vorrang vor der Arbeitsagenda. Die Arbeit wird so oder so erledigt, im deutschen Empfinden jedoch keineswegs ›nach Plan‹. So entsteht das Klischee, dass Franzosen unsichere Partner seien, auf die kein Verlass sei. Dabei ticken sie einfach nur anders.

Das Klischee nährt sich auch aus der unterschiedlichen Kontextgebundenheit der Kommunikation, auf die Hall und Hofstede ausführlich eingehen. Frankreich (und die meisten Länder südlich davon) gehört zu den sogenannten ›High-Context-Kulturen‹, in denen die Informationen um eine spezifische Situation herum (den Kontext) eine wesentliche Rolle spielen und nicht unbedingt direkt an- oder ausgesprochen werden brauchen, da sie (tatsächlich oder vermeintlich) präsent sind. Ein anderes Beispiel: Ein französischer Journalist setzt voraus, dass die näheren Umstände eines Ereignisses vom Leser bekannt sind, und geht nicht näher darauf ein. Unvorstellbar in Deutschland, das zu den ›Low-Context-Kulturen‹ gehört. Dort fasst der Journalist die näheren Umstände des Ereignisses kurz zusammen, bevor er auf die Weiterentwicklung eingeht. Im Fazit verfügt der deutsche Leser mit nur einer Meldung oder einem Bericht über alle notwendigen Informationen, der französische nur über die neuesten. Das macht es deutschen Korrespondenten nicht eben leicht, sich die französische Aktualität über die Tagespresse zu erschließen.

»Frankreich ist nach wie vor das Land der Ehre, der Rangordnung, des Gegensatzes zwischen edel und gemein, der Stände, der Körperschaften, die sich sowohl durch den Umfang ihrer Pflichten als auch das Ausmaß ihrer Privilegien voneinander unterscheiden« (D'IRIBARNE 2001). So das Fazit des französischen Soziologen Philippe d'Iribarne, der 1989 in Paris eine vergleichende Studie zu verschiedenen Nationalkulturen mit Blick auf das Unternehmensmanagement veröffentlicht hatte. Eine deutsche Fassung dieses Standardwerks (ebd.) ist 2001 erschienen. Er zeigt darin, wie die Vorstellungen des Zusammenlebens, also die jeweiligen Definitionen ›von individuellen Rechten und Pflichten‹, die ›Art zu kooperieren und sich auseinanderzusetzen, zu befehlen und zu gehorchen‹ auch ›die Art jeder Gesellschaft, moderne Werte wie Freiheit und Demokratie zu interpretieren‹ beeinflussen. Andere Autoren wie Jacques Pateau (PATEAU 1999) gehen tiefer auf die historischen, politischen Hintergründe ein und betten die Unterschiede in die jeweiligen Bildungssysteme oder kulturellen Grundlagen ein. Zwischen Frankreich und Deutschland kann der Kontrast kaum größer sein.

* * *

Frankreich besser zu kennen, ist für Deutsche ebenso notwendig, wie für Franzosen den wichtigsten und historischen EU-Partner Deutschland besser zu kennen. Dies ist das oberste Gebot angesichts der immensen Herausforderungen, vor denen die EU heute steht. Doch ist es noch ein weiter Weg bis zum ›Verstehen‹. Freundschaftsbekundungen vor laufenden Kameras täuschen darüber hinweg, wie immens das konkrete Wissensdefizit trotz aller Fortschritte seit Kriegsende immer noch ist. Die komplexe Realität des jeweiligen Partners ist umso schwieriger zu verstehen, je gegensätzlicher die Systeme beider Länder angelegt sind und je unterschiedlicher ihre Funktionsweise ist – also ihre Kultur (im weitesten Sinne) wie ihr Selbstverständnis. Das Verstehen ist jedoch die Grundvoraussetzung für die Verständigung der Völker und die Einigung ihrer Repräsentanten in wesentlichen europapolitischen Fragen.

Es muss erst ›erlernt‹ werden, um Trugschlüssen zu entgehen. Die erste Voraussetzung ist das Erlernen der jeweiligen Sprache, da jedes Wort und selbst die Grammatik nicht nur in einen anderen Kontext eingebunden sind, sondern vielmehr noch ein anderes Selbstbild oder eine andere Weltsicht ausdrücken. Die zweite Voraussetzung ist das Lesen der Fachliteratur – im konkreten Fall der Frankreichliteratur. Sie vermittelt ein unumgängliches Basiswissen. Es bleibt jedoch gezwungenermaßen in den engen Bahnen der jeweiligen Fachrichtungen gefangen. Politik- oder Kommunikationswissenschaft zum Beispiel haben nur in Ausnahmefällen Kontaktflächen zur Wirtschafts- oder Literaturwissenschaft. So entstehen Parallelwelten, die auf ihrem Gebiet jeweils ein entscheidendes weil tieferes Wissen vermitteln. Da es sich aber nur mit einem jeweiligen Teilaspekt der Wirklichkeit befasst, erschwert es gleichzeitig den Versuch, Zusammenhänge zwischen den Disziplinen zu erkennen und sich auf diese Weise an ein Gesamtbild heranzupirschen. Die Nutzung der Medienberichterstattung (oder von Erfahrungsberichten) ist eine dritte Voraussetzung, will man den Partner verstehen. Doch auch sie kann von Natur aus nur fragmentierte Einblicke in die andere Wirklichkeit bieten, mit ihren eigenen berufs- oder formatspezifischen Fallstricken, auf die hier eingehend hingewiesen wurde.

Kurzum: Diese drei Wissensquellen – Sprache, Fachliteratur, Medien – muss man miteinander ›kreuzen‹, um tiefere Zusammenhänge auszuforschen. Das erfordert einen anderen, oft noch neuen, innovativen Ansatz. Genauer: den Willen, über die üblichen Fachgrenzen hinauszugehen, vermeintlich Bekanntes zu hinterfragen, Klischees zu erkennen, an der Wirklichkeit zu messen, Beobachtungen einfließen zu lassen, auch sie zu hinterfragen, neue Fragen aufzuwerfen usw. Ein Lernprozess halt, für den es noch kaum eine anerkannte Methodologie gibt – zumindest, was Länderporträts- bzw. -vergleiche angeht –, sieht man von den Arbeiten einiger Vorreiter wie Robert Picht oder René Lasserre ab.

In der Unternehmenswelt und im Zusammenhang mit Innovationsprozessen aber sind dieses Vorgehen sowie seine verschiedensten Methoden und Anwendungen verbreitet und subsumiert unter dem Namen ›Wissensmanagement‹. Das in diesem Bereich führende Fraunhofer Institut für Produktionsanlagen und Konstruktionstechnik definiert den Begriff auf seiner Website wie folgt: »Wissensmanagement ist mehr als die Verwaltung von Daten und Informationen. Innerhalb des Wissensmanagement rückt der Mitarbeiter in den Mittelpunkt als der eigentliche Know-how-Träger.«[58] Diese Definition ist unternehmensbezogen und bezweckt die Optimierung der Produktionsprozesse. Man kann sie auch allgemein anwenden, will man das vorhandene Wissen gezielt und handlungsorientiert optimieren – eben auf dem Feld der Völkerverständigung. Dann braucht man nur den Begriff ›Mitarbeiter‹ gegen ›Mensch‹ oder ›Journalist‹ oder ›Autor‹ oder einfach ›Leser‹ auszutauschen. Genau solch eine Vorgehensweise verfolgt das vorliegende Buch. Es ist ein Versuch, diese Methodologie gezielt auf das Verstehenlernen (›Entschlüsseln‹) eines Landes und seiner Menschen anzuwenden – ausge-

58 https://wissensmanagement.ipk.fraunhofer.de/?page_id=201

hend von Wissensquellen aus Theorie und Praxis zugleich. Und es versteht sich als eine Aufforderung, weitere Informationen (also passives Teilwissen) sinnstiftend zu bündeln – also daraus in Bezug auf den Ausbau Europas handlungs- bzw. ergebnisorientiertes Wissen entstehen zu lassen.

Zusammengefasst: Frankreich ist ein in tiefen Widersprüchen gefangenes Land. Die Menschen wünschen sich, anerkannt zu werden und sich beteiligen zu dürfen. Das ist die tiefere Bedeutung der ständigen Proteste. Sie sind oft unbeholfen und auch gewalttätig, weil man sich nur Gehör verschaffen kann, wenn man über die Stränge zielt, und weil es kaum anerkannte Möglichkeiten gibt, sich gestaltend einzusetzen. Die größte Herausforderung für Frankreich besteht heute darin, dem Prinzip ›Freiheit in Verantwortung‹ Gestalt zu geben. Mit anderen Worten: Vertrauen herzustellen – Grundlage für einen neuen Gesellschaftsvertrag.

Das könnte ein neuer Leitfaden für die Recherche und die Medienberichterstattung sein, soweit es die Tagesaktualität zulässt: die ›verborgenen Signale‹ dieser Dynamik aufzuspüren. Das würde jedoch ebenfalls voraussetzen, dass man das Land, über das man berichtet, mit anderen Augen betrachtet. Und sich einmal ins Auto setzt (oder auf das Rad schwingt) und quer durch das weithin unbekannte Frankreich auf Entdeckungsreise begibt. Dabei den Notizblock für die vielen auftauchenden Fragen nicht vergessen! Und bedenken, dass man alles durch die eigene ›nationale‹ Brille betrachtet. Nachrecherchieren kann man ja später. Erst einmal gilt: Herrliche Landschaften, gutes Essen und herzliche Menschen sind garantiert. Nicht nur in der Provence. Und, wie gesagt, Paris ist nicht Frankreich. Na dann: *Bon voyage!*

Literatur

AIDES À LA PRESSE: 76 millions d'euros versés à plus de 400 titres en 2019. In: *lefigaro.fr*, 02. Juni 2021. https://www.lefigaro.fr/medias/aides-a-la-presse-76-millions-d-euros-verses-a-plus-de-400-titres-en-2019-20210602 [21.01.2023]

ALBERT, PIERRE: *Histoire de la presse*. Paris 2010

ALEXANDER, ROBIN: Würden Sie Krieg mit Russland führen, Frau Merkel? In: *welt.de*, 7. Dezember 2014. https://www.welt.de/politik/deutschland/article135110372/Wuerden-Sie-Krieg-mit-Russland-fuehren-Frau-Merkel.html [28.01.2023]

ALGAN, YANN; CAHUC, PIERRE: *La société de la défiance. Comment le modèle social français s'auto-détruit*. Paris 2007

ALTWEGG, JÜRG: Schulreform in Frankreich. Laizismus und Moral statt Latein und Deutsch. In: *faz.net*, 02. September 2015. https://www.faz.net/aktuell/feuilleton/debatten/bildung/reform-fuer-mehr-gleichheit-an-frankreichs-schulen-13780043.html [21.01.2023]

ALTWEGG, JÜRG: Revolution in Frankreich? Was man mit Pflastersteinen alles machen kann. In: *faz.net*, 20. April 2016. https://www.faz.net/aktuell/feuilleton/debatten/bewegung-nuit-debout-probt-in-frankriech-den-aufstand-14187678.html [21.01.2023]

ALTWEGG, JÜRG: Ein Messias in Teufels Küche. In: *faz.net,* 7. Dezember 2021. https://www.faz.net/aktuell/feuilleton/medien/medienzar-vincent-bollore-ein-messias-in-teufels-kueche-17670412.html [21.01.2023]

AMBLARD, MAXIME et al.: Que l'Académie tienne sa langue, pas la nôtre. In: *Revue Ballast,* 28. November 2017. https://www.revue-ballast.fr/lacademie-tienne-langue/ [21.01.2023]

APATHIE, JEAN-MICHEL; FELTIN-PALAS, MICHEL: *J'ai un accent, et alors?* Paris 2020

ARENDT, HANNAH: *Elemente und Ursprünge totaler Herrschaft.* 1951

ASSEMBLÉE NATIONALE: *Rapport fait au nom de la Commission d'enquête relative à l'état des lieux, la déontologie, les pratiques et les doctrines du maintien de l'ordre, 20. Januar 2021* (Rapport de la Commission Jean-Michel Fauvergue). https://www.assemblee-nationale.fr/dyn/15/rapports/ceordre/l15b3786_rapport-enquete [21.01.2023]

BABOU, IGOR: La police française: une milice fasciste qui tue, mutile, frappe et gaze la population. In: *igorbabou.fr,* 9. Januar 2020. http://igorbabou.fr/la-police-francaise-une-milice-fasciste-qui-tue-mutile-frappe-et-gaze-la-population/ [21.01.2023]

BALLE, FRANCIS: *Médias et société.* 18. Auflage. Paris 2019

BAVEREZ, NICOLAS: *La France qui tombe.* Paris 2003

BAVEREZ, NICOLAS: *Les Lettres béninoises.* Paris 2014

BEAUMONT, OLIVIER; DOUKHAN, DAVID; THÉVENIAUD, PAULINE; VERNET, HENRI; WESFREID, MARCELO: Europe, vaccination, présidentielle ... Emmanuel Macron se livre à nos lecteurs. In: *leparisien.fr,* 04. Januar 2022. https://www.leparisien.fr/politique/europe-vaccination-presidentielle-emmanuel-macron-se-livre-a-nos-lecteurs-04-01-2022-2KVQ3ESNSREABMTDWR25OMGWEA.php [21.01.2023]

BELLWINKEL, SEBASTIAN: *Feindbild Polizei – Gewalt und Gegengewalt ohne Ende.* Gesendet auf ARTE am 6. Juni

2020. https://programm.ard.de/TV/arte/feindbild-polizei/
eid_287243093775965 [21.01.2023]

BELLWINKEL, SEBASTIAN im Gespräch mit WELLINSKI, PATRICK:
Arte-Doku »Feindbild Polizei«. Bei Polizeigewalt fehlt
die unabhängige Aufklärung. In: *deutschlandfunkkultur.de*,
13. Juni 2020. https://www.deutschlandfunkkultur.de/arte-
doku-feindbild-polizei-bei-polizeigewalt-fehlt-die-100.html
[21.01.2023]

BELZ, NINA: Josephine Baker kommen höchste Ehren zu – und
sie wird zur idealen Französin. In: *nzz.ch*, 01. Dezember 2021.
https://www.nzz.ch/international/josephine-baker-hoechste-
ehren-fuer-eine-ideale-franzoesin-ld.1657823 [21.01.2023]

BENEDETTI, ARNAUD: Le macronisme est le trumpisme des
élites. In: *lefigaro.fr*, 5. Januar 2022. https://www.lefigaro.
fr/vox/politique/arnaud-benedetti-le-macronisme-est-le-
trumpisme-des-elites-20220105 [31.01.2023]

BLÄSKE, GERHARD: Bonjour Tristesse. In: *nzz.ch*, 23. Dezember
2015. https://www.nzz.ch/wirtschaft/wirtschaftspolitik/
bonjour-tristesse-ld.1084114 [21.01.2023]

BLANC, CHRISTIAN: *Pour un écosystème de la croissance, Rapport au
Premier ministre*. Paris 2004

BLANCHET, PHILIPPE: *Discriminations: combattre la glottophobie*.
Paris 2016

BLOCHE, PATRICK: *Rapport fait au nom de la Commission des Affaires
culturelles et de l'Education sur la proposition de loi visant à renforcer
la liberté, l'indépendance et le pluralisme des médias*. Assemblée
Nationale. Paris 2016

BONNEAU, CÉCILE; CHAROUSSET, PAULINE; GRENET, JULIEN;
THEBAUT, GEORGIA: *Quelle démocratisation des grandes écoles
depuis le milieu des années 2000?* Rapport IPP Nr. 30. Paris 2021

BOURDIEU, PIERRE: *Die feinen Unterschiede*. Wiesbaden 1982

BOURGEOIS, ISABELLE; LASSERRE, RENÉ: *Voraussetzungen für
die Entwicklung direkter Demokratie – Lehren aus dem deutsch-*

französischen Systemvergleich. In: WALTERSCHEID, HEIKE;
PETERSEN, THOMAS (Hrsg.): *Wie soll das Volk entscheiden?*
Chancen, Risiken und Voraussetzungen der direkten Demokratie.
Wiesbaden 2021

BOURGEOIS, ISABELLE (Hrsg.): *Les médias à l'ère du numérique.*
Réflexions franco-allemandes pour l'Europe. Cergy-Pontoise 2008b

BOURGEOIS, ISABELLE: *Deutschland – Frankreich. Mediensysteme im*
Vergleich. Impulsreferat, gehalten am 25. April 2018a anlässlich
der Medientage Mitteldeutschland in Leipzig

BOURGEOIS, ISABELLE: *Aufstand für mehr demokratische Teilhabe.*
2018b. www.tandem-europe.eu

BOURGEOIS, ISABELLE: Feuer und Wasser. Die ARTE-
Königskinder und ihr Programmauftrag. In: *epd medien,*
Nr. 95, 2. Dezember 1995

BOURGEOIS, ISABELLE: Frankreichs Medien zwischen Staat und
Markt. In: CHISTADLER, MARIELUISE; UTERWEDDE, HENRIK
(Hrsg.): *Länderbericht Frankreich.* Bonn 1999c

BOURGEOIS, ISABELLE: Freiheit der Medien. Anspruch und
Wirklichkeit. In: KIMMEL, ADOLF; UTERWEDDE, HENRIK
(Hrsg.): *Länderbericht Frankreich.* Bonn 2012

BOURGEOIS, ISABELLE: La Cinq vor dem Aus. Chronik eines
angekündigten Todes. In: *epd-medien,* Nr. 25/26, 4. April 1992

BOURGEOIS, ISABELLE: La télé, c'est moi! In: ADOLF GRIMME
INSTITUT (Hrsg.): *Jahrbuch Fernsehen.* 2008a

BOURGEOIS, ISABELLE: Magischer Zirkel. ARTE: Die
Strukturprobleme sind nicht ausgeräumt. In: *epd medien,*
Nr. 80, 13. Oktober 1993

BOURGEOIS, ISABELLE: Privatrechtliches Fernsehen.
In: SCHWARZKOPF, DIETRICH (Hrsg.): *Rundfunkpolitik in*
Deutschland. Wettbewerb und Öffentlichkeit. Band 1. München
1999a

BOURGEOIS, ISABELLE: Le Canard enchaîné befreit die
Pressefreiheit. In: *epd Medien,* 11/1999b

BOURGEOIS, ISABELLE; GROSSER, ALFRED: Frankreich. Eine komplexe Informationskultur. Der ›brillante‹ Kommentar hat den Vorrang vor Fakten und Quellen. In: GERHARD, RUDOLF; FREIFER, HANS-WOLFGANG (Hrsg.): *Wer die Medien bewacht. Medienfreiheit und ihre Grenzen im internationalen Vergleich.* Frankfurt/M. 2000

BOUWMEESTER, NICKY; GRAFBERGER, ULRIKE; GÖLITZ, CAROLE: Französische Erziehung: 7 Merkmale. In: *frankreich-webazine. de*, 11. September 2017a. https://www.frankreich-webazine.de/ franzoesische-erziehung-7-merkmale/ [21.01.2023]

BRÄNDLE, STEFAN: Kein Grund zur Entwarnung. In: *luzernerzeitung.ch*, 25. April 2017a. https://www. luzernerzeitung.ch/wahlen%2Bin%2Bfrankreich./Kein-Grund-zur-Entwarnung;art9640,1015081 [28.01.2023]

BRÄNDLE, STEFAN: Frankreich. Wenn Politiker Journalisten werden. In: *luzernerzeitung.de*, 20. Oktober 2017b. https:// www.luzernerzeitung.ch/nachrichten/international/wenn-politiker-journalisten-werdenart9640,1123290 [21.01.2023]

BRENNER, EMMANUEL (Hrsg.): *Les territoires perdus de la République*. Paris 2002

BRIGHELLI, JEAN-PAUL: *La Fabrique du crétin. La mort programmée de l'école*. Paris 2005

BUNDESMINISTERIUM FÜR WIRTSCHAFT, FAMILIE UND JUGEND SEKTION FAMILIE UND JUGEND, ABTEILUNG II/6: *ENQUETE »Familie – kein Platz für Gewalt (?)«.* Wien 2009

CARTON, DANIEL: *»Bien entedu ... c'est off!* Paris 2003

CAYROL, ROLAND: *Tenez enfin vos promesses! Essai sur les pathologies politiques françaises*. Paris 2012

CHAPERON, ISABELLE: Les patrons de start-up, la »noblesse d'épée« d'Emmanuel Macron. In: *lemonde.fr*, 23. Juni 2021. https://www.lemonde.fr/economie/article/2021/06/23/ les-patrons-de-start-up-la-noblesse-d-epee-d-emmanuel-macron_6085336_3234.html [29.01.2023]

CHARON, JEAN-MARIE: *Les médias en France*. Paris 2014

CIRAC; DFI; DGAP; IFRI (Hrsg.): *Handeln für Europa. Deutsch-französische Zusammenarbeit in einer veränderten Welt*. Opladen 1995

CLUZEL, JEAN: *Rapport d'information fait au nom de la commission des Finances, du contrôle budgétaire et des comptes économiques de la Nation (1) sur la situation du secteur audiovisuel*. N° 385, Sénat, Seconde session ordinaire 1990-1991. https://www.senat.fr/rap/1990-1991/i1990_1991_0385.pdf [02.02.2023]

CNCDH: *Avis »Mettre fin au délit de solidarité«*. 18. Mai 2017

COIGNARD, SOPHIE: *Un Etat dans l'Etat. Le contre-pouvoir maçonnique*. Paris 2009

COIGNARD, SOPHIE; WICKHAM, ALEXANDRE: *L'Omertà française*. Paris 2002

COLLIOT-THÉLÈNE, CATHERINE: Die Interpretation der Menschenrechte. Politische und theoretische Herausforderungen im Spektrum der französischen Diskussion. In: *Trivium, Deutsch-französische Zeitschrift für Geistes- und Sozialwissenschaften*, Nr. 3/2009

CONSEIL CONSTITUTIONNEL: *Décision n° 2016-738 DC du 10 novembre 2016 – Communiqué de presse*. 10. November 2016

CONSEIL D'ETAT: *La citoyenneté. Etre (un) Citoyen aujourd'hui*. Les rapports du Conseil d'Etat. Paris 2018

CONSEIL D'ETAT: *Etude annuelle 2021, Les états d'urgence: la démocratie sous contraintes*. 8. Juli 2021

COURTOIS, STÉPHANE: *Das Schwarzbuch des Kommunismus*. München 1998

CSA: *Recommandation n° 2005-2 du 18 janvier 2005 relative à l'emploi de la langue française par voie audiovisuelle Culte: C'était La 5 (1986-1992)*. Archive INA. https://www.youtube.com/watch?v=FYYmtVLzqyY [30.03.2022]

DAVET, GÉRARD; LHOMME, FABRICE: *Un président ne devrait pas dire ça*. Paris 2016

DE WECK, JOSEPH: It's Fun to Be a Foreign Correspondent in France. In: *ip-quarterly.com*, 12. Oktober 2021. https://ip-quarterly.com/en/its-fun-be-foreign-correspondent-france [21.01.2023]

DERIEUX, EMMANUEL: *Le droit des médias*. 6. Auflage. Paris 2019

DEUTSCHE WELLE: Frankreich: Ein Dorf hilft nach der Katastrophe. In: *dw.com*, 2. April 2015. https://www.dw.com/de/frankreich-ein-dorf-hilft-nach-der-katastrophe/av-18357158

DPA: Macrons Kandidatin für EU-Kommission muss in zweite Anhörung. In: *sueddeeutsche.de*, 9. Oktober 2019. https://www.sueddeutsche.de/politik/eu-macrons-kandidatin-fuer-eu-kommission-muss-in-zweite-anhoerung-dpa.urn-newsml-dpa-com-20090101-191009-99-220261 [30.01.2023]

D'IRIBARNE, PHILIPPE: *Ehre, Vertrag, Konsens. Unternehmensmanagement und Nationalkulturen*. Frankfurt/M. 2001

DUHAMEL, ALAIN: *Le désarroi français*. Paris 2003

DUJIN, ANNE: Où est passée la société civile? In: *Esprit* 437, 2017

DUVERGER, MAURICE: *La Monarchie républicaine – ou comment les démocraties se donnent des rois*. Paris 1974

ECKART, FRANK: Frankreichs Schwierigkeiten mit den Banlieue. In: *Aus Politik und Zeitgeschichte*, 10. September 2007

ENGELS-WEBER, MARIANNE: Eine zARTEfizielle Konstruktion. Der deutsch-französische Kulturkanal und die ›Utopie Fernsehen‹. In: *FUNK-Korrespondenz,* Nr. 41, 15. Oktober 1993

ETAT D'URGENCE/COP 21: L'aveu de Hollande que personne n'a relevé. In: *arretsurimages.net*, 23. Oktober 2016. https://www.arretsurimages.net/articles/etat-durgence-cop-21-laveu-de-hollande-que-personne-na-releve [21.01.2023]

EUROPÄISCHE KOMMISSION: Standard-Eurobarometer-Umfrage Frühjahr 2018. In: https://ec.europa.eu/commission/presscorner/detail/de/IP_18_4148 [31.01.2023]

EUROPÄISCHE KOMMISSION: Eurobarometer Spezial 484 (12/2018). Zitiert in: BUNDESZENTRALE FÜR POLITISCHE BILDUNG: Religion. In: *bpb.de*, 10. August 2020. https://www.bpb.de/kurz-knapp/zahlen-und-fakten/soziale-situation-in-deutschland/145148/religion/ [31.01.2023]

EUROPÄISCHE KOMMISSION: Europäische Union: Fühlen Sie sich als ein Bürger der Europäischen Union? Zustimmung zur Europäischen Union – Ergebnisse des Eurobarometer Sommer 2022, aufgeschlüsselt nach Mitgliedstaaten. In: *de.statista.com*, 2022. https://de.statista.com/statistik/daten/studie/992407/umfrage/eurobarometer-umfrage-zur-wahrnehmung-als-buerger-der-europaeischen-union-aufgeschluesselt-nach-laendern/ [30.01.2023]

EUROTOPICS: Macron knöpft sich Ungeimpfte vor. Dossier. In: *eurotopics.net*, 6. Januar 2022. https://www.eurotopics.net/de/274070/macron-knoepft-sich-ungeimpfte-vor# [29.01.2023]

FAUVERGUE, JEAN-MICHEL: *Rapport fait au nom de la Commission d'enquête relative à l'état des lieux, la déontologie, les pratiques et les doctrines du maintien de l'ordre.* Assemblée Nationale, 2021

FELOUZIS, GEORGES: *L'Apartheid scolaire: enquête sue la ségrégation ethnique dans les collèges.* Paris 2005

FINKIELKRAUT, ALAIN: Ma réponse à ceux qui m'ont expulsé de Nuit debout. In: *lefigaro.fr*, 18.04.2016. https://www.lefigaro.fr/vox/societe/2016/04/18/31003-20160418ARTFIG00255-finkielkraut-ma-reponse-a-ceux-qui-m-ont-expulse-de-nuit-debout.php [21.01.2023]

FOURQUET, JÉRÔME: *L'Archipel français.* Paris 2019

FOURQUET, JÉRÔME; CASSELY, JEAN-LAURENT, avec la collaboration de GARNIER, MATHIEU et MANTERNACH, SYLVAIN: *La France sous nos yeux. Economie, paysages, nouveaux modes de vie.* Paris 2021

FOUSSIER, GÉRARD: Frankreich unter Schock. In: *dw.com*, 30. April 2002. https://www.dw.com/de/frankreich-unter-schock/a-503047 [28.01.2023]

FRANÇOIS, JEAN-BAPTISTE: Les grandes questions de la présidentielle. Faut-il restreindre l'immigration? In: *la-croix.com*, 20. März 2012. https://www.la-croix.com/Actualite/France/Faut-il-restreindre-l-immigration-_NG_-2012-03-20-780207

GAILLET, AURORE; HOCHMANN, THOMAS; MARSCH, NIKOLAUS; VILAIN, YOAN; WENDEL, MATTIAS: *Droits constitutionnels français et allemand. Perspective comparée*. Issy-les-Moulineaux 2019

GALLAND, OLIVIER: Pourquoi tant de jeunes se détournent-ils de la politique? In: *Telos*, 21. März 2022. https://www.telos-eu.com/fr/pourquoi-tant-de-jeunes-se-detournent-ils-de-la-po.html [01.04.2022]

GANLEY, ELAINE: Macron verschärft Migrationspolitik – Kritik von links, Feiern von rechts. In: *welt.de*, 28. Dezember 2017. https://www.welt.de/politik/ausland/article171954437/Frankreich-Macron-verschaerft-Migrationspolitik-Kritik-von-links-Feiern-von-rechts.html [29.01.2023]

GARRIGUES, JEAN; RUHLMANN, JEAN: *Élysée-Circus. Une histoire drôle et cruelle des présidentielles*. Paris 2016

GAUCK, JOACHIM: *Freiheit. Ein Plädoyer*. München 2012

GAUDIAUT, TRISTAN: *Médias d'information. La confiance dans les médias à travers le monde*. In: fr.statista.com, 28. Juni 2021. https://fr.statista.com/infographie/25174/niveau-de-confiance-dans-les-medias-par-pays/ [30.03.2022]

GB: Menschenrechtsverletzungen in Frankreich: Polizei knüppelt ungesühnt. In: *taz.de*, 02. April 2009. https://taz.de/Menschenrechtsverletzungen-in-Frankreich/!5165198/ [21.01.2023]

GONIN, JEAN-MARC: Coignard: En France, on pense qu'un homme puissant doit être privilégié. *Lefigaro.fr*, 28. Mai

2011. https://www.lefigaro.fr/politique/2011/05/28/01002-20110528ARTFIG00002-coignard-en-france-on-pense-qu-un-homme-puissant-doit-etre-privilegie.php [21.01.2023]

GRÄSSLE, INGE: *Der Europäische Fernsehkulturkanal* ARTE. *Deutsch-französische Medienpolitik zwischen europäischem Anspruch und nationaler Wirklichkeit.* Frankfurt/Main 1995

GRAVIER, JEAN-FRANÇOIS: *Paris et le désert français.* Paris 1947

GRECIANO, PHILIPPE: Der Grundrechtsschutz in Europa: Ein Blick nach Frankreich. In: *Menschenrechtsmagazin*, Heft 2 Juli, Potsdam 2006

GRUNBERG, GÉRARD: Vers un nouveau système politique français. In: *Telos*, 28. März 2022. https://www.telos-eu.com/fr/politique-francaise-et-internationale/vers-un-nouveau-systeme-politique-francais.html [01.04.2022]

GUBLER, CLAUDE: *Le grand secret.* Paris 1996

GUILLUY, CHRISTOPHE: *La France périphérique. Comment on a sacrifié les classes populaires.* Paris 2014

HACHMEISTER, LUTZ; RAGER, GÜNTHER: *Wer beherrscht die Medien? Die 50 größten Medienkonzerne der Welt.* Jahrbuch 2000. München 2000

HAENEL, HUBERT: *Le Conseil constitutionnel: vers une Cour Suprême à la française?* Conférence-débat à la Faculté de droit de Nancy, 21. Oktober 2010, Conseil constitutionnel, Paris

HAHN, DOROTHEA: Gesetz über den Gebrauch der französischen Sprache: Parlez français – oder zahlen! In: *taz.de*, 28. Februar 1994. https://taz.de/Parlez-francais--oder-zahlen/!1574589/ [21.01.2023]

HANKE, THOMAS: Auch im Elysée-Palast wird jetzt Englisch gesprochen. In: *handelsblatt.com*, 27. Juni 2018. https://www.handelsblatt.com/politik/international/weltgeschichten/hanke/frankreich-auch-im-elysee-palast-wird-jetzt-englisch-gesprochen/23111022.html [21.01.2023]

HANKE, THOMAS: Populärer Schlag gegen die Elite: Macron schafft ENA-Hochschule ab. In: *handelsblatt.com*, 09. April 2021. https://www.handelsblatt.com/politik/international/frankreich-populaerer-schlag-gegen-die-elite-macron-schafft-ena-hochschule-ab/27080588.html [21.01.2023]

HANKE, THOMAS: *Können wir Frankreich vertrauen? Deutsche Klischees und französische Realität*. Kindle-Edition, 2021

HARBULOT, CHRISTIAN: *Manuel d'intelligence économique*. Paris 2012

HAZOUARD, SOLÈNE; LASSERRE, RENÉ; UTERWEDDE, HENRIK (Hrsg.): *France-Allemagne: cultures monétaires et budgétaires*. Cergy-Pontoise 2015

HERZOG, ROMAN: Kooperation und Wettbewerb – Essay. In: *Aus Politik und Zeitgeschichte*, Nr. 50/2006

HESSEL, STÉPHANE: *Indignez-vous!* Paris 2010

HILLMANN, MARGIT: Gelbwesten in Frankreich. Klassenkämpfer und Wutbürger. In: *deutschlandfunkkultur.de*, 10. Februar 2019. https://www.deutschlandfunkkultur.de/gelbwesten-in-frankreich-klassenkaempfer-und-wutbuerger-100.html [21.01.2023]

HOFSTEDE, GEERT: *Culture's Consequences – International Differences in Work Related Values*. London, Neu-Delhi 1980

HOFSTEDE, GEERT: *Cultures and Organizations: Software of the Mind*. London 1994

IFOP: *Le rapport à la laïcité à l'heure de la lutte contre l'islamisme et le projet de loi contre les séparatismes*. 5. November 2020. https://www.ifop.com/publication/le-rapport-a-la-laicite-a-lheure-de-la-lutte-contre-lislamisme-et-le-projet-de-loi-contre-les-separatismes [30.01.2023]

IFOP: *Les lycéens, le droit à la critique des religions et les formes de contestations de la laïcité à l'école*. Etude publiée à l'occasion de Journée de la laïcité à l'école, Januar 2021. https://www.

datapressepremium.com/rmdiff/2010052/Infographie_Ifop_
Licra_Obin_12.20211.pdf [30.01.2023]

INSEE: *Chiffres clés, Salaire minimum interprofessionnel de croissance
(SMIC). Données annuelles de 1980 à 2022*, 6. Januar 2022

INSEE: *L'essentiel sur … les immigrés et les étrangers, Chiffres clés*,
1. März 2022

JAWUREK, CHARLOTTE: Egal oder Égal. In: *fluter.de*, 16. April 2015.
https://www.fluter.de/egal-oder-egal [21.01.2023]

JOERES, ANNIKA: Asylpolitik. Vorbild Frankreich? In: *zeit.de*,
16. Juni 2018. https://www.zeit.de/politik/2018-06/asylpolitik-
frankreich-europa-fluechtlinge-grenze-vorbild-deutschland-
oesterreich [21.01.2023]

KAMMANN, UWE: ›On Violence‹ – Gedanken und Anmerkungen
zu einem Symposion im Museum für Moderne Kunst
(MMK). In: *feuilletonfrankfurt.de*, 20. März 2019. https://www.
feuilletonfrankfurt.de/2019/03/20/on-violence-gedanken-
und-anmerkungen-zu-einem-symposion-im-museum-fuer-
moderne-kunst-mmk/ [21.01.2023]

KAPS, BETTINA: Frankreichs Schulen. Von wegen ›Liberté,
Égalité, Fraternité‹. In: *deutschlandfunk.de*, 05. Oktober 2016.
https://www.deutschlandfunk.de/frankreichs-schulen-von-
wegen-liberte-egalite-fraternite-100.html [21.01.2023]

KARTSCHALL, ANDRE; FRIEDRICH, DANIEL: Versorgung auf dem
Land. Warten, bis (k)ein Arzt kommt. In: *tagesschau.de*, 12. Februar
2022. https://www.tagesschau.de/inland/aerztemangel-103.html
[21.01.2023]

KIRRY, MICHÈLE: Rapport sur les concours d'entrée à l'Ecole
Nationale d'Administration. In: *ena.fr*, 2017

KLAUE, MAGNUS: Wer noch Bürger ist, bestimmt der Präsident.
In: *welt.de*, 08. Januar 2022. https://www.welt.de/politik/
ausland/plus236118994/Frankreich-und-Impfgegner-Wer-
noch-Buerger-ist-bestimmt-der-Praesident.html [21.01.2023]

KLIMM, LEO: Medien in Frankreich: Monopoly der Milliardäre. In: *sueddeutsche.de*, 12. April 2021. https://www.sueddeutsche. de/medien/medien-milliardaere-lvmh-frankreich-bertelsmann-1.5261199 [21.01.2023]

KOLLER, SOFIA; ROUX, MARIE-CHRISTINE: Frankreich. Terrorismus und innere Sicherheit. In: *bpb.de*, 11. März 2022. https://www.bpb.de/themen/europa/frankreich/506104/terrorismus-und-innere-sicherheit/ [02.02.2023]

KOMMUNISTEN: Frankreich: Aufmarsch für die Freiheit, gegen Rechtsextremismus. In: *kommunisten.de*, 18. Juni 2021. https://www.kommunisten.de/rubriken/aus-den-bewegungen/8240-frankreich-aufmarsch-fuer-die-freiheit-gegen-rechtsextremismus [21.01.2023]

KRAMPER, GERNOT: Flash-Ball Nachfolger: Zerschossene Augen, gesplitterte Kiefer – der Gummigeschoss-Werfer LBD 40 spaltet Frankreich. In: *stern.de*, 09. Februar 2019. https://www.stern.de/digital/technik/zerschossene-augen--gesplitterte-kiefer---der-gummigeschoss-werfer-lbd-40-spaltet-frankreich-8571480.html [21.01.2023]

La confiance des Français dans les médias, Résultats de l'édition 2021 du baromètre La Croix/Kantar Public – one point. Januar 2021. https://www.kantar.com/fr/inspirations/publicite-medias-et-rp/2021-barometre-de-la-confiance-des-francais-dans-les-media [21.01.2023]

LA CROIX: Débattre vraiment! Les 10 engagements de ›La Croix‹ pour la présidentielle. In: *la-croix.com*, 23. September 2021. https://www.la-croix.com/Debats/Debattre-vraiment-10-engagements-Croix-presidentielle-2021-09-23-1201176947 [21.01.2023]

La Médiaklatura. Le nouveau pouvoir culturel. In: *Le Nouvel Observateur*, Documents n°1, Mai 1988

LANCELOT, ALAIN: *Rapport au Premier Ministre sur les problèmes de concentration dans le domaine des médias*. Paris 2005

LASKE, KARL; VALDIGUIÉ, LAURENT: *Le vrai Canard. Les dessous du Canard enchaîné*. Paris 2008

LASSERRE, RENÉ (Hrsg.): *La France contemporaine. Guide bibliographique et thématique*. Tübingen 1978

LASSERRE, RENÉ: Mitbestimmung und Betriebsverfassung in Deutschland und Frankreich. Elemente eines historischen und soziologischen Vergleichs. In: POHL, HANS (Hrsg.): *Mitbestimmung und Betriebsverfassung in Deutschland, Frankreich und Großbritannien seit dem 19. Jahrhundert*. Zeitschrift für Unternehmensgeschichte, Beiheft 92. Stuttgart 1996

LASSERRE, RENÉ; NEUMANN, WOLFGANG; PICHT, ROBERT: Deutschland-Frankreich: Bausteine zum Systemvergleich. In: ROBERT BOSCH STIFTUNG GMBH (Hrsg.): *Band 1: Politisches System und Öffentlichkeit*. Stuttgart 1980

LASSERRE, RENÉ; NEUMANN, WOLFGANG; PICHT, ROBERT: Deutschland-Frankreich: Bausteine zum Systemvergleich. In: ROBERT BOSCH STIFTUNG GMBH (Hrsg.): *Band 2: Wirtschaft und soziale Beziehungen*. Stuttgart 1981

LASSERRE, RENÉ; KISSLER, LEO: *Tarifpolitik. Ein deutsch-französischer Vergleich*. Frankfurt/M. 1988

LASSERRE, RENÉ; SCHILD, JOACHIM; UTERWEDDE, HENRIK: *Frankreich. Politik, Wirtschaft, Gesellschaft*. Opladen 1997

LE BRAS, HERVÉ; WARNANT, ACHILLE: *Ungleiches Frankreich. Radiographie der sozioökonomischen und regionalen Disparitäten*. Friedrich Ebert Stiftung, Paris 2020

LE MONDE/AFP: La candidature de Sylvie Goulard à la Commission européenne largement rejetée par les eurodéputés. In: *lemonde.fr*, 10. Oktober 2019. https://www.lemonde.fr/international/article/2019/10/10/la-candidature-de-sylvie-goulard-a-la-commission-europeenne-rejetee-par-les-eurodeputes_6014982_3210.html [30.01.2023]

LEGENDRE, RAPHAËL: Amélie de Montchalin (LREM): ›Il y a une forme d'omerta sur des données budgétaires qui

appartiennent aux Français‹. In: *lopinion.fr*, 02. April 2018.
https://www.lopinion.fr/economie/amelie-de-montchalin-
lrem-il-y-a-une-forme-domerta-sur-des-donnees-budgetaires-
qui-appartiennent-aux-francais [21.01.2023]

Les Gilets jaunes: la partie immergée de la crise sociale française?
Institut Montaigne, 20. März 2019

LIBERTÉS: Amnesty adresse un ›carton rouge‹ à la France.
In: *lefigaro.fr*, 07. April 2021. https://www.lefigaro.fr/
actualite-france/amnesty-adresse-un-carton-rouge-a-la-
france-20210407 [21.01.2023]

Loi n° 2016-1524 du 14 novembre 2016 visant à renforcer la
liberté, l'indépendance et le pluralisme des médias

Loi n° 2021-641 du 21 mai 2021 relative à la protection
patrimoniale des langues régionales et à leur promotion

Loi n° 94-665 du 4 août 1994 relative à l'emploi de la langue
française

Loi n°91-646 du 10 juillet 1991 relative au secret des
correspondances émises par la voie des communications
électroniques

Loi relative à la liberté de la communication, 30. September 1986

Loi relative à la prévention d'actes de terrorisme et au
renseignement, 30. Juli 2021

LÜHMANN, HANNAH: Didier Eribon. Der überschätzte Front-
National-Erklärer. In: *welt.de*, 01. November 2017. https://
www.welt.de/kultur/literarischewelt/article170229452/Der-
ueberschaetzte-Front-National-Erklaerer.html [21.01.2023]

LÜKE, REINHARD; BELLWINKEL, SEBASTIAN: Feindbild
Polizei – Gewalt und Gegengewalt ohne Ende? Erhellende
Bestandsaufnahme. In: *medienkorrespondenz.de*, 16. Juli
2020. https://www.medienkorrespondenz.de/fernsehen/
artikel/sebastian-bellwinkel-feindbild-polizei-gewalt-und-
gegengewalt-ohne-ende-arte.html [21.01.2023]

MACRON, EMMANUEL: *Rede vor dem EU-Parlament am 19. Februar 2022*. https://www.elysee.fr/emmanuel-macron/2022/01/19/discours-du-president-emmanuel-macron-devant-le-parlement-europeen

MAHFOUZ, SELMA: *Les salariés rémunérés au salaire minimum: une minorité le reste durablement*. Dares, Paris, 14. März 2018

MAIER, ALBRECHT: Parlez français! Frankreich will die Übermacht des Englischen in Brüssel brechen. In: *tagesspiegel. de*, 24. Januar 2022. https://www.tagesspiegel.de/politik/parlez-francais-frankreich-will-die-ubermacht-des-englischen-in-brussel-brechen-370195.html [21.01.2023]

MARSCH, NIKOLAUS; VILAIN, YOANN; WENDEL, MATTIAS: *Französisches und deutsches Verfassungsrecht. Ein Rechtsvergleich*. Berlin, Heidelberg 2015

MARTRE, HENRI: *Intelligence économique et stratégie des entreprises. Commissariat Général du Plan, Travaux du groupe présidé par Henri Martre*. Paris [La Documentation française] 1994

MEIER, ALBRECHT: Frankreichs Präsident Macron: Eine Dosis Populismus gegen die Populisten. In: *tagesspiegel.de*, 29. September 2019. https://www.tagesspiegel.de/politik/eine-dosis-populismus-gegen-die-populisten-5341921.html [29.01.2023]

MEINGAST, LEA-VERENA: Keiner ist zu klein, Schüler zu sein. In: *taz.de*, 27. Mai 2015. https://taz.de/Keiner-ist-zu-klein-Schueler-zu-sein/!878580/ [21.01.2023]

MISSIKA, JEAN-LOUIS: *La fin de la télévision*. Paris 2006

MONTESQUIEU: *Les lettres persanes*. Amsterdam 1721

MORIN, CHLOÉ: *Les inamovibles de la République*. Paris 2020

MÜHL, MELANIE: Brisante Dokumentation. Amazon frisst uns mit Haut und Haar. In: *faz.net,* 12. Oktober 2021. https://www.faz.net/aktuell/feuilleton/medien/arte-doku-ueber-supermarkt-wie-amazon-den-lebensmittelhandel-praegt-17578474.html [21.01.2023]

NAU, XAVIER: *Les inégalités à l'école.* Les avis du CESE, Paris September 2011

NAULOT, JEAN-MICHEL: *Eviter l'effondrement. Les politiques nous préparent une catastrophe financière pire que la précédente.* Paris 2013

NOGALES, MANUEL: *Chaves, L'Agonie de la France.* Paris 2013

OBIN, JEAN-PIERRE: *Comment on a laissé l'islamisme pénétrer l'école.* Paris 2020

OBIN, JEAN-PIERRE: *Les signes et manifestations d'appartenance religieuse dans les établissements scolaires, Rapport.* Ministère de l'Education nationale, 2004

OECD: *Settling in 2018. Indicators of Immigant Integration.* 2018

PANTEL, NADIA: Frankreich. Rechter als Le Pen. In: *sueddeutsche. de,* 27. November 2021. https://www.sueddeutsche.de/politik/frankreich-zemmour-le-pen-1.5473553 [21.01.2023]

PATEAU, JACQUES: *Die seltsame Alchimie in der Zusammenarbeit von Deutschen und Franzosen. Aus der Praxis des interkulturellen Managements.* Frankfurt/M. 1999

PICHT, ROBERT: Die Kulturmauer durchbrechen. Kulturelle Dimensionen politischer und wirtschaftlicher Zusammenarbeit in Europa. In: *Europa-Archiv,* 42/10, 1987, S. 279-286

PICHT, ROBERT; HOFFMANN-MARTINOT, VINCENT; LASSERRE, RENÉ; THEINER, PETER (Hrsg.): *Fremde Freunde. Deutsche und Franzosen vor dem 21. Jahrhundert.* München 1997

RAPPORT DES FRANÇAIS À LA RELIGION ET AUX CONVICTIONS: chiffres clés. In: *gouvernement.fr,* 15. Juli 2019, geändert 2. Februar 2022. https://www.gouvernement.fr/rapport-des-francais-a-la-religion-et-aux-convictions-chiffres-cles [31.01.2023]

RAYSSAC, GILLES-LAURENT; KAISERGRUBER, DANIELLE; RICHER, MARTIN: *Délibérer en politique, participer au travail: répondre à la crise démocratique.* Terra Nova, Paris 2019

REVEL, ERIC: *Ecoute, petit Français.* Paris 2005

REYNART, FRANÇOIS: *Nos ancêtres les Gaulois et autres fadaises. L'histoire de France sans les clichés.* Paris 2010

ROBITAILLE, LOUIS-BERNARD: *Ces impossibles Français.* Paris 2010

ROVAN, JOSEPH; KREBS, GILBERT (Hrsg.): *Identités nationales et conscience européenne. Un colloque du B.I.L.D.* Paris 1993

ROWELL, JAY: Eine kritische Diskussion der Schlüsselkonzepte: Zivilgesellschaft, Partizipation und Demokratie? In: *Frankreich-Jahrbuch 2014. Zivilgesellschaft in Frankeich, Deutschland und Europa.* Wiesbaden 2015

SAUVÉ, JEAN-MARC: Le principe de proportionnalité, protecteur des libertés? In: *Les Cahiers Portalis*, 2018/1 (Nr. 5)

SCHIFFRES, MICHEL: *L'Enaklatura.* Paris 1987

SCHNAPPER, DOMINIQUE: *La Communauté des citoyens. Sur l'idée moderne de nation.* Paris 1994

SCHOEN, CÉLINE: A Bruxelles, le français veut retrouver ses lettres de noblesse. In: *la-croix.com*, 14. Februar 2022. https://www.la-croix.com/Monde/A-Bruxelles-francais-veut-retrouver-lettres-noblesse-2022-02-14-1201200268 [30.01.2023]

SCHOLZ, OLAF: *Regierungserklärung vom 27. Februar 2022.* https://www.bundesregierung.de/resource/blob/992814/2131062/78d39dda6647d7f835bbe76713d30c31/bundeskanzler-olaf-scholz-reden-zur-zeitenwende-download-bpa-data.pdf

SCHRÖDER, AXEL: Polizeigewalt beim Hamburger G20 Gipfel. Fehlende Beweise und Erinnerungslücken. In: *deutschlandfunkkultur.de*, 07. Juli 2020. https://www.deutschlandfunkkultur.de/polizeigewalt-beim-hamburger-g20-gipfel-fehlende-beweise-100.html [21.01.2023]

SÉDAR SENGHOR, LÉOPOLD: Le français, langue de culture. In: *Esprit*, Nr. 11, November 1962

SEEWALD, BERTHOLD: Frankreichs Elite stellt ihr Wohl über das des Landes. In: *welt.de*, 17. Juni 2017. https://www.welt.de/geschichte/article165598862/Frankreichs-Elite-stellte-ihr-Wohl-ueber-das-des-Landes.html [21.01.2023]

SÉNAT: Rapport fait au nom de la commission d'enquête afin de mettre en lumière les processus ayant permis ou pouvant aboutir à une concentration dans les médias en France et d'évaluer l'impact de cette concentration dans une démocratie. In: *senat.fr*, 29. März 2022. http://www.senat.fr/commission/enquete/2021_concentration_des_medias_en_france.html [03.02.2023]

SHEPARD, ZOÉ: *Absolument dé-bor-dée!: le Paradoxe du fonctionnaire.* Paris 2010

SPINOZI, PATRICE: Quel regard sur la jurisprudence du Conseil constitutionnel sur le procès équitable? In: *Les Nouveaux Cahiers du Conseil constitutionnel,* 2014/3 (N° 44)

STEINGART, GABOR: Putin: die Kriegserklärung. In: *thepioneer. de*, 22. Februar 2022. https://www.thepioneer.de/originals/thepioneer-briefing-economy-edition/briefings/putin-die-kriegserklaerung [31.01.2023]

STEMMELEN, ERIC: *Opération Macron.* Mons 2019

STRÄTER, ANDREAS: *Journalistische Kulturen. Polarisiert-pluralistisches Modell*, 10. Mai 2016. https://journalistikon.de/polarisiert-pluralistisches-modell/ [30.03.2022]

TIBI, BASSAM: *Eine neurotische Nation*. Tagesspiegel Causa vom 16. Juli 2017, S. 8. In: https://www.bassamtibi.de [21.01.2023]

TODD, EMMANUEL: *Après la démocratie.* Paris 2008

TUCHOLSKY, KURT: Was darf die Satire? (1919). In: TUCHOLSKY, KURT: *Panter, Tiger & Co.* Reinbek b. Hamburg 1954

UTERWEDDE, HENRIK: *Frankreich – eine Landeskunde.* Berlin 2017

VERDIER-MOLINIÉ, AGNÈS: *Ce que doit faire le prochain président.* Paris 2017

VERDIER-MOLINIÉ, AGNÈS: *Le vrai Etat de la France.* Paris 2022

VEYRAT-MASSON, ISABELLE: Valéry Giscard d'Estaing et les médias: une rencontre manquée. In: INA, *La Revue des médias,* Paris, 3. Dezember 2020

VON SCHWERIN, ULRICH: Kommentar. Das Versprechen der Égalité muss auch in der Banlieue gelten. In: NZZ, 31. Mai 2021

VON THADDEN, RUDOLF: Bürgerlich. In: PICHT, ROBERT; HOFFMANN-MARTINOT, VINCENT; LASSERRE, RENÉ; THEINER, PETER (Hrsg.): *Fremde Freunde. Deutsche und Franzosen vor dem 21. Jahrhundert*. München 1997

WIEGEL, MICHAELA: Und morgen bist du Präsident! Bildung und Struktur der politischen Elite in Frankreich. In: *bpb.de*, 21. Januar 2013. https://www.bpb.de/themen/europa/frankreich/152443/und-morgen-bist-du-praesident-bildung-und-struktur-der-politischen-elite-in-frankreich/ [21.01.2023]

WIEGEL, MICHAELA: Unmut in Frankreich. »Maul zu, Frau Merkel!« In: *faz.net*, 8. Dezember 2014. https://www.faz.net/aktuell/politik/europaeische-union/jean-luc-melenchon-kritisiert-angela-merkels-einmischung-13309398/linkspopulist-jean-luc-13309422.html [28.01.2023]

WIEGEL, MICHAELA: Nach Terror-Attacken: In Frankreich herrscht für immer Notstand. In: *faz.net*, 30. Juli 2016. https://www.faz.net/aktuell/politik/kampf-gegen-den-terror/frankreich-fuer-immer-notstand-14354358.html [21.01.2023]

WIEGEL, MICHAELA: Was ist los mit Frankreich? – Essay. In: *bpb.de*, 25. November 2016. https://www.bpb.de/shop/zeitschriften/apuz/237941/was-ist-los-mit-frankreich-essay/ [21.01.2023]

WIEGEL, MICHAELA: Frankreich. Wahlkampf mit Hologramm. In: *faz.net*, 21. April 2017. https://www.faz.net/aktuell/politik/frankreich-wahlkampf-mit-hologramm-14981047.html [28.01.2023]

WIEGEL, MICHAELA: Macrons Wiederwahlprogramm. Sparen, nein danke! In: *faz.net*, 16. Dezember 2021. https://www.faz.net/aktuell/politik/ausland/emmanuel-macrons-wahlprogramm-sparen-nein-danke-17687206.html [21.01.2023]

WIEGEL, MICHAELA: Kritik an Ungeimpften. Macrons Kraftwort war kein Ausrutscher. In: *faz.net*, 06. Januar 2022. https://www.faz.net/aktuell/politik/ausland/corona-macrons-kraftausdruck-fuer-ungeimpfte-spaltet-frankreich-17718416.html [21.01.2023]

WÜPPER, GESCHE: Franzosen wenden sich von ihren Hypermarchés ab. In: *welt.de*, 4. Dezember 2017. https://www.welt.de/wirtschaft/article171230533/Franzosen-wenden-sich-von-ihren-Hypermarches-ab.html [30.01.2023]

ZANDER, MAX: Französische Polizei soll Geflüchtete schikaniert haben. In: *dw.com*, 08. Oktober 2021. https://www.dw.com/de/franz%C3%B6sische-polizei-soll-gefl%C3%BCchtete-schikaniert-haben/a-59440889 [29.01.2023]

ZEMMOUR, ERIC: Les HLM sont des terres d'islamisation. In: *lefigaro.fr*, 07. Februar 2022. https://video.lefigaro.fr/figaro/video/eric-zemmour-les-hlm-sont-des-terres-dislamisation-du-pays/ [21.01.2023]

ZETTELMEIER, WERNER: Bildungssystem im Wandel. In: KIMMEL, ADOLF; UTERWEDDE, HENRIK: *Länderbericht Frankreich*. Bonn 2012

ZOLA, ÉMILE: J'accuse …! In: *L'Aurore*, 13. Januar 1889. Nachzulesen (mit Facsimile) im Presse-Archiv der Bibliothèque Nationale de France: https://www.retronews.fr/justice/echo-de-presse/2018/01/10/lisez-le-jaccuse-de-zola [21.01.2023]

Schriften zur Rettung des öffentlichen Diskurses

PETER SEELE
Künstliche Intelligenz und Maschinisierung des Menschen
2020, 200 S., 190 x 120 mm, dt.
ISBN 78-3-86962-512-6

MICHAEL MÜLLER
Politisches Storytelling. Wie Politik aus Geschichten gemacht wird
2020, 168 S.,
Broschur, 190 x 120 mm, dt.
ISBN 978-3-86962-499-0

STEPHAN RUSS-MOHL (Hrsg.)
Streitlust und Streitkunst. Diskurs als Essenz der Demokratie
2020, 472 S.,
Broschur, 190 x 120 mm, dt.
ISBN 978-3-86962-552-2

STEPHAN RUSS-MOHL /
CHRISTIAN PIETER HOFFMANN (Hrsg.)
Zerreißproben. Leitmedien, Liberalismus und Liberalität
2021, 256 S.,
Broschur, 190 x 120 mm, dt.
ISBN 978-3-86962-535-5

MARCO BERTOLASO
Rettet die Nachrichten! Was wir tun müssen, um besser informiert zu sein
2021, 358 S.,
Broschur, 190 x 120 mm, dt.
ISBN 978-3-86962-493-8

ISABELLE BOURGEOIS
Frankreich entschlüsseln. Missverständnisse und Widersprüche im medialen Diskurs
2023, ca. 270 S., Broschur,
190 x 120 mm, dt.
ISBN 978-3-86962-643-7

TOBIAS ENDLER
Demokratie und Streit. Der Diskurs der Progressiven in den USA: Vorbild für Deutschland?
2022, 208 S., Broschur,
190 x 120 mm, dt.
ISBN 978-3-86962-645-1

SEBASTIAN TURNER /
STEPHAN RUSS-MOHL (Hrsg.)
Deep Journalism. Domänenkompetenz als redaktioneller Erfolgsfaktor
2023, Broschur, 190 x 120 mm, dt.
ISBN 978-3-86962-660-4

 HERBERT VON HALEM VERLAG

Boisseréestr. 9-11 · 50674 Köln
http://www.halem-verlag.de
info@halem-verlag.de